臺灣歷史與文化 研究輯刊

十八編

第 7 冊

臺灣閩南諺語中的男性研究

林秋月 著

花木蘭文化事業有限公司

國家圖書館出版品預行編目資料

臺灣閩南諺語中的男性研究／林秋月 著 -- 初版 -- 新北市：
花木蘭文化事業有限公司，2020〔民 109〕
目 4+236 面；19×26 公分
（臺灣歷史與文化研究輯刊 十八編；第 7 冊）
ISBN 978-986-518-187-1（精裝）
1. 諺語 2. 閩南語 3. 臺灣
733.08   109010602

ISBN-978-986-518-187-1

9 789865 181871

臺灣歷史與文化研究輯刊
十八編 第 七 冊   ISBN：978-986-518-187-1

臺灣閩南諺語中的男性研究

作 者 林秋月
總 編 輯 杜潔祥
副總編輯 楊嘉樂
編 輯 許郁翎、張雅淋 美術編輯 陳逸婷
出 版 花木蘭文化事業有限公司
發 行 人 高小娟
聯絡地址 235 新北市中和區中安街七二號十三樓
電話：02-2923-1455／傳真：02-2923-1452
網 址 http://www.huamulan.tw 信箱 hml 810518@gmail.com
印 刷 普羅文化出版廣告事業
初 版 2020 年 9 月
全書字數 181345 字
定 價 十八編 16 冊（精裝）台幣 40,000 元

臺灣閩南諺語中的男性研究

林秋月　著

作者簡介

林秋月，台灣宜蘭人，一九六五年生。臺中師範學院初等教育學系畢業，曾於宜蘭、台中、彰化從事國小教育工作，二〇一〇年於國立中興大學台灣文學研究所進修，以「台灣閩南諺語中的男性研究」之論文取得碩士學位。目前服務於彰化縣國小。

提　　要

　　諺語是經由人類時間、空間的交互作用，長期累積的生活智慧。台灣歷史雖三四百年較為可考，但融合多族群所產生的文化智慧。台灣的歷史背景特殊，先後經歷西班牙、荷蘭的盤據、清領統制、近代日本的殖民統治及戰後之戒嚴時期的政權，因此臺灣歷史發展的軌跡十分曲折，造成文化背景多元風貌。台灣男性在父權庇護下，有更多的特權。因此，台灣的人文發展是值得探究的，台灣男性的成長與經歷是值得關注的。

　　台灣歷經移民融合形成移民社會，社會形態以男性為主。本論文以《臺灣閩南諺語中的男性研究》為題，內容著重於以「臺灣閩南諺語」及「男性」兩個方面。論述重點以探討傳統社會對男性的角色、觀感及期待為出發，再深入男性對婚姻所抱持之觀念，建立及經營婚姻生活，並窺探男性的人際互動，勾勒出傳統社會的男性生活的樣貌，及所蘊含的文化內涵。藉由台灣閩南諺語，探究出傳統男性在社會是威權的象徵，是社會的中心，男性的地位凌駕女性之上，及傳統的社會存在有宗法社會的觀念。

　　藉本文的研究，闡釋台灣閩南諺語的男性觀，體會先民們在開發過程的努力及所經歷的生活哲理的思想內涵，了解傳統男性的角色與地位，提供世人對男性思考的面向，期望達到思考、反省功能。讓世人能認真面對男性課題，開創男性的新方向。

目

次

第一章 緒 論

　　本章共分三節，第一節針對本論文研究的動機、所欲達成的目的加以敘述；第二節探討本論題的研究範疇，說明本論文研究時，對諺語的界定與意涵及研究的方法；第三節整理前人於「諺語」方面的相關研究成果。

第一節　研究動機與目的

　　「男性」一詞，閩南語稱「查甫人」。一般對「查甫人」的感覺，都是大而化之粗枝大葉，天生應具有理性；相對於「男性」的另一個生物性別，「女性」這個名詞，不論是在東方或西方的傳統文化中，都有「男女有別」的說法，而且是男優於女，台灣社會亦將男人視為女人的依靠；男人的形象被形塑成威武、勇猛、剛強可以讓女人倚靠的肩膀，這觀念一直存在於人類的社會。

　　生物學上將性別分為男性與女性。就生物性的意義而言，性別決定於男性的 Y 精子，女人負有之生殖能力，需擔負繁衍下一代的使命，及孕育養護之責。由此可男性傳宗接代的任務需女性完成，弔詭的是女性須受男性的宰制，成為生育的工具。導致男性的權力作用，加以社會文化的模仿學習，使社會成為「父權」體制，男性享受各種權利。

　　自古以來男尊女卑的觀念，從上古時代造字就可看出端倪。女的象形字為「𢓊」（許慎・說文解字第十二篇下）〔註 1〕，一個人屈膝跪在地上的樣子，

〔註 1〕漢・許慎撰《說文解字注》（清・段玉裁注，民國・魯實先正補），台北，黎民文化事業公司，1991，頁 618。

男人顯得尊貴，女性顯得卑微。傳統觀念男性顯達是理所當然稱為光宗耀祖，女人過於強勢出頭則被稱「強腳」〔註2〕，武則天就是個典型的例子。男人為了奪權改朝換代稱君，用以殘暴無情的手段達到目的，如唐朝李世民的玄武門兵變；女人奪權就被冠上殘忍形容為牝雞司晨。自古以來只有男人當皇帝，容不得女人當女皇。女人只能在後宮母儀天上，扮演成功的幕後推手。社會對男人的包容度大，男人擁有三妻四妾不足為奇，甚至被誇為有男性雄風，女性則被限制於從一而終的社會道德眼光之下，所謂「在家從父，出嫁從夫，夫死從子。」，從出生至死亡都須受制於男性權力之下。傳統社會，男性從出生就有享有明顯的權利，例如將生男孩稱「出丁」，丁在家算為一口，享受各項權利義務，如在台灣民間寺廟收燈油錢，按丁計算；發物品也是按丁計算，女性則不在計算之內。及至「男大當婚，女大當嫁」之時，女人也被要求遵從三從四德，在《儀禮‧喪服卷十一》指出「父者，子之天；夫者，妻之天。」，以夫為妻綱。這種男性的特權享受，是父權下既得利益。這樣的觀念來自於台灣是移民社會，早期渡海來台的先民以男性為主來台開墾，也造就台灣社會的父權形態。

　　台灣的歷史背景特殊，先後經歷西班牙、荷蘭的盤據、清領統制、近代日本的殖民統治及戰後之戒時期的戒嚴政權，因此臺灣歷史發展的軌跡十分曲折，造成文化背景多元風貌。台灣男性在父權庇護下，有更多的特權。因此，台灣的人文發展是值得探究的，台灣男性的成長與經歷是值得關注的。欲探究台灣傳統社會的男性樣貌，從小傳統中窺究台灣男性，既貼切生活也最真實。

　　台灣從清朝大量移民入台，以漢民族為主，福建閩南佔了大部份，約台灣全島人口的八成〔註3〕，台灣社會以閩南為生活為背景，但經歷各政權轉變，一度瀕臨消失的閩南語於一九八〇年代，本土化運動興起，本土文化開始受到重視，母語成為急需被保存的文化資產，政府於民國九十年九月起，國民小學正式全面實施母語教學。閩南語、客家語、原住民語積極在校園中重燃，致力推廣母語文化。而諺語是語言的智慧結晶，欲窺究先民生活的樣貌，諺語是良好的素材。希望透過諺語，讓母語得以傳承，也藉由諺語的啟發，讓優美的語言敘訴出歷史的面貌，透過生活累積的文化智慧結晶，了解先民的歷史經驗和

〔註2〕強腳：為閩南語，對能力強的女性，有一份褒中帶貶的諷刺性語言。
〔註3〕胡友鳴、馬欣來《台灣文化》，臺北，洪葉文化，2001，頁67。

台灣先民的生活圖樣與思想。因此以「諺語」為研究素材之原因有三：

第一、人類先有語言，才發明文字。說話是每個人必備的能力，文字的目的在於記錄和傳遞資訊的工具，未有文字前，語言是溝通的重要橋樑，同時也是生活經驗及文化思想的傳承工具。這種代代口語相傳的文化智慧，不用文字的「口語文學」或稱「口頭文學」、「口傳文學」如，俗文學及民間文學，人人都可以從生活中接觸，一般民眾亦可以創作出民間文學來，因為他們使用的是母語。母語最能呈現生活的原貌，也最能呈現歷史背景。因此，用諺語來窺究台灣男性的成長，也最為真實。

第二、人類的歷史最先靠語言的傳承，文字發明後，便用文字來記載。歷史的考究，透過文字的呈現，使先民的的智慧得以保存。「諺語」記錄了先民的文化智慧，反映民間的生活經驗。用精簡的語句，呈現民族的特性及生活哲學，具有傳承及教化意義，作為行為的規範。

第三、在台灣約四百年的歷史，經歷荷蘭、西班牙統治接受外來文化。鄭成功於一六六一年打敗荷蘭人，社會結構轉以漢人為主體，語言變成來自福建閩南的泉州話、漳州話，接受漢文化的薰陶。再經清領時期，大量移民湧入，但仍以閩粵為主，經過歷史的變遷，融合了在地的平埔族，發展為特殊的在地文化精神。

基於上述之理由，希望透過朗朗上口的諺語，讓母語得以傳承，也藉由諺語的啟發，讓優美的語言敘訴出歷史的面貌，透過生活累積的文化智慧結晶，了解先民的歷史經驗和台灣精神。

本論文想藉由臺灣諺語中，與男性相關的諺語提出研究，其目的有三：

第一、藉由諺語了解傳統男性的角色與地位。

第二、透過諺語的啟發，解析父權下的性別觀念，對傳統男性有更深入的了解，提供做為現代男性的思考方向。

第三、結合蒐集的諺語，融入教學情境傳承先民智慧。

第二節　研究範圍與方法

一、研究範圍

臺灣早期開發的先民是所謂的「臺灣土著族群」，包括平地的平埔族及山地的高山族。在明鄭時代，獎勵移民開墾後，在西元一六六二至一六八四在

台灣的漢族移民(包括鄭氏軍隊)約有二十萬人之多。〔註4〕因此帶入漢文化，漢文化逐漸在臺灣奠基，經過三、四百年的融合交流發展出屬於臺灣人的文化。為了深入探討臺灣閩南諺語的內涵，本文將研究範圍限定在「臺灣閩南諺語」中之「男性角色與地位」，以此為主題加以研究，為界定研究範圍。

本文所指之「臺灣閩南語」，是指在臺灣使用的「閩南語」，有別於在福建、廣東甚至於南洋新加坡、菲律賓等地所使用的閩南語。本文以「臺灣閩南語」為題，除可區別台灣現有的其他重要語言，例如：泰雅語、阿美語、魯凱語、排灣語、客家語、國語等等，又能有別於廈門、泉州、漳州、潮州等等的原鄉閩南語，是故以「臺灣閩南語」中之「諺語」為本文所要探討的主題。〔註5〕

（一）諺語的意涵

「諺語」，自古至今有許多定義及意涵，

（1）古代定義

《說文解字》云：「諺，傳言也」〔註6〕

《古謠諺》凡例：「諺訓傳言，言者，直言之謂。直言即徑言，徑言即捷言也；長言主於詠嘆，故曲折而紆徐，捷言欲其顯明，故平易而疾速。」〔註7〕

由此發現，古代對「諺」做的解釋，是一種通俗或傳言、善謠、直語、傳世之常言。《說文解字》云：「語，論也」〔註8〕，又云：「論，議也」〔註9〕，「語」在古代作為「論」、「議」之用，而議、論需訴之以理，據之以法，以維繫公道。因此古代認為諺語，也應是口耳相傳正直善良的語言，其作用是維護社會規範。

〔註4〕胡友鳴、馬欣來《台灣文化》，臺北，洪葉文化，2001，頁60。

〔註5〕王崇憲，《臺灣閩南諺語的鬼神文化研究》，台中，國立中山大學，中國文學系碩士研究所2004，頁9。

〔註6〕許慎《說文解字》「諺」字條下：「諺，傳言也，從言彥聲。《段注》：『傳言者，古語也，凡經傳所稱之諺，無非前代故訓。而宋人作注，乃以俗語俗論當之，誤矣。』」

〔註7〕清・杜文瀾編《古謠諺（上）》，世界出版社，1972，頁3。

〔註8〕漢・許慎撰《說文解字注》（清・段玉裁注，民國・魯實先正補），台北，黎民文化事業公司，1991，頁90。

〔註9〕漢・許慎撰《說文解字注》（清・段玉裁注，民國・魯實先正補），台北，黎民文化事業公司，1991，頁92。

（2）戰後，許多學者或研究者戮力於諺語的研究，對於諺語的意涵與定義，
　也較為具體，茲列舉如下：

　①阮昌銳〈從諺語看台灣的婚姻觀念〉：

　　　　「諺語為流傳各地的俗語，是前人經驗與智慧的結晶，有勸
　　善、補過、警世與勸俗的功能。因而，諺語可作為人群行為的準
　　則。」〔註10〕

　②呂自揚《台灣民俗諺語析賞探源》：

　　　　諺語是一個民族或族群之經驗智慧的結晶，也是一個民族或族
　　群之風土民情與思想信仰的縮影；……。諺語即是俚語、俗語，又
　　叫俚諺、俗諺，在台語的口語中，多叫「俗語」和「古早人講的話」，
　　是歷代祖先從實際生活的環境中，仰觀天文星象，俯察地理萬物，
　　近看人生百態，所觸悟感發，口耳相傳而來的生活短語。〔註11〕

　③周榮杰〈細說台灣諺語〉：

　　　　「諺語乃是人類社會體驗的累積，從悠久民族生活體驗中產生
　　出來的民眾智慧，也是社會的公斷。它反映一個社會或一個民族的
　　生活觀照、感受、智識、經驗和特性。。……故諺語代表社會大眾
　　的思想、信仰、希求、願望，展示了大眾的生活層面，是社會的共
　　有文化財產，也是民族智慧的結晶。」〔註12〕

　④熊仙如《《古謠諺》中諺語的研究》：

　　　　「諺語是一種通俗簡練，和諧生動的韻語或短句。它經常以口
　　語形式，在民眾間廣泛的流傳使用。它是人們表現對外界事物觀照
　　的一種日常經驗與智慧的結果，可以看出每個國家、時代、區域特
　　有的風土民情與價值觀。」〔註13〕

　⑤簡正崇《臺灣閩南諺語研究》：

　　　　「諺語是人類經由細密觀察及生活體驗，所創造出簡練生動，

〔註10〕阮昌銳：〈從諺語看台灣的婚姻觀念〉，《史聯雜誌》第 1 卷第 1 期，民 69 年
　　12 月，頁 81。
〔註11〕呂自揚：《台灣民俗諺語析賞探源》，高雄，河畔出版社，1993 年，頁 4。
〔註12〕周榮杰：〈細說台灣諺語〉，《國立編譯館館刊》第 16 卷第 1 期，民 76 年 6 月，
　　頁 74、75。
〔註13〕熊仙如：《《古謠諺》中諺語的研究》，政治大學中國文學研究所碩士論文，民
　　77 年 6 月，頁 5～6。

雅俗共賞的韻語或短句。在群眾之間口耳相傳，廣泛使用，具有傳
授經驗智識及教訓勸戒的作用。」〔註14〕

　　陳昌閔《台灣閩南諺語之社會教化功能研究》則將臺灣研究諺語的成果
整理後，對諺語歸納出以下的構成要件：

　　1. 來源：大眾社會與生活經驗累積的智慧結晶。

　　2. 傳播方式：民眾間口耳相傳。

　　3. 形式：精闢簡練而通俗的韻語或短句。

　　4. 內涵：雅俗共賞的民族生活觀照、感受、價值觀與風土民情
　　　　　的呈現。

　　5. 功能：具有社會公道的議論、勸善、補過、警世與勸俗的功
　　　　　能，以及傳授經驗智識和教訓勸戒的作用，而可作為人群行
　　　　　為與社會公斷的準則。

最後陳昌閔將諺語說明如下：

　　　　諺語是人類民俗文化內涵、文藝實用美學趨導，所融合諦造的
　　「語言文本」智慧寶典，蘊含語言多義性與含蓄性的意境，藉由口
　　耳傳授與大眾媒體的傳達，歷經歷史時空、文化傳遞、語言特質的
　　演化，具有社會教化的意涵、規範與功能，深蘊雅俗兼容並蓄的文
　　化人生型態。

透過上列的敘述，諺語是社會普遍的流行現象，無庸置疑的，諺語可說是透
過語言傳達人民的思想與生活方式的表現，語言學者李繼賢為諺語做了詳實
的說明：

　　　　諺語是語言的菁華，是我們日常生活中的一種特殊語言，它是
　　人類生活體驗的累積，而且是經過世代傳遞的一種集體作品；反映
　　著民族的感受、經驗、知識、及特性，最重要的，它也傳遞了人類
　　的歷史與情感，它除了代表社會的公斷外，更展示大眾生活的層面；
　　所以我們可以說，諺語即是生活。〔註15〕

綜觀上述可以得知，諺語的意涵是「諺語是人民生活經驗的呈現，蘊含社會
經驗與情感，具有勸善、警世的作用，常民生活的語言智慧，經口耳相傳呈

〔註14〕簡正崇：《臺灣閩南諺語研究》，逢甲大學中國文學研究所碩士論文，民84年
　　　6月，頁38。

〔註15〕李繼賢《鹿港諺語釋說》，台中，學友印刷事業公司，1985年，頁7。

現民間文學的瑰麗之美。」

（二）臺灣閩南諺語的由來

諺語經由人類時間、空間的交互作用，長期累積的生活智慧。台灣歷史雖三四百年較為可考，但融合多族群所產生的文化智慧。臺灣閩南諺語的由來，就歷史背景而言根據廖漢臣先生述：

> 諺語是人類社會一代一代傳遞下來的集體創作，所以不容易知道某一句諺語，是在某一時代產生的。不過，可以這樣說：台灣的原住民族是山地同胞，漢人，即現在的客人和福佬人的祖先，是從閩粵兩地遷移而來的。而據可靠的文獻所載，漢人的住定，是始于明朝嘉慶年間前後；直至荷人入據台灣後，漢族始增至二三萬人。由此可知最初的台灣諺語，是自這時代由移住的漢人輸入而來；經過三百多年歷史的過程，經過幾多的演變，留下一部分適應台灣的實際生活和後來從新產生的混在一起，而構成著今日的台灣諺語。〔註16〕

上述是台灣閩南諺語時間上的背景，「漢人的住定，是始于明朝嘉慶年間前後；直至荷人入據台灣後」，明朝嘉慶年間至荷蘭人據台，漢人移民來台輸入而來；若就空間背景而言，依周榮杰在〈細說台灣諺語〉中，則分為兩個主要來源，一為由閩粵地區所傳入，一為台灣地區所產生。分述如下：〔註17〕

1. 來自閩粵的諺語

（1）出於典籍的諺語：我國古諺多出自典籍，往古典籍文辭之成為諺語，而已傳述成為台灣諺語的。例如：「不孝有三，無後為大」。〈出於《孟子·離婁上》〉

（2）出於詩的諺語：詩之成為諺語，多是通俗的句子，人情世故的識見，而不免欠缺剛強健實的品質。這類詩句之成為諺語，也正是增廣賢文所集錄的。例如：「但存方寸地，留與子孫耕」。〈宋·洪邁《鶴林玉露》〉、「十指有長短，痛惜皆相似」。〈曹植之詩〉

（3）出於歷史事件的諺語：有好多歷史上可稱述的事件，形成了諺語。這類的諺語，多以歇後語的形式出現。

〔註16〕廖漢臣〈臺灣諺語的形式與內容〉，《臺灣文獻》，1955 年第 6 卷第 3 期，頁 37。

〔註17〕周榮杰〈細說台灣諺語〉，《國立編譯館館刊》，1987 年第 16 卷第 1 期，頁 73～96。經由韓孝婷整理於《臺灣閩南諺語反映的親子文化》2004 年，頁 3。

（4）出於小說的諺語。

（5）出於民間故事或傳說的諺語。

（6）出自於佛家語錄的諺語。

（7）出自於典籍而經改變的諺語。

（8）出自於民間俚語的諺語。

2. 產生於台灣的諺語

（1）出自歷史事件的諺語。

（2）出於民間故事傳說的諺語。

（3）出自於民間俚語的諺語。

試將「臺灣閩南諺語」定義如下：「長期流傳在台灣民間社會的諺語，為臺灣閩南先人文化智慧及生活經驗所得之簡潔精煉、雅俗共賞之短語，有助於人群行為之引導，而於口頭上廣泛流傳者。」〔註18〕

二、研究方法

（一）資料蒐集整理：對於臺灣閩南諺語的資料蒐集採廣向度蒐集，專書、論著、期刊、坊間書籍中兼論諺語的部份，和報章雜誌、網路的資料本文取材也將列入蒐集之列。

（二）社會現象描述：因為諺語本身即是一種現象的描述，現象即是我們意識所及之事物，由於意識具有對象指向性，而且意識又針對所意指的特定對象，挾帶特定所思〔註19〕。因此對於諺語所呈現的意涵，可概略出當時之社會狀況，針對諺語中不同的社會現象，探究當時社會背景情形，以明瞭男性所處的家庭、社會處境。

（三）角色分析探討：社會以男性為中心，男性肩負著固有的責任。社會對男性角色與期待也會特別的深切，在男性的生命歷程中，每一角色都背負著家族的責任與期待。每一階段的處境與任務，都賦予高度的期盼。諺語所留下的生活智慧是作為當代人物的依循及借鏡。洞悉諺語的意涵，剖析男性角色，為男性生命歷程做見證。

〔註18〕 參照周盤林《中西諺語比較研究》：「諺語為人類智慧及生活經驗所得之簡潔精煉雅俗共賞之短語，有助於人群行為之指導而於口頭上廣泛流傳者。」，台北，文史哲出版社，1975年，頁3。

〔註19〕 史提華（Davial Strwart）、米庫納（Algis Mickuna）合著，范庭育註：《現象學入門》台北：康德人工智能科技，1988年，頁37。

（四）歷史面向分析：臺灣閩南諺語常用依據精簡的語句，卻富涵深層的生命哲學，若不能理解諺語的背景，就無法深刻體會諺語的精義。研究男性，佐以時間空間的歷史面向，才能洞悉諺語的精妙之處外，也為探究男性在當時歷史環流處境中，探究男性在歷史上的角色與責任。

（五）歸納成因探究：歷史是多面向的，諺語是歷史歷鍊出的精闢智慧之語，更是當時社會大眾所體認的，也最能呈現社會面貌。對於台灣歷史的詮釋，常以「宏大敘事」（Grand narrative）通常以重要的歷史人物事件作為歷史敘事權式的主軸，而小市民的生活圖像往往被忽略，諺語是最貼切市民生活的描繪，從諺語中尋找社會生活的圖像。因此，「微觀歷史」（Micro history）應建構具有多面向的歷史觀點敘事。〔註 20〕因此將諺語中的現象，透過成因探究尋找佐以時代歷史面向，勾勒出歷史的樣貌。

第三節　文獻探討

　　台灣研究臺灣閩南諺語的專書、學位論文、期刊論文頗多。顯現臺灣人民對於民間文學日趨重視，對於臺灣閩南諺語的蒐集及探討助益良多。蒐集與本論文有關之文獻作為探討，其中包括專書部份、學位論文及期刊文獻三大部份：

一、閩南諺語專著

　　本文所列舉相關之臺灣閩南諺語，乃自以下幾本之臺灣閩南諺語之專書中，針對臺灣閩南諺語書籍分別概述其特色：

（一）臺灣總督府《臺灣俚諺集覽》（1914），下文簡稱《集覽》
　　　此書是日本對臺灣閩南語研究的成果。由日本人平澤平七才編，以臺灣地區的泉州話和漳州話為主，收錄了四千三百多條俚語、俗語、諺語，分成二十篇：天文地理、神佛、命運、國家、人倫、道德、人、身體、衣食住及器用、職業、學事、言語、禽類、獸類、蟲類、魚界類、草木、金石、事物、雜類等。其特色是每則

〔註20〕陳其南，〈奮鬥的台灣女性令人敬佩〉收錄於曹劉金花原著，許丹心編《金花望露》漢湘文化事業股份有限公司，2005 年，頁 2。

諺語之下皆有說明及音標，可惜標音與說明皆以日文注解，沒有
日語基礎者難以深入其中內容，可貴的是在日據時期系統性地保
留了許多臺灣閩南諺語。

（二）吳瀛濤《臺灣諺語》（1975 年，台灣英文出版社，2001 年十三版）

《臺灣諺語》共分成二十一大類：俚諺、農諺、弟子規、格言、
歌謠、民謠、情歌、相褒歌、民歌、童謠、兒戲歌、急口令、流
行歌、教化歌、民俗歌、歷史故事歌、歇後語等，皆歸於「諺語」，
內容雖豐富但也將歌謠納入其中，使得分類過於含糊，無法與其
他語用區隔。

（三）莊永明《台灣諺語淺釋》（1989 年起共十冊，時報文化出版社）

包含俚語、俗語、諺語及歇後語，共分成十冊：金言玉語、警世
良言、好言吉句、俗語真言、雅言巧句、土話心語、醒世智言、
妙言覺語、勸世嘉言、口語白話等十冊。內容是以一句諺語為主，
用一篇短文，在短文中又有相關之諺語，來解析諺語的原由及社
會現象。較無系統分類及未說明漢字採用原則及標音。

（四）李赫《台語的智慧》（一～八冊）（1989 年，稻田出版社）

收錄八百餘則之臺灣諺語，每則諺語都有解說，再用短文融入現
代生活，富有時代性，並採用教育部台語音總表（TLPA），方便
讀者自行閱讀，可惜缺乏分類。

（五）陳修《台灣話大辭典》（1991 年，遠流出版社）

此書針對閩南話漳泉二腔係部份的語言所使用的文字及語詞，有
詳盡的說明。共收編漢字字首六千餘字，收錄詞條進近十萬，總
字數達二百五十萬字。全書以教會道格拉斯氏羅馬拼音係統注音，
書末有字首比筆畫索引方便查閱考證文意。

（六）周長楫、林鵬祥、魏南安《台灣閩南諺語》（1992 年，自立晚報出
版社）

內容收路二千五百餘條諺語及歇後語。依照每則諺語首字筆劃順
序排列，採羅馬標音法，有解釋可幫助讀者了解，備有錄音帶方
便自學。

（七）洪乾祐《閩南語考釋》（1992 年，文史哲出版社）

此書針對閩南語之用字、詞做詳細的考證，分為十七章，共收錄

字、詞二百七十條，及金門話考釋七十六條，篇中所引據的古書包括各時代，以小說、戲劇、詩、詞、曲等，可幫助便於與說話相印證，藉此書對諺語增進了解。

（八）陳主顯《台灣俗諺語典》（1997 年開始出版，共分為十卷，前衛出版社印行）

《台灣俗諺語典》，第一冊是 1997 年開始出版，全套計畫將有十卷，至 2008 年總共出版了九卷。以內容分類，卷一「人生哲理」，卷二「七情六慾」，卷三「言語行動」，卷四「台灣俗諺的生活工作」，卷五「婚姻家庭」，卷六「社會百態」，卷七「鄉土慣俗」，卷八「常識見解」，卷九「應世智慧」。此套書內容豐富分類清楚，使用臺灣羅馬音標標音，將諺語編代碼方便查閱，是一套值得參考分類清楚的臺灣閩南諺語書籍。本文所採用之臺灣閩南諺語，由此書中挑選出來採用頗多。

（九）徐福全《福全台諺語典》（1998 年，自印本）

徐福全用了二十三年時間由個人出版《福全台諺語典》，分為九十六類，收錄共一萬零四百八十二條，可說是同類專書之冠。內容篇排依首字部首編列，每一詞條皆先列漢字再列注音，最後解釋諺語意義。書末並附錄分類索引，方便查詢是臺灣閩南諺語便利的專書。

（十）陳正之《智慧的語珠──台灣的傳統諺語》（1998 年，台灣省政府新聞處出版）

收錄傳統諺語有九百則，分十五篇，內容有：個人、家族、婚姻、家業、人際關係、宗教信仰、飛禽走獸、植物等。每篇的附記也列出相關諺語，書中標音採台語ㄅㄆㄇ注音符號方式，易使讀音失真，較為可惜。

（十一）陳憲國、邱文錫合編《實用台灣諺語典》（2000 年，樟樹出版社再版）

此書收錄五千餘條臺灣諺語，也收錄了一千兩百條華語諺語做對照。此書以筆畫作為排順，並附部首、筆畫頁數索引，有如國語字典，採用教育部公布的 TLPA 音標以及台語ㄅㄆㄇ標音，方便對照使用，是一本學習臺灣諺語的工具書。

（十二）楊青矗《臺灣俗諺辭典》（2001 年，敦理出版社）

　　《台灣俗語辭典》是楊青矗遍蒐文獻，並做田野俗語採錄工作所得結果，全書收錄四千多句臺灣閩南俗語，其中也包括了「孽恝俗語」也就是歇後語。內容分成二十八類，分類詳細便於查閱。但有些臺語用字是作者自己造的，造成讀者閱讀揣測，且在使用其語料時，需另外造字，在電腦文書處理時，使用不方便。

二、博、碩士論文

　　（1）紀東陽：《台灣諺語之傳播思想初探》（1992 年，輔仁大學大眾傳播研究所碩士論文。）

　　作者以傳播學的角度，探討台灣閩南諺語，是最早一本研究台灣閩南諺語的學位論文之論著，主要是研究台灣閩南諺語的語文與非語文的傳播思想，有助於探討親子關係夫婦關係及兄弟關係的人際傳播思想。

　　（2）簡正崇：《臺灣閩南諺語研究》（1995 年，逢甲大學中國文學研究所碩士論文。）

　　作者蒐集的文獻資料相當豐富，整理清晰，提供後學者研究臺灣閩南諺語方便之門，主要內容對於諺語的定義、界說與淵源，以及臺灣閩南諺語的形式、內容及發展變化探討。

　　（3）許蓓苓：《台灣諺語反映的婚姻文化》（2000 年，東吳大學中國文學系研究所碩士論文。）

　　作者以台灣閩南諺語中所呈現的婚姻文化現象，如婚姻的宿命觀與報應觀、擇偶觀、婚姻禮俗的過程、夫妻之道與家庭生活、家庭問題、特殊婚姻型態（招贅、童養媳、妾、典妻、冥婚）等研究方向，作一全面而完備的探究，探究女性在婚姻的文化面向。

　　（4）高芷琳：《澎湖諺語研究》（2000 年，彰化師範大學國文學系研究所碩士論文。）

　　作者以澎湖諺語作為研究素材，努力的蒐錄與考證澎湖諺語資料，雖是台灣閩南諺語的研究範疇，但其研究內容頗具地方文化的色彩，其最主要的研究內容是將澎湖諺語分成自然氣候、產業活動、生活狀態、婦女生活、民間習俗、傳說典故、處世箴言、笑言謔語、歇後語九大類，屬廣泛性探討，有助於本論文探討先民的生活智慧。

（5）陳昌閔：《台灣閩南諺語之社會教化功能研究》（2000 年，南華大學文學研究所碩士論文）

作者探討台灣閩南諺語中的民間生命意識形態與人文性格的價值體系，以及研索在民間多元的民俗文化內涵與思想意識觀，對於民俗風情、道德觀、人性觀、人生觀、倫理觀、社會處世觀與宗教思想信，所呈現的對社會的教化探討。

（6）李婉君：《台灣河洛話有關查某人諺語之研究》（2002 年，彰化師範大學國文學系在職進修專班）

作者探討女性的生命歷程扮演的角色及地位。蒐集語女性的諺語頗多，有助於提供諺語蒐集的方向。

（7）韓孝婷：《台灣閩南諺語反映的親子文化》，（2004 年，中山大學中國語文研究所碩士論文）

作者以臺灣閩南諺語中的親子互動為主要論述，分「親子關係」、「親子教養」、「親子倫理」三大部分。

（8）吳炎坤：《台南市俗語研究》（2007 年，臺南大學臺灣文化研究所碩士論文）

作者以台南有關的俗語為研究對象，是針對地域發展的特色與人文社會的變遷作深入的探討。

（9）葉依儂：《臺灣閩南諺語中的女性形象研究》（2007 年，屏東教育大學中國語文學系碩士論文）

作者是以台灣閩南諺語中之女性形象作為研究主題。從家庭婚姻、社會現象、文化民俗之層面作系統化之連結，有助於歸納出台灣女性的形象。

（10）鄭怡卿：《臺灣閩客諺語中的女性研究》（2008 年，中央大學中國文學系碩士論文）

作者以臺灣閩客諺語探討女性的角色與地位。蒐集閩客諺語豐富方便查閱，有助於對閩南及客家女性的角色與地位有深入描述。

三、其他

除上述之專書及論著外，台灣各地縣市文獻委員會，對於地方諺語的收集與發表，也有很大的助益和貢獻。如：《台灣文獻》、《台灣風物》、《民俗台灣》、《台北文物》、《台北文獻》、《宜蘭文獻》、《台南文化》、《南瀛文獻》等

期刊，以及坊間書籍中兼論諺語的部份，和報章雜誌、網路的資料本文取材
及地方耆老口述也將列入蒐集之列。

第二章　男性的角色

　　「男性」一詞相對於「女性」，是人類在生物上將「性」一分為二的生物性別。「性別」則為後天所形成的，在個體心理上對自己的主觀感受與認同，呈現的社會行為以符合社會期望或評價而形成的性別角色。「角色」，是指個人在其所佔的位置上，從事的各種活動及擔任的任務所呈現的樣貌。其任務與活動有兩種層面：一是「角色期待」，為社會所期待的活動；二是「角色表現」，為個人所實際從事的活動。〔註1〕

　　本章主要針對臺灣閩南諺語中所呈現的男性角色之敘述加以探討。內容為男性一生所扮演的角色以及經歷，分為：父親、丈夫、兒子、兄弟及其他因不同的經歷下的角色，經由諺語中的剖析與探討，傳統社會對於男性角色的期待與表現評價，能有一概略的瞭解。

第一節　承先啟後的父親

一、父親

　　「父親」一詞為較嚴肅文言的用法，台灣的稱呼在口語上常聽到的是「老父」及「阿爸」。日據時期稱「多桑」，在民間語言中，老一輩的人會這樣稱呼，但在諺語中卻未出現。

　　「父」，為生下一代的男性，有血親的關係，因此稱「父親」。在中國社會「父子倫」是重要的人倫關係，《孟子‧滕文公上》有言：

─────────────

〔註1〕晏涵文，《性、兩性關係與性教育》，台北：心理出版社，2004 年 9 月初版一刷，頁 160～161。

> 人之有道也，飽食暖衣，逸居而無教，則近於禽獸。聖人有憂
> 之，使契為司徒，教以人倫；父子有親、君臣有義、夫婦有別、長
> 幼有序、朋友有信。〔註2〕

孟子將父子關係列在五倫之首，其次才是君臣、夫婦、兄弟、朋友，認為父
子至親是天性。因此疼愛子女乃是為人父母最真誠出自內心的本性，在閩南
諺語中有「摸著卵鳥疼命命。」〔註3〕（徐福全《福全臺諺語典》頁288）具
有真實感也極能呈現疼愛孩子的心情，一份將孩子視為比自己性命還重要的
愛，同時也感受到一份傳宗接代的使命。

「父親」這個角色是承先也是啟後，所以生命的傳承也成了的重要目的。
「人生咱，咱生人。」（陳主顯《台灣俗諺語典》卷五頁505），就是最佳的註
腳。因此「父親」的「宗族的延續」為父親角色的第一要務，「學習典範」則
是啟後的重要方法。

（一）宗族的延續

自古以來，崇拜祖先並非只在緬懷祖先，更重要的是要肯定後代子孫的
延續，若無後代子孫延續宗族子嗣，祖先無人祭祀，則是不孝。傳統觀念「香
火」，祖先需要有人來祭拜，點香燒金即成了傳承，由誰來傳承這份香火，在
父權體制下，男性成了唯一的接棒人，因而首重生命的傳承。閩南諺語中有
云：

> 父母生子世傳世。（藍文良、藍文佶《台灣諺語》頁441）
>
> 父傳囝，囝傳孫，三代公家一口鼎。（陳主顯《台灣俗諺語典》卷五
> 頁144）

生兒育女成了為人父母的責任所在。《孝經·聖治》有言「父母生之，續莫大
焉」，父母生子，也在於延續香火為首要。中國人重視孝道，常以「以孝傳家」
為使命，引以自豪。若有違逆之事稱之不孝，不孝之事也以無後為最大事項，
諺語中有「不孝有三，無後為大。」（陳主顯《台灣俗諺語典》卷五頁505〔註
4〕），「後生」的重要可見一斑。

〔註2〕高政一註譯《四書讀本·孟子》〈滕文公章句上〉，台南，大學書局，1987，頁
478。
〔註3〕此句陳主顯《台灣俗諺語典》卷五31頁又作「摸著卵脬，疼命命。」
〔註4〕「不孝有三，無後為大。」亦見王永興《台灣俗諺語大全》上輯頁85及陳主
顯《台灣俗諺語典》卷五頁264。

「後生」既如此重要，在台灣民間習俗也有各種方法來祈求一舉得男的方法，「暗暗扠，生卵脬。」(《臺灣俚諺集覽》頁173)，這句諺語是新婚首次回娘家做客後，回夫家的時間要等日洛後，新娘就可以儘快得男。除此之外，結婚親友的祝福話，也常以「早生貴子」、「食甜甜，互你明年生後生。」等話，新人聽了開懷，背後隱藏生兒子的使命。若無法得男也會用「換花叢」來改變生女兒的習慣。其目的就是著重生個「後生」來傳宗接代。

傳統社會重視男生，一方面傳宗接代的使命，另一方面因傳統以農耕為主，男生為勞力的主要來源，社會的勞力結構也造成重男輕女的形成。生「後生」完成傳宗接代的使命固然高興，然而父親在養育上背負責任重大，上有父母需照顧，下有子女須養育，因此諺語：

　　　　生子纔知父母恩，又手抱子兒，纔知父母飼咱時。(徐福全《福全臺諺語典》頁429)

　　　　抱子更飼爸，好子不免多。〔註5〕(吳瀛濤《臺灣諺語》頁119)

從諺語中看出為人父親承先啟後的另一種重責大任，也就是現代人所說的「三明治家庭」的辛苦。同時才能體會當家的辛勞，父母的恩情，就如諺語所說「當家才知柴米貴，養子方知父母恩。」(陳主顯《台灣俗諺語典》卷九頁101)；「生子纔知父母恩，又手抱子兒，纔知父母飼咱時。」，成為父親時，才能體會養子的辛勞，也才知父母的辛苦恩情。生兒育女後，做「老父」的辛勞，日積月累慢慢呈現。

日常生活裡，瑣瑣碎碎的事極多，孩子從一出生，生育、養育、教育（後面章節另有探討）全靠一家之主操煩，孩子往往能無憂無慮的安心長大，就如諺語所說的：

　　　　老父扛轎，子坐轎。〔註6〕(《台灣俚諺集覽》頁142)

　　　　有父有母滿天星，無父無母月暗暝。(陳憲國、邱文錫《實用台灣諺語典》頁243)

有父母親的照顧提拔，前途一片光亮，不需費心；反之，沒有父母的提攜，就只能在黯淡的月光下摸索前進，景象為之對比。而父母心中則有甜蜜的負

〔註5〕此句陳正之《智慧的語珠》頁12又作「抱囝更飼老父，好囝不免濟。」；周榮杰《臺灣諺語銓編》頁199又作「抱囝更飼爸，好囝不免多。」；呂自揚《台灣民俗諺語賞析探源》頁210又作「飼子又飼父，好子不勉濟。」

〔註6〕此句王永興《台灣俗諺語大全》上輯頁169又作「老爸扛轎囝坐轎。」

擔,如諺語所謂的「欠囝債,落囝枷。」(陳正之《智慧的語珠》頁 14),也因這重責大任嘲哄自己「第一戇,做老父。」(陳主顯《台灣俗諺語典》卷五頁 35),讓自己的辛勞能心甘情願的為孩子無怨無悔的付出,就如諺語云:「爸是天,母是地。」(莊秋情《臺灣鄉土俗語》頁 162),有天地的保護孕育繁衍生長。

(二)學習的典範

儒家的思想主張,上下有序,貴賤有別。荀子說「禮者貴賤有等,長幼有差,貧富輕重皆有稱者也。」〔註 7〕,雖有差別但也求同,重視在其位的風範,能有良好風範的示範,為後輩學習典範,就是朱熹所謂的「物物有箇分別,如君君臣臣父父子子。至君得其所以為君,臣得其所以為臣,父得其所以為父,子得其所以為子,各得其所,便是和。」,上自君、臣、父、子都能有屬於他的位子,扮好其角色,同時也是良好的示範,父親就是要像個父親,有著上尊下卑的代表。在父權社會,父親是嚴肅不可冒犯的,也是至高無上的,兒子追隨父親的角色扮演,學習父親的樣子而成長,諺語也云:

> 有是父,必有是子。〔註 8〕(《台灣俚諺集覽》頁 129)

> 看子知老父。(台灣文化小站網路)

> 彼號父,生彼號囝。(陳主顯《台灣俗諺語典》卷五頁 4)

「有是父,必有是子。」,父傳子,除了在基因的遺傳外,孩子在家中父親的一言一行都是學習的模範,父親的形象雖是嚴肅的,透過嚴肅形象建立威嚴,在孩子的心中是神聖的表徵。因此,父親的行為在潛移默化中,一點一滴的建立在孩子的心中,讓孩子在家庭中的得到觀察學習,以人格內化成與父親神似的氣質,表現於外,所以說,「看子知老父」,兒子的氣度,就是父親的縮影。

在父權社會,父親擁有至高的權利與地位,父親的形象都是至高無上不可侵犯。古語說「父慈子孝」推究是因父親的形象是嚴肅的,要更和諧的家庭關係,父親必須要變得慈祥,讓孩子更為親近,而不只是敬畏,父親對子女的愛,就是父親的慈愛表現。也因父權的權力使然,對孩子的教導也是如此的一板一眼,在威嚴中建立起聲望。因此諺語云:

〔註 7〕參瞿同祖,《中國法律與中國社會》,香港,龍門書店,1967 年頁 214~216。
〔註 8〕此句徐福全《福全臺諺語典》頁 320 又作「有其父必有其子。」

　　女跟娘走，子要父教。（朱介凡《中華諺語志》卷五頁 2172）

　　照父梳頭，照母縛粽。（朱介凡《中華諺語志》卷五頁 2172）

　　照父梳頭，照母縛髻。（韓孝婷《台灣閩南諺語反映的親子文化》頁 39）

傳統社會「男主外，女主內」，子女的教育應也是母親的責任，諺語卻透露出「女跟娘走，子要父教。」，在古代社會最高指導原則的三綱，父是子綱，父親是兒子的模範也是教導者，兒子要學習如何做一個男子，像父親般的威嚴令人敬畏的男子，兒子必須向父親學習，由父親來指導是最合適的。孩子學習的方向，男生照著父親做為學習的榜樣，女生跟著母親學習，學習父母的樣子。也因在家庭的耳濡目染的浸淫下，孩子的模樣漸漸顯露出父母的樣子與氣質，心性及行為模式也能與父母相仿，諺語云：「知子莫若父。」，（徐福全《福全臺諺語典》頁 453）最了解孩子也是父親，因為父親是孩子的學習榜樣，父親也是孩子的教育者。

　　父系的傳承不只在於血脈、思想、生活習慣、行為模式都在日積月累的生活裡傳承著，父母好的行為，孩子也會照著學建立好品德與習慣；但父母的行為若有偏差，對孩子也是有負面的影響力。諺語云：

　　上不正，下則歪〔註 9〕。（徐福全《福全臺諺語典》頁 34）

　　大人無好樣，小兒作和尚。（朱介凡《中華諺語志》頁 2172）

　　君不正臣必不忠，父不慈子必不孝。（《台灣俚諺集覽》頁 112）

　　序大無好樣，序細討和尚。〔註 10〕（《台灣俚諺集覽》頁 164）

　　草索拖阿公，草索拖阿父〔註 11〕。（《台灣俚諺集覽》頁 132）

　　草索拖阿公，草索拖阿爸，一代過一代。（莊秋情《臺灣鄉土俗語》頁 198）

　　桐油籠，貯桐油。（《台灣俚諺集覽》頁 359）

〔註 9〕此句於《台灣俚諺集覽》590 頁又作：「上不正，則下歪。」；《台灣俚諺集覽》頁 119 作「上不正，下不正。」；莊秋情《臺灣鄉土俗語》頁 50 作「上樑不正，下樑歪。」。

〔註 10〕此句陳正之《智慧的語珠》頁 16 作「序大無好叫，序細無好應。」。

〔註 11〕此為台灣傳統故事：有一個人的父親因病重無法醫治，便將父親捆綁拖至山中待斃，後來自己也病了，兒子欲仿效他的作為，這時他才領悟到自己的作為讓兒子受到了壞影響。轉引自鄭怡卿《臺灣閩客諺語中的女性研究》國立中央大學，中國文學系碩士論文，2008 年 130 頁。

《漢書・高帝紀元》：「人之至親，莫親於父子。故父有天下，傳歸於子；子有天下，尊歸於父，此人道之極也。」〔註12〕骨肉至親是最自然且最親近的關係，父傳子，子又傳子，不只是家業傳承，一切的學習父親都扮演著重要的示範角色。《論語・子路》中孔子曰：「其身正，不令而行；其身不正，雖令不從。」〔註13〕說明了身教的重要，為人父者是最佳的學習典範，對孩子的影響極其深遠當慎為之。

二、繼父

　　傳統社會父親的角色是威嚴不可侵犯的。傳統觀念以男性為主軸，喪夫的女性在「三從四德」的約束下，女性要改嫁是困難的。在婚姻上男女不平等，男性喪妻再娶者多，女性喪夫再嫁者難，在民間流傳的諺語也能見出端倪，對於繼母的諺語較多，繼父的諺語較少。

　　就整體社會風氣而言，古代離婚是困難的。男性再娶較為容易，女性改嫁較難，為維持家族續命，寡婦不能再醮而改以招婿方式重組家庭。對於繼父在民間稱為「後叔」或「後父」，中國家族觀念深厚，繼父對於「前人仔」〔註14〕既不是自己的血緣，也不從自己的姓氏，在觀念上有「拖油瓶」的思想，「前人仔」成為家中的負擔，諺語云：

> 別人的父，唔知別人的囝。（陳主顯《台灣俗諺語典》頁卷五16）

> 拄著後叔，才想起爹好。（陳憲國、邱文錫《實用台灣諺語典》頁299頁）

> 未出後母，先出後父。（陳主顯《台灣俗諺語典》卷五頁17）

「別人的父，唔知別人的囝。」，別人家的父親，當然不懂得別人的小孩，「前人仔」不是繼父的小孩，繼父不能了解「前人仔」，無法疼愛。而子女對生父的感受與懷念，從有繼父後才體會出生父的好，說明了繼父與生父的差別。繼父的惡名就如繼母一樣，「春天後母面，要變一時間。」（何典恭《由諺語學臺語：望文生義的臺文》頁54），後母的凶狠與善變，感受不到春天的溫暖。民間生父對自己的小孩，不能疼愛施以暴行，即以「未出後母，先出後父。」來警告生父不要像後父那般虐待自己的小孩，在民間對繼父的形象是凶狠、無情。

〔註12〕施之勉《漢書集釋（一）》，台北，三民書局，2003，頁116。
〔註13〕《十三經注疏・論語》，台北：藝文印書館，1997.8初版13刷，頁116。
〔註14〕「前人仔」，重組家庭前，新組合父母的各自小孩。

繼父帶給世人的觀感負面較多，民間對繼父的處境也表以同情，為之辯解，諺語云：

第一戇車鼓馬，第二戇嗣人妻子娘奶。〔註15〕（《臺灣俚諺集覽》頁242）

第一戇做皇帝；第二戇做老爸；第三戇趁錢飼人母子。（阮昌銳《中國婚姻習俗之研究》頁179）

在民間繼父的處境，就如車鼓戲裡被花旦騎在背上，被愚弄被嘲笑；繼父養育「前人仔」那是愚昧沒有益處的傻事，為人繼父也是事出無奈之事，被嘲笑養別人的妻子，奉養別人的娘，心理的感受是痛苦的。「第二戇嗣人妻子娘奶」，做招夫成為繼父，環境逼迫所致。

繼父與生父的角色及地位大不同，生父的威望與權力，與生具來也是傳承，如諺語所言，「至親，莫若父子。」（陳主顯《台灣俗諺語典》卷五頁17），父與子的關係最為親近，父子天性是天性，是血緣，無可取代的；相對的繼父，無血緣，無親情要求血濃於水的感情，不是件易事。

第二節　反哺報恩的兒子

《孝經·聖治》：「父母生之，續莫大焉。」〔註16〕父母生兒育女，為延續生命為最大的目的。中國人重視宗族繼承，嫡長子的繼承制度，確立兒子的繼承地位，兒子也就順理成章的成了繼承人，同時也是延續生命開啟者，父生子，子又生子，父子關係密不可分。父子關係的建立，維繫宗族延續的使命與傳承，為人子既是承先也是啟後。在宗法制度下的父權社會，家族的男性擁有家族的財產管理權，繼承家業是男子在家族中的責任與權力。

一、奉養反哺

自古以孝傳家，《禮記·禮運》篇說：「何謂人義？父慈、子孝、兄良、弟弟（悌）、夫義、婦聽長惠、幼順、君仁、臣忠，十者謂人義。」〔註17〕父

〔註15〕吳瀛濤《臺灣諺語》159頁又作「第一戇，車鼓馬，第二戇，飼人妻子娘奶。」；朱介凡《中華諺語志》頁2131作「第一戇，車鼓馬；第二戇，嗣人女子娘奶。」。
〔註16〕大同法師《孝經白話句解》台北，華聯出版社，1979，頁49～50。
〔註17〕李炳南《李炳南老居士全集——第十二集》，〈禮記選讀〉，台中，青蓮出版社，2006，頁96～97。

慈子孝在傳統家庭裡是一重要的遵循準則，也是維繫家庭中親子關係的依循方向。在「不孝有三，無後為大」的思想下，以傳宗接代為宗族傳承的第一要務，每個兒子都在期待的希望下，賦予重大的冀望下出生長大；同時也負有開啟另一個生命的開始，「人生咱，咱生人。」繼承父母並開啟了無數的生命，周而復始生命循環不止。

《詩經‧蓼莪》：「哀哀父母，生我劬勞。」〔註18〕、「哀哀父母，生我勞瘁。」一輩子難以回報，所謂「欲報之德，昊天罔極」，為人子接續父親的角色傳承家族命脈，奉養辛苦的父母亦理所當然天經地義之事。諺語云：

> 後生頂老爸，諸婦子別人的。（莊秋情《臺灣鄉土俗語》頁176）
>
> 飼後生，養老衰。（《台灣俚諺集覽》頁137）
>
> 飼後生有老世。（徐福全《福全臺諺語典》頁625）
>
> 飼後生替老爸，飼媳婦替姑家。〔註19〕（周榮杰《臺灣諺語銓編》頁195）
>
> 飼後生養老衰，飼媳婦蔭姑家，飼查某囝別人的。（周榮杰《臺灣諺語銓編》頁196）

「後生」，閩南語稱兒子為「後生」。閩南語的「後生」含意深厚，既是後繼的生命，亦是後援的生命。當父親衰老時需要援助，因此，「飼後生，養老衰。」；「飼後生替老爸」，「後生」，年老無依時的依靠；老爸的責任都由兒子承接。兒子是父親的接班人，即便是父母眼中的浪蕩子，反而是跟在身邊奉養老父的兒子，就如諺語云：「歹囝，飼老父。」（陳主顯《台灣俗諺語典》卷五頁43），做事不認真不正經的浪蕩子，負起奉養父母的責任。如此雖是「歹囝」也會負起奉養之責，因為如諺語所云：「爸是天，母是地。」（莊秋倩《臺灣鄉土俗語》頁162），也懂得感謝父母的恩情。《百孝經》百孝經也說「天地重孝孝當先，一個孝字全家安。」，為人子女若不能奉養行孝就連動物都不如了，「羊有跪乳之恩，鴉有反哺之義。」（《臺灣俚諺集覽》頁504），羊都知道要跪乳報恩；烏鴉也之反哺的道理，更何況是人呢，反哺奉養孝順父母更是應該的。

〔註18〕傅隸樸《詩經毛傳譯解》下冊，台北，臺灣商務印書館，1985，頁728。

〔註19〕此句陳主顯《台灣俗諺語典》卷五頁79又作「飼後生替老父，飼新婦替大家。」；《台灣俚諺集覽》頁137作「飼後生養老衰，飼查某別人的。」。

二、孝敬父母

　　《孝經》中孔子說：「夫孝，天之經也，地之義也，民之行也。」〔註20〕，說明孝順是天經地義之事。孟子說「不得乎親，不可以為人。不順乎親，不可以為子。」不得父母的歡心，不可以為人；不能順從父母，不可以為人子。為人子，對父母除了平時承歡外，即時在父母有差錯時，仍須以恭敬、溫和的態度勸諫，否則也是陷父母於不義，也是不孝。《論語・開宗明義章第一》孔子說：「身體髮膚，受之父母，不敢毀傷，孝之始也，立身行道，揚名於後世，以顯父母，孝之終也。」〔註21〕說明為人子女，從最小的孝做起，身體髮膚都不能受到傷害開始，到立身行道揚名後世，使父母顯要，是孝的最終責任。為人子女盡孝父母是從古到今不變的美德，也是扮演好為人子的角色。諺語也云：

　　　　　百行孝為先。(《臺灣俚諺集覽》頁173)

　　　　　千書萬典，孝義為先。(《臺灣俚諺集覽》頁172)

　　　　　萬惡淫為首，百善孝為先。(陳主顯《台灣俗諺語典》卷五頁235)

　　　　　人講萬善孝為首，家庭圓滿才自由。(韓孝婷《台灣閩南諺語反映的
　　親子文化》頁146)

從諺語看出中國人對孝的重視，所有善行以行孝為最優先；千書萬典也以教導孝行為開始。就如《孝經・開宗明義章》中孔子云：「夫孝，德之本也，教之所由生也」〔註22〕，孝是德行的根本，一切的教育也以孝為開始。可見得行孝是最重要的事，兒子所要學習的要務也是學習孝順，正如諺語所云：「有錢買有某，千金萬銀買無爸母。」(賴宗寶《台灣經驗老祖先的話》頁159)，親情是用錢買不到，父母對孩子的愛，無私無悔，千金萬銀買不到的，為人子女當孝順給予回報，不要等到為時已晚才後悔，就如諺語云：「樹欲靜，風不止；子欲養，親不在。」。(賴宗寶《台灣經驗老祖先的話》頁159，及時行孝才能避免後悔莫及的悔恨。

　　台灣傳統社會在家族繼承上仍以兒子為主，對於繼承非只有家業，奉養父母是兒子最基本的孝順，在《說文解字註》「孝」：「孝，善事父母也。從老省；從子，子承老也。」〔註23〕，明白指出孝從老字省去，從子，子承老，

〔註20〕大同法師《孝經白話句解》台北，華聯出版社，1979，頁30～31。
〔註21〕大同法師《孝經白話句解》台北，華聯出版社，1979，頁6。
〔註22〕大同法師《孝經白話句解》台北，華聯出版社，1979，頁5～6。
〔註23〕漢・許慎撰《說文解字注》(清・段玉裁注，民國・魯實先正補)，台北，黎
　　　　民文化事業公司，1991，頁402。

兒子承接父親；要善事父母才為孝。該如何善事父母？奉養與行孝。一為對年老的父母物質上的侍奉為奉養，但必須出於內心尊敬的表情為之；另一則為日常生活的關注為行孝。諺云：

> 為人子，不可不知醫。（《臺灣俚諺集覽》頁130）

在《論語・為政》中提到父母的疾病是孩子的憂慮，子曰：「父母惟其疾之憂。」〔註24〕對於父母的疾病也要能盡心盡力的服侍，就如，《弟子規》：「親有疾，藥先嘗；晝夜侍，不離床。」〔註25〕，因此，諺語明白指出「為人子，不可不知醫。」為人子要略懂醫術，對於父母的身體要能隨時注意身體狀況，以能給於適時的協助，並且要日夜不捨的守候。既要能知道父母的疾病，也要能幫父母減輕生病的痛苦，這是為人子的責任與義務，能夠做到這樣的孝才是真正的孝順。真正的孝順是出自內心對父母的敬愛，因此諺語亦云：

> 在家敬父母，在校敬先生。（陳主顯《台灣俗諺語典》卷五頁245）

真正能夠孝順的是發自內心的孝心才是孝，在《論語・為政》有云：「今之孝者，是謂能養；至於犬馬，皆能有養，不敬何以別乎？」〔註26〕，孝不能只是能養更必須要有敬，否則就與養狗養馬等畜生沒有異同；在《大戴禮記・曾子大孝》也云：「養，可能也；敬，為難」，一般人能做到奉養，但要做到能敬愛就是件難事了。因而諺語云：

> 久長病，不孝子。（陳主顯《台灣俗諺語典》卷五頁254）

久病的父母就是對於孝子的考驗，要能長期照顧生病的父母始終如一，沒有一些「愚孝」是做不到的。在現今社會吳修齊公益基金會主辦的全國「大孝獎」所入選的孝行模範楷模，皆是照顧周到的「久長病」的父母公婆，而且得獎的大孝者都不是在優渥、安定的家境中來孝養照顧的，而是在拼命中行孝〔註27〕，真如諺語云：

> 寒門出孝子。（簡正崇《臺灣閩南諺語研究》頁60）

孝子大多出於寒門，生活窮困的家庭，生活潦倒更能體會生命相依的珍貴，也更能感受父母的辛勞。過著錦衣玉食的子女，對於生活的感受比較沒有感

〔註24〕高政一註譯《四書讀本・論語》〈為政第二〉，「孟武伯問孝。」，台南，大學書局，1987，頁80。

〔註25〕《弟子規、三字經、朱子治家格言》，台中，財團法人慈光圖書館，2008，頁4。

〔註26〕高政一註譯《四書讀本・論語》〈為政第二〉，「子游問孝。」台南，大學書局，1987，頁80。

〔註27〕轉引自陳主顯《台灣俗諺語典》卷五頁255。

覺，體會不到父母忙於生活的困境，也感受不到父母養育的辛勞，親身體會過生活困苦者，感受到父母親的辛勞與愛，才能完全出自於對父母真心的敬愛。

　　台灣昔日社會貧窮者多，都能秉持以孝傳家的精神，較少有拋棄年老病衰的父母。今日社會進步繁榮物質生活優渥，將父母送到養老院、拋棄父母者或爭家產後棄父母於不顧，值得為人子深思，如諺語云：「有錢買有某，千金萬銀買無爸母。」（賴宗寶《台灣經驗老祖先的話》頁 159），把握當下及時孝順才是最重要，孝敬父母需有責無旁貸之事，誠如諺語云：「事親當作是孤子，分產當做是散赤。」（賴宗寶《台灣經驗老祖先的話》頁 159），孝親不能推託、找藉口，應當是將自己當成是父母唯一的小孩，無人能代為孝順。

三、繼承家業

　　「家業」是一個家庭賴以維生的事業，更是一個家族興旺的世業。諺語有云：「一家一業。」，（陳正之《智慧的語珠》頁 29）是說家家都有自己的事業，要每戶人家專心經營好自己的家業，傳統的農業社會，家業的傳承自周朝宗族制度建立以來，男性一直處於繼承的優勢，嫡長子的繼承方式在傳統家庭依然存在，諺語云：

　　　　家用長子。（陳主顯《台灣俗諺語典》卷五頁 164）

家用長子可以見出長子對父親的家業繼承的重要。在家庭中亦見此觀念，對長子囑咐較多且較重要之事，家業仍然以長子寄以重望，諺語云：「父母疼細囝，公媽疼大孫。」（陳主顯《台灣俗諺語典》卷五頁 29），大孫，才能捧公媽的香爐，繼承香火也繼承家業。

　　自古以來，皆以農立國，古代的家庭，建立和維繫家業有兩個特點：一是：一是絕大多數「以農為本」；一是「家世傳業」。〔註 28〕，總是辛勤努力的開墾土地，在「有土斯有財」的觀念下，總希望留給子孫一些田地，做為家業的傳承，諺語云：

　　　　但存方寸地，留與子孫耕。（《臺灣俚諺集覽》頁 136）

「但存方寸地」，即使是方寸之地，也是祖產也希望留給子孫來繼承，象徵著家業不衰。家業若不衰就要有好的繼承人，自古以來的嫡傳制度，父傳子，子傳孫，子與孫都是自家人，自家人才能得到家業繼承，諺語云：

〔註 28〕王玉波《中國古代的家》台北：商務出版社，1998 年頁 85。

後生頂老爸，諸婦子別人的。（莊秋情《臺灣鄉土俗語》頁 176）

查甫囝得田園，查某囝得嫁粧。（周榮杰《台灣諺語銓編（一）》頁 204）

查某囝得田皮，後生（查甫囝）得田骨。（呂自揚《台灣民俗諺語
析賞探源》頁 149）

後生接替著父親，查某子是別人家的，家業的繼承女兒是沒得分的。田園是賴以維生可以永續經營，可以是發展事業的根基，只能由兒子來繼承，女兒嫁人之後是別人家的，只能帶走嫁妝，錢財之類的財物。

　　兒子繼承家業是台灣傳統社會的習慣，但也並非每家每戶都能有龐大事業可繼承，特別是早期先民來台開墾，身旁無親人督促，也有不能發達，或受太多誘惑而導致生困頓，留債給子孫者。傳統社會對於父親的債務仍是以繼承為主要，諺語云：

父債子還。（徐福全《福全台諺語典》頁 410）

父債子還，父業子得。（徐福全《福全台諺語典》頁 410）

子債，父不知。（《臺灣俚諺集覽》頁 138）

父業子掌，父債子還，子債父不知。（《臺灣俚諺集覽》頁 140）

傳統社會仍是以「父業子掌，父債子還」為思想，兒子繼承家業也繼承父親的債務，這世代相傳的基業，是好是壞都由子孫來繼承，是家族的續命，也是家族賴以生存於社會的信用，子孫得有尊嚴在社會並存。今日社會的轉變已不能以信用為尊嚴象徵，而以法律制定規則，對於父債，子有權繼承但無義務償還，現今法律已修正為：子孫可拋棄繼承，拋棄財產與債務。〔註 29〕這非是推翻「父債子還」的社會信用，而是現代社會對惡意利用財產繼承造成無辜的繼承人的保護。不論是「父債子還」或「限定繼承」，傳統觀念兒子繼承家業或繼承債務是為人子的責任與義務。

　　兒子繼承家業是老祖宗所遺留下的不成文規定，卻是自古以來傳統社會默默遵循的規則，儘管兒子有權繼承，卻非涵蓋所有男性都是喜好這份繼承權，諺語就說：

好子不免爸公業，好女不免爸母嫁粧。（吳瀛濤《臺灣諺語》頁 88）

〔註 29〕拋棄繼承：民法第 1174 條，繼承人得為繼承權之拋棄，一旦繼承人為繼承權
　　　　拋棄之表示，即溯及於繼承開始時不為繼承人，被繼承人所遺留之權利義務，
　　　　概與拋棄繼承權人無關。

好男不靠爸公業,好女不想爸母嫁粧。(周榮杰《台灣諺語銓編(一)》

頁 238)

好子,是指有志氣的兒子。有志氣的兒子並不需依賴家產,而是靠個人的努力奮鬥,而能創立自己的家業成家。因此,諺語云:「好田地,不如好子弟。」。
(《臺灣俚諺集覽》頁 165),只要有好的後代子孫,就不怕是否有好田好地可留給後代子孫,也不用靠父母留下來的田產過日子。而有家業可傳承的家庭最擔心的是遇到敗家子,諺語云:

三個新發財,不值一個了尾仔子。〔註30〕(吳瀛濤《臺灣諺語》頁 33)

了尾仔子,未反悔。(余全雄《台灣民俗諺語》頁 252)

守錢爸,了尾子。〔註31〕(吳瀛濤《臺灣諺語》頁 98)

「守錢爸」,守得住家業的父親及祖先;及「三個新發財」,一個人有三個人能力的發財機運,也抵不過了尾子,不肖子弟對錢的揮霍,而對家業的摧毀無任何的歉意。家業的建立是一點一滴不容易,創業惟艱守成難,摧毀卻是一夕之間,諺語云:

興家親像針挑土,敗家親像水推舟。(陳主顯《台灣俗諺語典》卷五

頁 271)

起厝動千工,拆厝一陣風。(周榮杰《台灣諺語銓編(一)》卷五頁 270)

趁錢龜爬壁,用錢水崩山。(周榮杰《台灣諺語銓編(一)》頁 239)

要了水崩山,要好龜扒壁。〔註32〕(《臺灣俚諺集覽》頁 250)

創業是多麼艱難,「興家親像針挑土」,興家有多難就像用針挑土;「敗家親像水推舟」,敗家多容易就像水推舟。台灣稱寶島,先民初到台灣也是從篳路藍縷的開墾開始,能建立家園一磚一瓦,胼手胝足省吃儉用所累積而成,一陣風、一陣雨就可將它在一夕間摧毀,建造卻像烏龜要爬上峭壁一樣艱難,守成真是不容易,諺語云:

台灣地好未過三代,頭代鹽薑醬醋,二代長衫拖土,三代當田

賣租。(周榮杰《台灣諺語銓編(一)》頁 237)

一代儉腸凹肚,二代看錢若土,三代當囝賣某。(陳憲國、邱文錫

《實用台灣諺語典》頁 23)

〔註30〕了尾子,就是敗家子,結束家業的敗子。
〔註31〕「子」作「囝」見周榮杰《台灣諺語銓編(一)》233 頁,即「守錢爸,了尾囝」。
〔註32〕此句《臺灣俚諺集覽》頁 598 又作「要敗水崩山,要好龜上壁。」

頭代油鹽醬醋，二代長衫拖土，三代當田賣舖。（周榮杰《台灣諺語銓編（一）》頁238）

第一代油鹽醬醋，第二代長衫拖土，第三代夯扁擔跑大路。（台灣文化小站）

一代舐鹽搵醋，二代長衫鬖褲，三代典田賣租，四代香爐婷於街仔路。（陳主顯《台灣俗諺語典》卷一頁168）

頭代油鹽醬醋，二代長衫毛毧褲，三代當田賣租，四代賣子賣妻，五代賣公婆香爐。〔註33〕（吳瀛濤《臺灣諺語》頁223）

繼承家業的兒子若成了不肖子弟，就枉費昔日來台的先民。第一代的先民來台開墾的刻苦耐勞的艱辛，建立了基業。到了第二代雖也跟著辛苦過，在繼承家業後，改善了省吃儉用的習慣，悠閒享受。第三代感受不到創業的艱辛，成了揮霍的敗家子，散進家產典當祖產過日子，第四代賣囝又賣某，第五代連象徵香火的「香爐」也成了別人家的藝術品。有這樣的不肖子孫，是因子孫不爭氣成了敗家子，有諺語就描述台灣「富不過三代」這樣的現象：

台灣地，好未過三代人。（周榮杰《台灣諺語銓編（一）》頁237）

台灣無好過三代人。（周榮杰《台灣諺語銓編（一）》頁237）

好額昧過三代。（徐福全《福全台諺語典》頁201）

「台灣無好過三代人。」嗎？是因為子孫的不努力守不住家業，為人子繼承家業只貪圖享受，揮霍無度敗光的。這樣的子孫，再多的家產也會在一夕之間耗盡，諺語云：

三代粒積〔註34〕，一代開空。〔註35〕（周榮杰《台灣諺語銓編（一）》頁237）

在父親守成的努力下，指望生下兒子繼承家業，不幸生了敗家子，家「業」成了業障。〔註36〕兒子在家業繼承的角色扮演上，成了負面的角色，父權社

〔註33〕此句陳主顯《台灣俗諺語典》卷一頁168又作「頭代舐鹽搵醋，二代長衫綢褲，三代當田賣租，四代賣囝賣某，五代賣公媽香爐。」

〔註34〕粒積：一點一滴的慢慢累積。三代粒積，要能累積三代才能小有規模。

〔註35〕此句《臺灣俚諺集覽》頁589又作「三代粒積，一代傾空。」。

〔註36〕「業」是源自佛家的用語，如「一切生法皆屬業因」（成實論）、「惡心不息，業海轉深。」（四十二章經注），轉引自陳正之《智慧的語珠》台中，臺灣省政府新聞處，1998年6月頁30。

會下的兒子確是重責，繼承家業不能為家族圖謀發展，最基本的能力也要守住家業。諺語云，「死新婦，好風水；死後生，折腳腿。」（陳主顯《台灣俗諺語典》卷五頁87）家族並不懼怕媳婦死亡，更期待帶來好風水，庇祐子孫，喪子之痛如斷腿無法伸展。對於家族家業的繼承，為人子者當努力，如諺語所言：「讀書須識字，事業著經營。」（《臺灣俚諺集覽》頁449），事業是靠經營而來的，不能單靠繼承，因而諺語云：「家欲富，子強父。」（余全雄《台灣民俗諺語》頁265），家要興盛，子孫定要更加賢能，富貴才能持久。

第三節　一家之主的丈夫

　　「男主外，女主內」，是中國社會長久以來的家庭分工方式。古時，女性常被塑造成禍水、亡國的形象，如夏帝桀因寵信妹喜而亡國；商紂王寵信妲己；周幽王寵幸褒姒，及明末清初的吳三桂因陳圓圓讓清朝入主中原，使得女性亡國說，影響女子表現機會。主張女性不得參與要政之事，只適宜做些桑蠶織紉之事，在《周易・家人》：

　　　　家人，利女貞。彖曰：家人，女正位乎內，男正位乎外。男女

　　正，天地之大義也。……六二，无攸遂，在中饋，貞吉。〔註37〕

中國傳統社會因此以「男主外，女主內」為主要的社會分工型態，「男正位乎外」，男性正統的工作是對外的事項；而女性負責中饋酒食，蠶桑紡織等家務。對女性的期待，在袁采的《世範》〈睦親・寡婦治生難托人〉裡言：

　　　　婦人有以其夫蠢懦，而能自理家務，計算錢穀，出入人不能欺

　　者；有夫不肖而能與其子同理家務，不治破蕩家產者；有夫死子又，

　　而能教養其子，敦睦內外姻親，料理家務，至於興隆者，皆賢婦人

　　也。〔註38〕

由上述文中，在古代女性的期待「有德」比「有才」更加光采，女性留在家中相夫教子，傳統觀念女性的「德重於才」由此得知。婦人的德重於才到「女子無才便是德」之言，在《家訓鈔・靳河台庭訓》云：

　　　　女子通文識字，而能明大義者，固為賢德，然不可多得；其他

〔註37〕鄭玄（127～200）箋，孔穎達疏：《周易正義》《十三經注疏本》，卷四，〈家人〉，總頁50。

〔註38〕袁采《世範》〈睦親・寡婦治生難托人〉，卷一，頁18轉引於劉詠聰，《德・才・色・權：論中國古代女性》台北，麥田出版社，1998年頁197。

> 便喜看曲本喜說，挑動邪心，甚至武文弄法，做出無恥醜事，反不
> 如不識字，守拙安分之為愈也。陳眉公云：「女子無才便是德。」可
> 為至言〔註39〕

女子無才便是德，女性退居家庭的內務，家中對外的事務就由男性來掌理，男性主外，外邊的事務，包括經濟活動及社會活動。經濟活動要能賺取或生產足夠的財貨或金錢，提供一家的溫飽；社會活動要使自己的家在鄰里及大眾社會有和諧的社會關係，對外的事情由男性來掌管。

男性因婚姻關係而有丈夫之角色，與女性在婚姻中的妻子角色，共組一個家庭。好丈夫要能擔任家中一家之責，負起家中經濟大計、拓展人際關係，使全家溫飽。

一、一家之主，養家糊口

男性從古時的狩獵時代，因生物個體之關係，男性身體較為強壯，因此負起打獵活動，帶給家庭食物，滿足家中需求。到了農業時代，更因在農地的開墾耕種粗活，外邊粗重工作以男人為主，女人則留在家中準備膳食、縫製衣服、照顧小孩。〔註40〕對外活動以男人為主，男人負起家中的經濟支出。男性一但結婚，父母將已婚子女視為已獨立成長，家中經濟也獨立負起責任，及在諺語中有顯明的呈現：

> 男人是魚網，女人是魚籃。（陳主顯《台灣俗諺語典》卷五頁404）
>
> 查埔田，查某岸。（陳主顯《台灣俗諺語典》卷五頁404）
>
> 男人趁，女人理。（《台灣俚諺集覽》頁148）
>
> 查甫賺錢，查某理家。（徐福全《福全臺諺語典》頁343）
>
> 查甫趁，也著查某捍。〔註41〕（林曙光《打狗採風錄》頁203）
>
> 翁會趁，某會擒。（陳主顯《台灣俗諺語典》卷五頁325）
>
> 男治外，女治內。（陳主顯《台灣俗諺語典》卷五頁404）

從諺語中觀察到男女共組家庭後，男人負起家中的生計，「男人是魚網」，魚網才可捕到魚，可以當食物也可以賣錢換取家中所需，「女人是魚籃」，女人

〔註39〕王利器《元明清三代禁毀小說戲曲史料》上海，上海古籍出版社，1981年，第三編，〈社會輿論〉頁175。

〔註40〕楊懋春《中國家庭與倫理》台北，中央文物供應社，1981年，頁116～117。

〔註41〕捍：操持，掌理之意。

負責打理漁獲;「查埔田」,查埔是田,傳統社會賴以生活的田,耕種生產才能維生。「男人趁」,賺錢養家,維持一家生計,對外的事務處理,家中經濟來源仰賴男人的提供與付出,男人賺錢養家,一家溫飽全仰仗丈夫。

丈夫賺錢養家養孩子,才能展現男性的擔待與真本事,諺語云:「娶婦無師父,飼子才是功夫。」(賴宗寶《台灣經驗老祖先的話》頁285),娶老婆與妻子共同奮鬥,相互扶持,而能夠養育孩子才能展現男人真本事真功夫的大丈夫。

二、妻子的依靠

男人對家庭的責任主要是養家,丈夫對妻子而言,也是重要支柱,俗話說:「嫁尪吃尪。」〔註42〕(村中耆老),女性嫁人,丈夫就成了一輩子的依靠。傳統社會家中經濟來源,耕種田地生產作物,沒有家產就得靠工作賺取錢財,經濟來源仰仗男人,依附男人,對妻子而言,丈夫是其依靠,諺語云:

> 一個翁,卡贏三個序大人。(陳主顯《台灣俗諺語典》卷五頁374)
>
> 歹歹翁,食繪空。(陳主顯《台灣俗諺語典》卷五頁375)
>
> 食夫香香,食子淡淡。(朱介凡《中華諺語志》(五)頁2025)
>
> 食尪的坐咧食,食子的跪咧食。(徐福全《福全臺諺語典》頁622)
>
> 吃囝,確崎嶺。(韓孝婷《台灣閩南諺語反映的親子文化》頁138)

「一個翁,卡贏三個序大人。」,家裡有個丈夫做支撐,比家中有三個長輩好依靠,說明了丈夫一家之主的重要性,即使是不甚滿意的丈夫,食翁坐著吃輕鬆自由,不怕沒著落,就如諺語云「食尪的坐咧食,食子的跪咧食。」,食尪,理所當然,坐著安安穩穩的吃;食子飯,需跪著猶如乞討,就像「吃囝,確崎嶺。」,崎嶺,陡峭的山坡,攀爬不易,丈夫是妻子的飯碗也是依靠。

結婚建立家庭後,經濟重擔全由丈夫一肩扛,早期農業社會,靠天吃飯者多,要維持一家之計是件艱辛的事,諺語云:

> 娶某司仔,飼某司阜。〔註43〕(《台灣俚諺集覽》頁157)
>
> 為著某,雙腳擂戰鼓。(許蓓苓《台灣諺語反映的婚姻文化》頁179)

娶某,是小徒弟功夫;飼某,才是師父,食指浩繁可就不是件簡單的事。為

〔註42〕宜蘭縣冬山鄉相香和村林阿英耆老口述。(2009.09.20)

〔註43〕此句胡萬川《南投縣福佬諺語謎語集》頁85又作「娶某師仔,飼某師父。」;陳正之《智慧的語珠》20頁作「娶婦師兒,飼婦師父。」。

人丈夫要有能力照顧妻小，《孟子・梁惠王上》：「明君制民之產，必使仰足以事父母，俯足以畜妻子。」〔註44〕，丈夫對於妻小要能竭盡所能的保護，哪怕是「雙腳擂戰鼓」，而無所懼。「為著某，雙腳擂戰鼓。」是丈夫角色最好的寫照。

第四節　其他角色

一、鰥夫

鰥夫，喪妻的男子之稱，與離婚不同，兩者民間都會與緣盡來詮釋。夫妻的緣分是「緣定三生」、是「五百年前註定」才能締結的姻緣，姻緣本是天註定，緣起緣滅都有定數，所謂的「夫妻本是同林鳥，大限〔註45〕來臨各自飛。」，緣盡之時結束前世的冤孽。開悟生命無常者處之泰然，悟不透難走出喪妻之痛。人，是感情的動物，相處時間不能決定感情的深厚，沒有人能預知緣盡之時，在婚姻路上隨時都有可能遭遇到，喪妻之痛帶來的感受因人而異。諺語云：

死某宛若割韭菜，死翁宛若換破蓆。（陳宗顯《台灣諺語七百句》頁202）

死某換新衫，死翁換飯坩。〔註46〕（陳主顯《台灣俗諺語典》卷五頁438）

死婦換新衫，死翁折扁擔。（許成章《台灣諺語之存在》頁17）

有錢死某換新衫，無錢死某哭哀哀。〔註47〕（陳主顯《台灣俗諺語典》卷五頁438）

母死眾家哀，妻死割人腸。（阮昌銳《中國婚姻習俗之研究》頁172）

妻死無過百日思。（阮昌銳《中國婚姻習俗之研究》頁172）

死某才一著尿桶。（阮昌銳《中國婚姻習俗之研究》頁172）

〔註44〕高政一註譯《四書讀本》台南，大孚書局有限公司，1994年五刷，頁387。
〔註45〕大限：死期，天註定的壽命。
〔註46〕此句《台灣俚諺集覽》頁155作「死某換新衫。」
〔註47〕此句阮昌銳《中國婚姻習俗之研究》頁172作「有錢死某相似換新衫，無錢死某著哭號。」。

從諺語中看傳統社會的鰥夫心態，老婆死了，不久就可以恢復原來的生活，像是在收割韭菜，收割過後幾天就又長出來了，對生活的改變不大，不久就可以再娶新的妻子。在這樣的心態下的背後有著潛藏的意象，是夫妻感情不好，對妻子過世卻沒有失去摯愛的痛，可以隨時找人遞補位置，如諺語云：「妻死無過百日思。」、「死某才一著尿桶。」，妻死不過百日的思念。家裡生活應過得不虞匱乏，有沒有妻子也無所謂，或是隨時都會有人想嫁給他。就像諺語云：「有錢死某換新杉，無錢死某哭哀哀。」，有錢人喪妻，「死某踏破磚，死爸無人問。」（阮昌銳《中國婚姻習俗之研究》頁 172），弔喪盈門；沒錢人家，「妻死割人腸」那樣的痛入心扉。

　　妻子的珍貴需要在妻子過世後才能體會出重要性嗎？在諺語中即能感受到鰥夫的悲苦，諺語云：

> 自細唔通無母，食老唔通無某。（溫惠雄《臺灣人智慧俗語》頁 65）
>
> 老公，不通無婆；細子，不通無母。（林曙光《打狗採風錄》頁 151）
>
> 中年失妻，親像三歲囡仔無老父。（陳宗顯《台灣諺語七百句》頁 202）
>
> 一頭擔雞兩頭啼。（胡萬川《彰化縣民間文學集——諺語、謎語篇》頁 3）
>
> 幼不通無母，老不通無婆。（周榮杰《臺灣諺語詮編》頁 181）
>
> 臨春失犁，臨老失妻。（阮昌銳《中國婚姻習俗之研究》頁 172）

感情不好的夫妻，一方過世，一方會覺得鬆一口氣。但不管父母感情如何，對孩子的傷害卻是最大的，諺語說「自細唔通無母」，幼小的孩子最需要母愛，即使有了後母，孩子對後母因為不親，心中存有害怕感，諺語云：「前人囝不敢食後母乳。」（陳正之《智慧的語珠》頁 13），孩子需要親生母親的安全感與母愛。失去妻子的丈夫，生活無人打理不方便，加上孩子需要母親的照顧，失去妻子讓孩子失去母親，留下爸爸照顧孩子，父親一人又要工作又要照顧孩子，一瞬間就成了諺語所說的「一頭擔雞兩頭啼」，一頭擔著雞一頭擔著孩子，一頭雞叫，一頭孩子哭，工作孩子兩頭忙，日子艱苦難以言喻。及至老年，沒有孩子需操勞，喪妻之痛帶來的痛，像是春耕時失去耕田的犁，失去依據的茫然與悽涼絕望。從諺語中看出鰥夫喪妻是辛苦淒涼的，就如諺語所：「雞母帶子會輕鬆，雞公帶子會拖帆。」，不能輕鬆過日子，在角色扮演上就較女性艱鉅。

二、姘夫與龜公

拼夫，俗稱「契兄」或「客兄」，是已婚女性在外的拼頭，用現代用語為情夫，有不正常的超友誼關係，婦人紅杏出牆的男人。從社會分工改變，男性走入社會，女性進入家庭，受到男性中心的影響，女性成了男性的依附，不僅地位低下連人格也喪失，對女性的要求也愈嚴苛，道德規範的制約愈殘酷，特別是在「貞」的觀念確立上，〔註48〕重視女性三從〔註49〕及四德〔註50〕，紅杏出牆的婦人是不為社會所接受，在唐代宋若華《女論語‧守節章》:「夫婦結髮，義重千今。若有不幸，中路先傾，三年重服，守志堅心。保持家業，整頓墳塋。殷勤訊後，存歿光榮。」〔註51〕，舊社會對寡婦是在「存歿光榮」輿論下，只有殺身盡節為最高尚，更別提是婦人紅杏出牆，更是遭受社會譴責，被歸類為「傷風敗俗」裡。諺語對出牆的婦女有低劣不雅的描述:「狗母膣，芳到三鄉里。」（陳主顯《台灣俗諺語典》卷三頁 70）、「願現塚，驚見無人可葬。」（阮昌銳《中國婚姻習俗之研究》頁 179），而其情夫，拼頭及紅杏出牆的龜公，而其地位角色又如何，社會又用何種眼光評價，從諺語中可一窺樣貌。

（一）契兄

契兄是婦人紅杏出牆的婚姻關係外的男人，兩人要一拍即合，婚外情的兩人有相互的意願彼此勾搭，諺語云:

> 狗母若無搖獅，狗公不敢來。（陳主顯《台灣俗諺語典》卷二頁 10）

> 司公神筶，客兄火記。（阮昌銳《中國婚姻習俗之研究》頁 179）

姘夫與姘婦的開始要彼此都要有意願，就像母狗與公狗，母狗放電後公狗就會撲上去；兩人的關係就如「司公」離不開「神筶」一樣，一旦搭上了就分不開。或感情相依或生理需求，諺語就形容姘婦敬重姘夫就像天公一樣:「孔

〔註48〕劉心武主編，張春生、林純業著《中國的寡婦》，台北，幼獅文化事業公司，1995 年 10～11 頁。

〔註49〕三從，《禮記‧郊特牲》:「婦人，從人者也。幼從父兄，嫁從夫，夫死從子」，《十三經注疏‧禮記》，台北：藝文印書館，1997.8 初版 13 刷，頁 506。

〔註50〕「四德」在《後漢書‧列女傳》:「女有四行：一曰婦德，二曰婦言，三曰婦容，四曰婦功。」，《二十五史‧後漢書》卷一一四，台北：開明書店鑄版，1969，頁 894。

〔註51〕劉心武主編，張春生、林純業著《中國的寡婦》，台北，幼獅文化事業公司，1995 年 40 頁。

子公，呣值著契兄公。」（陳主顯《台灣俗諺語典》卷二頁 104）；「契兄公，卡大三界公。」（王永興《台灣俗諺語大全》下輯頁 30）。在姘婦眼裡姘夫比丈夫來得重要，讓姘夫可大聲說話，視婚外情是理由充分，比丈夫還神氣：「無錢客兄，假公規。」（阮昌銳《中國婚姻習俗之研究》頁 179）。

　　婚外情，兩個感情多融洽仍不被社會所認同，傳統社會對女性的貞節最為重視，對女性紅杏出牆給予指責外，也對其人品、動機也有偏頗的見解，諺語云：

　　　　第一戇，車鼓馬；第二戇，飼人娘嫺。（陳主顯《台灣俗諺語典》卷三頁 234）

　　　　第一戇做皇帝；第二戇做老爸；第三戇趁錢飼人母子。（阮昌銳《中國婚姻習俗之研究》頁 179）

當契兄，在諺語呈現的意象是愚笨的行為，養別人的老婆孩子，在父權社會，男人負有傳宗接代的責任，對妻子也視為附屬品。被姘婦利用養別人家的孩子是愚蠢的事。諺語云：「豬仔飼大隻，呣認豬哥做老爸。」（陳主顯《台灣俗諺語典》卷五頁 497），當契兄既不是光榮的事，更是愚昧的事，男人懼怕和契兄沾上邊，諺語云：

　　　　眾人舅，無眾人姊夫。（陳主顯《台灣俗諺語典》卷五 118 頁）

在民間被人稱親家舅仔，是表尊敬，但要被稱姊夫則是意指她人的契兄，就不能任意叫的。傳統社會對契兄的觀感不僅在於不光榮、愚昧外，對其人格也給予負面的評價，在諺語中可以察覺到：

　　　　賊無情，婊無義，客兄無志氣。（陳主顯《台灣俗諺語典》卷二頁 314）

　　　　騙客兄，去林投腳飼蚊。（陳主顯《台灣俗諺語典》卷三頁 318）

　　「賊無情，婊無義，客兄無志氣。」，具體而明確的說明，和婊子交往是沒有情義可言；客兄是沒有志氣的人，像牛皮糖粘著霸著不放，戀客兄輕易就可以被騙上當。姘婦受輿論撻伐，客兄在傳統社會也沒能有地位，萬一被拼婦的丈夫捉到了，臉是會丟盡的，諺語云：

　　　　掠猴割頭鬃。（陳主顯《台灣俗諺語典》卷七頁 334）。

　　　　別人的某，睏艙過五更。（陳主顯《台灣俗諺語典》卷五頁 456）

契兄只能得到短暫的歡愉，諺語云：「別人的某，睏艙過五更。」，偷偷摸摸的行為，只能有短暫的歡樂，不幸被人捉姦在床，公佈其罪行割去頭髮留下

恥辱，無臉見人，從諺語中呈現出契兄的不智與臭名。

（二）龜公

「龜公」，妻子紅杏出墻，其丈夫被譏笑為懦弱無能如同縮頭烏龜。民間社會裡，背地裡受鄉民嘲笑，沒有男子氣概，愚笨的行為。諺語云：

> 地要親耕，囝著親生。（周榮杰《臺灣諺語銓編》頁215）

> 播田下雨，卡贏某大肚。（陳主顯《台灣俗諺語典》卷五頁496）

中國人對自己的信任比較高，跟自己有切身關係的事務都要自己動手才能放心，如土地在農業社會對人民生活最為重要，收成多寡直接與生活家計有關，不能草率耕作，也怕別人在後面算計；子女關係著家族命脈，香火傳承更不能隨便馬虎，重視的是自己的血緣傳承，才能算得上是自己的香火，沒有血緣關係不能有同心的向心力，家業落入外人手裡，一直是中國家族深懼的，因此孩子要自己親生的才能放心。對於娶進來的媳婦也重視貞操，容不得自己的媳婦與人珠胎暗結懷別人的種，替人養孩子遭別人嘲笑，與其替人養孩子不如努力耕種來得值得。傳統社會女性附屬於男性，妻子為男性財產，男子有權力對妻子處置，有七出之條〔註52〕可以對妻子提出休妻的要求，也可以典出妻子，還可以將妻子像物品一樣賣出，諺語云：

> 阿西阿西，娶某合人公家。（陳主顯《台灣俗諺語典》卷五頁454）

> 賣某做烏龜，生囝叫阿舅。（王永興《台灣俗諺語大全》上輯頁185）

> 嫁某做大舅。（余全雄《台灣民俗諺語》頁266）

> 烏龜假大爺。（王永興《台灣俗諺語大全》下輯頁71）

> 烏龜未勘的姝囝氣。（呂自揚《台灣諺語之存在》頁69）

「賣某做烏龜，生囝叫阿舅。」，丈夫可以把妻子賣掉，賣給別人當老婆，老婆生了小孩反而成了孩子的舅舅。這是什麼倫理關係才變成這樣的？傳統社會講究倫理關係，在「夫婦有別」下變得成主僕的關係，形成可以變賣轉讓的婚姻制度。

不論是把妻子賣掉或是跟別人共享老婆，在父權體制下，都不能展現男性之雄風，是懦弱是無能，也只是在愚弄女性。

〔註52〕七出之條：《唐律疏議》第267頁，七出之條：一無子，二淫佚，三不事舅姑，四口舌，五盜竊，六妒忌，七惡疾。轉引自蘇冰、魏林《中國婚姻史》，台北，文津出版社，1994，頁205～206。

三、贅夫

　　「贅夫」，在婚姻形式上是男性出嫁於女性為贅婚，女性的配偶不稱丈夫，而以贅夫稱之。在父系社會女嫁於男，婚後隨男方居住，贅婚為男子婚後居住妻家，其子女從妻姓，贅婚事父系社會的變則現象。贅婚的形成原因為女方家缺乏男嗣；或男方家經濟能力有困難無力負擔女方聘金者；女方有男嗣但過於年又需要勞動力者。

　　台灣早期較多贅婚，近年較少，民法已修改子女需從父姓之規定，子女亦可從母姓〔註53〕，降低了招贅婚的存在價值。傳統社會對招贅婚的意願不高，一般民間對入贅的男性也投以異樣的眼光，男性一般都不願被人招贅，入贅的原因也與經濟有關。入贅對男性而言，有損男性尊嚴外，對男性的能力也受到質疑，寄住女方家，給人的感覺像是吃軟飯的，因此入贅被認為是不名譽的事。諺語云：

　　　　抽豬母稅。（陳主顯《台灣俗諺語典》卷七頁 280）

　　　　撿豬母稅。（林茂賢，台灣民俗文化研究室）

　　　　給人家吊大燈。（阮昌銳《中國婚姻習俗之研究》頁 59）

「抽豬母稅」是指招贅婚分配子女姓氏的歸屬方式，讓入贅者保有自己的姓氏及香火可以繼承。抽豬母稅，明顯看出招贅婚因女方無男嗣可繼承香火，婚嫁的方式改以男嫁女的方式，在結婚時，就只能委屈的將自家的大燈吊在女方的廳堂前。除了給人家吊大燈，男性丟了家族顏面外，諺語更呈現出男姓被歧視的辛酸：

　　　　無卵脬的人才予人招。（鄭怡卿《臺灣閩客諺語中的女性研究》頁 151）

用象徵男性雄風的陽具扁損被招贅的男性，將入贅的男性尊嚴踩在腳下踐踏。一般人眼中「無路用」的男人才會入贅女方，被入贅女方家也都是沒無出息

〔註53〕　《民法・親屬篇》於九十六年五月二十五日立法院三讀通過，第 1059 條修訂為「父母於子女出生登記前，應以書面約定子女從父姓或母姓。子女經出生登記後，於未成年前，得由父母以書面約定變更為父姓或母姓。子女已成年者，經父母之書面同意，得變更為父姓或母姓。前 2 項之變更，各以 1 次為限，有下列各款情形之一者，且有事實足認子女之姓氏對其有不利之影響時，父母之一方或子女得請求法院宣告變更子女之姓氏為父姓或母姓：
　　一、父母離婚者。
　　二、父母之一方或雙方死亡者。
　　三、父母之一方或雙方生死不明滿 3 年者。
　　四、父母之一方曾有或現有未盡扶養義務滿 2 年者。

的男性，諺語云：

> 好囝，嘸出贅。（陳主顯《台灣俗諺語典》卷五頁 359）

> 用捏的沒好菜，用招的沒好婿。（林茂賢，台灣民俗文化研究室）

從句句的諺語中，呈現社會對入贅者的鄙視，入贅者被社會認定是不長進的、不好的人選，甚至也認為是男方貪圖女方的財產。為此男性也不敢輕易願意入贅，諺語云：

> 有一碗通食，嘸敢互人招。（陳主顯《台灣俗諺語典》卷五頁 359）

> 若會絕三代，也嘸麥大燈。（陳主顯《台灣俗諺語典》卷七頁 280）

「有一碗通食，嘸敢互人招。」，入贅者也是在情非得已之下，放下自尊與家族的壓力下，內心忍受外人的輕視不得已的行為。社會不應給入贅者過多的負面評價與歧視，對於入贅的男性應給予更多的正面鼓勵，讓社會更為祥和，其子女也能在健康的心理下成長。

四、單身漢

台灣傳統婚姻觀念一直秉持著「男大當婚，女大當嫁。」（徐福全《福全台諺語典》287 頁），男性在生命歷程裡，肩負著傳宗接代的責任，即使年齡再大都抱著要娶妻生子，完成延續香火的使命。要保持獨身的身分需要突破許多的壓力，父母對於未成親的兒子有任務未完成的遺憾以及放不下心，認為沒有妻子的照顧，兒子無法好好過活，父母的心會一直懸宕不安。父母的牽掛是可以理解的，除此之外尚有親戚的壓力，週遭的三姑六婆不斷的詢問，鄰居的關心及背後揣測的鄉親等等，要樂當一個快樂的獨身著實也不容易。因此，在傳統社會裡獨身仔是不被認同的觀念，在諺語中也顯現鼓勵結婚的：

> 無婦，不成家。（陳主顯《台灣俗諺語典》卷五頁 277）

> 男無妻家無主，女無夫身無主。（陳主顯《台灣俗諺語典》卷五頁 281）

樹大分枝，兄弟姊妹長大各自婚嫁後，獨身者只能自己操持家務，家中沒有婦人就不成一個家，男人沒有妻子，生活就失去了重心。這樣的說法雖是反映就時代的社會觀念，認為男女最後的依歸定要男婚女嫁，共同組成家庭才是完美的人生。以現代觀念是無法完全認同的，但在早期的社會是可以理解它的必要性。早期是農業社會，一個男人在田裡下田工作，沒有助手帶來許多不便，割稻播種時需要送個點心，或在身旁處理些細微的事，這些都是很好的幫助。回到家中飯菜都已備妥，衣物已有著落不需打點，在外的辛苦也

可稍做放鬆，回到家也有人陪你說說話，生活會有目標及意義。反之，則是空蕩蕩的房子，聽到的是自己的回聲，沒落的感覺易使生活頓失意義。諺語中也是這樣指出的：

> 無某攬被鼓。（陳主顯《台灣俗諺語典》卷五頁 278）
>
> 無某無猴〔註 54〕，穿衫破肩頭。（陳主顯《台灣俗諺語典》卷五頁 278）
>
> 天地圓轔轔，串餓是單身。〔註 55〕（王永興《台灣俗諺語大全》下輯頁 90）
>
> 食、食飯店；睏、睏豬砧。（呂自揚《台灣諺語之存在》頁 144）

「無某攬被鼓」，無某，夜裡沒有人可以相互取暖只好自己擁被入眠；衣服破了粗獷的男人做不來修補衣服這些細活，只好穿破肩頭的衣服。從破肩頭的衣服可看出，昔日的工作需要花勞力去挑去扛的粗活，回到家衣破沒人補外，一個人吃飯，生活難免散漫，有一餐沒一餐都可以過活，因此說「串餓是單身」。這樣的日子說明了在農業社會裡，獨身是相當辛苦的。無某除了生活辛苦外，也因沒有妻子在旁叮嚀約束，生活鬆散容易素行不良。諺語云：「無某無猴，做賊做鱉。」（陳主顯《台灣俗諺語典》卷五頁 280），沒有賢妻的管束，獨身阿生活易變得沒規矩。

在民間諺語對獨身的描述不多，但句句點出獨身對生活不便與孤單，傳統社會以男婚女嫁為正常行為，無論是男獨身或老姑婆都被當時社會以異樣眼光對待，在當時社會的時空背景是可以理解忍受的，獨身這角色並不容易扮演的，獨身者背負著不孝的罪名外，不符合當時社會的行為模式被冠以異類的標籤，在傳統生活裡也是受盡辛苦。

從諺語中探究出的臺灣傳統男性在家庭中扮演著重要的角色，從父親傳承的角色開始，延續宗族命脈因此而開枝散葉的擴展家族的使命，始終是一脈相傳。在父權的社會裡，「無後」是男性最重的負擔，「不孝有三，無後為大。」，男性繼承父親的權利，卻也承擔傳後的重責，對於家族的興旺負有重大責任，在生活裡有「飼子又飼父」的壓力，而出現「好子不勉濟」的感慨，

〔註 54〕 無某無猴：陳主顯原注：「無某無猴：形容一無所有的羅漢腳也。相傳，曩時有個耍猴戲的單身漢，被女人設了局，弄得人猴兩失，災情慘重。久而久之，這句話成為俗語，供好譏誚的人來恥笑「無某」的人」。

〔註 55〕 此句在陳主顯《台灣俗諺語典》卷五 279 頁寫作「天地圓輪輪，串餓是單身。」；余全雄《台灣民俗諺語》228 頁又作「天地圓閛閛，見餓餓單身。」。

生活重擔在傳統社會裡並不亞於現代社會,因而嘲解自己「第一戇,做老父。」,「做老父」既興奮又感慨,父親提拔孩子,盼望孩子能成人成器。對於孩子的寄望,希望能出人頭地但也存有「養兒防老」的觀念,要孩子能盡孝,以報父母恩情。

傳統社會對於子女以「百善孝為先」來教育孩子盡孝,男性傳承姓氏,對父母的責任也以男性為主,要奉養父母還要孝順父母,傳統社會更要求父債子還,對兒子的期待來自於父係社會的權力,昔日社會「虎毒不食子」的觀念,而現今社會以法律規範明訂子女的責任,時空轉變諺語中的父權絕對權力已受到衝擊。

男性角色在父權社會能展現男性的威權,結婚後的男性,成了一家之主,擔負起家中重要角色,丈夫也開啟父親與兒子的角色轉變,男性成為家庭與社會的中堅份子。跳脫男性威權的框架,為人姘夫遭人唾棄,龜公背後亦受人譏笑,現今社會也投以異樣的眼光。單身漢在傳統社會過得辛苦,父權社會的傳承,缺少啟後的繼承,在樹大分枝的觀念下,單身的男性負起男主外也兼主內,家中粗細活得一肩扛起,活在挑戰父權權力下,傳統男性缺少自在與悠閒,現代社會分工細,男性擺脫男主外的粗獷特質,現代單身漢也較傳統社會減輕家庭與社會的壓力。贅夫的角色最為艱辛,早期移民社會生活艱難,男性背棄家族傳承使命,也放棄家中的主導權,讓女性權力高過男性,無非對父權社會的一大打擊,也是姓氏繼承下的犧牲者,社會觀念改變及法律變通,姓氏繼承已不致跼限以於男性繼承,為男女平權社會開創一個新的開始。

第三章　婚姻中的男性

　　本章主要針對臺灣閩南諺語中所提及男性對婚姻觀念加以探討。內容分為兩大部分，一為男性對婚姻的看法；一為男性在婚姻所呈現的生活樣貌，經由這些諺語的剖析與探討，對於傳統社會男性對婚姻的觀念與對選擇配偶的要求期待有詳盡的瞭解。

第一節　男性的婚姻觀

　　《白虎通》寫道：「婚姻者，昏時行禮，故曰婚；婦人因夫，故約姻。」「婚」乃是黃昏之時所舉行的一種娶婦儀式，婦人因夫而成姻，婚姻是社會的生活現象也是文化表現。傳統觀念「男大當婚，女大當嫁」，男子長大就該娶媳婦，女子嫁人才是依歸。男性視婚姻為理所當然及必要，本節針對臺灣閩南族群從諺語中，呈現出婚姻對男性的重要性及男性的擇偶觀，以明瞭傳統社會對於婚姻的重視。

一、婚姻是終身大事

　　遠在古老祖先的智慧《易經‧繫辭下》：「天地絪縕，萬物化醇，男女構精，萬物化生」〔註1〕，說明了婚姻是人生的大事業。這樣大事業開啟了萬物而後所衍生的一切，婚姻的重要不可言喻。《易‧序卦》云：

　　　　「有天地，然後有萬物，有萬物，然後有男女，有男女，然後
　　　有夫婦，有夫婦，然後有父子，有父子，然後有君臣，有君臣，然

〔註1〕《十三經注疏‧易經》，台北：藝文印書館，1997.8 初版 13 刷，171 頁。

後有上下，有上下，然後禮義有所錯。夫婦之道，不可以不久也，
故受之以恆。」〔註2〕

由上述得知天地萬物而後男女，男女因婚姻關係而成為夫婦，有夫婦之名才
能行夫婦之實，建立家庭而能傳宗接代，繁衍子孫。婚姻關係也是社會的開
始，衍生父子、母女、兄弟姊妹的家庭關係，從而建立家庭制度，再向外擴
展為朋友及君臣及國家人民的社會關係，一切制度從婚姻開始。

中國是禮儀之邦，重視禮法儀式，上有祭天儀式，下至小老百姓的養生
送死都有其儀式，其中最重要的禮儀是婚姻，它是延續生命，家族開枝散葉
的開始，同時也是人類社會拓展社會關係的開端。因此在俗諺說：「人倫有五，
夫婦為先。大禮三千，婚姻最重」〔註3〕，此五倫，君臣、父子、夫婦、兄弟、
朋友的五種關係中，由夫婦關係開始，也是最為重要的一環。

婚姻除了完成傳宗接代的使命，家族的命脈靠著男性的結婚得以延續外，
同時也是父母卸下心中的重責大任。在父母眼裡，孩子永遠是長不大的，就
如「細漢煩惱伊未大，大漢煩惱伊未娶。」（陳主顯《台灣俗諺語典》卷五頁
567）。《孟子·滕文公下》中說：「丈夫生而願為之有室，女子生而願為之有
家，父母之心，人皆有之。」〔註4〕說明了天下父母心，身為父母總是心急如
焚的急著將已成年的子女男婚女配完成終身大事；閩南諺語也說「男大當婚，
女大當嫁。」；「男成雙，女成對。」，正是父母對子女成長時期的心情寫照，
同時也說明婚姻是人生的大事。

從傳統女性觀點來看，女性遵從「父母之命，媒妁之言。」（陳主顯《台
灣俗諺語典》卷五頁337），與人訂婚者，終身大事已確定，不易變更，就如
諺語所言「鐵釘，釘大柱。」（陳主顯《台灣俗諺語典》卷五340），一來是指
女性的從一而終，二來則指家中的大柱被牢牢的釘住，象徵著建立一個牢牢
的家，也藉由這個家開展了延續生命，而這大柱——男子即是家的棟樑。

再從夫妻關係來了解，綠島諺語所言「夫妻百百年。」（阮昌銳《中國婚
姻習俗之研究》頁150），以及閩南諺語的「少年夫妻，老來伴。」（阮昌銳《中
國婚姻習俗之研究》頁150）說明了夫妻是一輩子的伴侶。夫妻既是一輩子的
伴侶，彼此間的互動好壞則有重要影響，查甫人驚娶到歹某，諺語提到：

〔註2〕《十三經注疏·易經》，台北：藝文印書館，1997.8初版13刷，頁187。
〔註3〕陳主顯《台灣俗諺語典》卷五頁439。
〔註4〕高政一註譯《四書讀本·孟子》〈滕文公章句下〉，台南，大孚書局，1987，頁
493。

　　　娶著歹某，一世窮。〔註 5〕（陳主顯《台灣俗諺語典》卷五頁 283）

　　　娶著好某更好祖，娶著歹某一世艱苦。（陳主顯《台灣俗諺語典》卷五頁 284）

　　　做著歹田望後冬，娶到歹某一世人。（王永興《台灣俗諺語大全》下輯頁 86）

娶到歹某一世的窮、散、艱苦，而無法脫離苦境，光宗耀祖的機會就愈渺茫。而查某人也很怕嫁到歹尪，諺語告誡「嫁著歹翁絕三代。」（陳主顯《台灣俗諺語典》卷五頁 285），昔日筆者阿媽也曾跟告誡筆者「嫁著歹翁一世人空。」，女人理家最怕米甕空，米甕空空一家無法溫飽，三餐不繼是無法過日子。

　　　男性與女性之間彼此影響甚劇，婚姻關係和諧圓滿是家庭安定的力量，也是進步的動力。「婚姻是終身大事」攸關一生一世的成敗，豈能不重視。

二、婚姻對男性的重要性

　　　婚姻對男性的社會意涵在於完成宗族延續的使命，對男性個人而言，象徵著建立一個家，賦予男性新的使命，也是成長的重要分野。俗話說「未娶某抑是囝仔。」（徐福全《福全臺諺語典》頁 334），說明了娶某才是大人；「三十無娶某，說話臭奶呆。」（陳主顯《台灣俗諺語典》卷五頁 285），即使已是三十歲了沒結婚的男子，說話仍像未斷奶的孩子。即使結了婚，在父母眼裡孩子是永遠長不大的，孩子永遠是孩子，只是賦予不同的責任與期待。此時父母只是稍稍卸下責任，也是父母責任的移轉。為人子，承擔責任建立一個家成為支拄，是項重要的大事，建立一個好的家庭，關係著一個家的成敗。

　　　台灣人口組成，因歷史因素經歷多次的政權轉變，清朝的鎖國政策，對台灣採取隔離政策,實施「移民三禁」〔註 6〕造成初期的先民渡海來台需經「黑

〔註 5〕此句徐福全《福全臺諺語典》頁 210 又作「娶著歹某，一世人散。」
〔註 6〕台灣人唐山祖民偷渡台灣,大都在清朝康熙二十二年施琅攻下台灣到同治十二年間,西元一六八四年至一八七三年這一百九十年間,清朝對台灣採隔離政策,防患鄭成功舊部反清,頒「台灣編查流寓例」,實施移民三禁:一、渡航台灣者,須先在原籍請得渡海許可。經台灣方面的警備司令部稽查,台灣的海軍司令部審驗後始能渡歹台。二、渡台者不准攜帶家眷,已經渡台的,也不准招致家眷。三、奧地人民不准渡台,因為是海盜淵籔,積習未脫（見陳主顯《台灣俗諺語典》卷七頁 48 轉引自鍾孝上,《台灣先民奮鬥史》頁 119～122）

水溝」〔註7〕的考驗能安全到達台灣者已屬幸運，多數的「羅漢腳」〔註8〕到台灣屯墾舉目無親娶妻不易，便與當地的原住民通婚，諺語有句「有唐山公，無唐山媽；無番仔公，有番仔媽。」（陳主顯《台灣俗諺語典》卷七頁 32），說明台灣先民因結婚對象的缺乏而與在地的原住民的結合，以延續香火，生命的傳承得以繼續，來台開發才有意義，這也說明婚姻對男子的重要意涵。

　　婚姻對男性除延續香火外，對個人也有重要影響。科舉時代，進京考試考取功名謀得一官半職，才有機會飛黃騰達得到好名聲。台灣傳統社會男子因宗嗣關係而受到特別的關注照顧，也鼓勵追求功名利祿。但諺語卻呈現相反的意涵，「寧可無官，不可無婚。」（《台灣俚諺集覽》頁 153），是說寧可沒有官做，也不能沒有婚姻，足見婚姻對男性的重要。

　　中國人敬天法祖，台灣傳統生活中的祭祀有明顯的「天公」存在，一般民間年節祭祀中，有拜天公的習俗，諺語說：「初九天公生，出十食腥臊，十一請囝婿，十二查某囝轉來拜，十三食泔糜配芥菜。」（陳主顯《台灣俗諺語典》卷七頁 422），在民間傳統生活裡，認為受天公的保佑不可違逆，祭祀都很隆重，農曆初九子時一到，就開始祭拜天公華誕，以示尊崇。而諺語中提到：

　　　　　　一個某，卡好三個天公祖。〔註9〕（陳主顯《台灣俗諺語典》卷五

頁 368）

　　　　　　一個某，較好三尊佛祖。（曹銘宗《什錦台灣話》頁 107）

天公應是最大最受尊從的，「某」卻比得上三尊天公祖，顯現生活還是比較重要的。傳統社會「男大當婚」的觀念下，沒有老婆的男子是淒涼的人生，生活淒苦孤單，俗話說「無某攬被鼓。」，沒有老婆的陪伴，在夜裡只好忍受孤寂，擁棉被入眠。《臺灣童謠》也唱出了沒有老婆的悲哀：

　　　　　　燕仔飛簾簷，無某十八年；衫也破，褲也破，無某真罪過；鴨

〔註7〕黑水溝，台灣海峽的危險水域，早期先民從大陸渡海來台需經台灣海峽，船隻在海上易發生海難，是大陸渡海來台的一大關卡。

〔註8〕「羅漢腳」，光棍，指孤家寡人沒有結婚的男子。早期先民隻身來台，沒有妻兒無後顧之憂，「廟宇」是這些單身漢最安心的「落腳處」，尤其是後殿的「羅漢」神像下的「腳」下，更是不怕妖魔鬼怪騷擾的好處所。「羅漢」，古梵語 araham 是指最高修行者，河洛語引稱這群睡在羅漢腳下地板上的「光棍」為「羅漢腳」。（洪敏麟主講，洪英聖編著，《找台灣的根》，台灣省文獻委員會，1990 年 6 月，頁 190）

〔註9〕此句曹銘宗《什錦台灣話》頁 107 又作「一個某，較好三個天公祖。」

卵煎赤赤，無某通來食；燒酒溫燒燒，無某通來媱。〔註10〕
一個沒有老婆的人，穿破衫破褲，還得一個人吃飯，沒有人共享可以把酒同歡。就如諺語「無某無猴，穿衫破肩頭」；「無某無猴〔註11〕，做賊作鱉〔註12〕」，童謠與諺語相互輝映，寫出沒有老婆的孤寂。因此無論日子過得多窮苦，只要到了適婚年齡，再窮也要娶個老婆，俗話也說「有錢無錢，娶某過年。」（陳主顯《台灣俗諺語典》卷五頁 280），正說明有老婆好過年，有老婆才能過個好年。

　　台灣傳統社會在「男大當婚，女大當嫁」觀念下，成年的男女必須結婚建立家庭。也在傳統觀念「男主外，女主內」將家庭分工為「男治外，女治內。」（陳主顯《台灣俗諺語典》卷五頁 404），男人為養家活口在外打拼，女人則打理家裡，在家相夫教子。諺語有言「男而無婦財無主，女子無夫身無主。」（陳主顯《台灣俗諺語典》卷九頁 114），道出家庭需男女共同扶持彼此依賴，儘管男人事業有成，沒有妻子打理，家裡的錢財是無法守住。

　　男人娶妻生子外，「娶某來顧家。」（周榮杰《臺灣諺語銓編》頁 94），對於男性而言，妻子的角色是多面向的。就如諺語所言「妻賢夫禍少，子孝父心寬。」（陳主顯《台灣俗諺語典》卷五頁 238），有妻子的協助就能減少丈夫出錯，妻子枕邊細語溫柔的叮嚀，功效是強而有力的。「一個枕頭督，卡贏三個總督。」（陳主顯《台灣俗諺語典》卷五頁 65），就可以看出端倪了。

　　及至中老年時，男人對妻子的倚賴就越深，平日生活瑣事全由妻子處理，一旦妻子出了狀況，丈夫就失去了方向，諺語也說「中年失妻，親像三歲囝仔無老父。」（陳宗顯《台灣諺語七百句》頁 202），中年男子失妻有如三歲小孩沒有父親一樣的可憐無依。到了老年更是需要妻子的照料，長久以來日常生活所需都是妻子在照顧著，諺語也說：

　　　　幼不通無母，老不通無婆。（周榮杰《臺灣諺語銓編》頁 181）

　　　　老公，不通無婆；細子，不通無母。（林曙光《打狗採風錄》頁 151）

　　　　自細唔通無母，食老唔通無某。（溫惠雄《台灣智慧俗語》頁 65）

〔註10〕邱冠福，《台灣童謠》，台南：台南縣文化中心，1977 年。
〔註11〕無某無猴：陳主顯原注：「無某無猴：形容一無所有的羅漢腳也。相傳，囊時有個耍猴戲的單身漢，被女人設了局，弄得人猴兩失，災情慘重。久而久之，這句話成為俗語，供好譏誚的人來恥笑「無某」的人」。
〔註12〕做鱉：陳主顯原注「做鱉：行動陰鷙狠褻如鱉魚」。

不管是幼小的孩子，及年老的男子都需要女性的照顧。一個溫馨健全的家讓全家大小從小到大都能安心安定的成長生活，女性的功勞是不可抹煞的，娶個好妻子對男性而言是穩定家庭的根本，而健全的家是必須由二者所共同努力的。再以女性角度來看婚姻對女性的重要，選擇一個好的丈夫，也攸關女性一生的幸福，諺語云：

> 嫁著歹翁，絕三代。（陳主顯《台灣俗諺語典》卷五頁 285）
>
> 嫁著歹尪親像葬落墓。（徐福全《福全臺諺語典》頁 213）
>
> 嫁著好尪好遊玩，嫁著歹尪不如無。（溫惠雄《臺灣人智慧俗語》頁 94）
>
> 嫁到好尪靠尪勢，嫁到歹尪夯尪枷。（韓孝婷《台灣閩南諺語反映的親子文化》頁 189）
>
> 有翁無婿通倚靠，卡嘸值人乞食婆。（陳主顯《台灣俗諺語典》卷五頁 287）
>
> 好鐵不打刀，嫁著歹尪不如無。（徐福全《福全臺諺語典》頁 213）

從女人對婚姻的期待，本是「嫁尪吃尪」靠尪勢，到「嫁著歹尪親像葬落墓。」的絕望，好丈夫亦是成就好婚姻的重要關鍵，婚姻是夫妻彼此相互營造的，美滿與否不在於個人單方，所謂「尪某同心，烏土變黃金。」（陳主顯《台灣俗諺語典》卷五頁 390），就是夫妻同心協力最好的說明。

三、婚姻的宿命觀

民間信仰相信命運與輪迴，這樣的觀念一些是來自佛教，一些來自中國固有的文化思想。佛教思想相信因果報應與輪迴，「欲知前世因，今生受者是；欲知來世果，今生做皆是」，說明生命的輪迴與果報。《中庸‧第一章》：「天性之謂命，率性之謂教。」〔註 13〕上天賦予人的氣稟為本性，順著本性去做稱為正道，順著正道而為，對未來沒有把握的事，總會抱持「冥冥中自有安排」的樂觀想法，結果不管是好是壞都能欣然接受，總是用「命」、「緣」總結這一切。傳統的婚姻不同於現代，有許多的機會讓男女自由交往，嫁娶憑著「父母之命，媒妁之言」完成終身大事。男女雙方婚前不熟悉彼此，靠著婚後慢慢摸索，造成怨偶心中彼此怨恨是可以理解的現象，婚姻是好是壞都可能存在。傳統婚姻儘管是「父母之命，媒妁之言」，遇有不順遂的婚姻，亦

〔註13〕高政一註譯《四書讀本》台南，大孚書局有限公司，1994 五刷，頁 24。

敢不遷咎父母，責怪媒人「媒人嘴糊累累。」（陳正之《智慧的語珠》頁 17），
總是默默承受，一切歸咎於「姻緣」、「果報」。

（一）姻緣天定

　　台灣民間相信人的命是上天安排的「冥冥之中自有定數」，定數，一定的
結果。不管事情如何曲蜓彎折，最後的結果就是最好的安排。這就是中國人
命定的想法，很認份很認命的不與天爭。在諺語中充分表現出婚姻命定的思
想，常聽到的「五百姻緣，天註定。」（陳主顯《台灣俗諺語典》卷五頁 298），
一世的姻緣早在五百年前就已註定好的，比「緣定三生」都安排得早。閩南
諺語中有不少天定緣分的思想：

　　　　一夜夫妻百世恩。〔註14〕（《台灣俚諺集覽》頁 154）

　　　　五百年前姻緣，天註定。〔註15〕（徐福全《福全臺諺語典》頁 66）

　　　　有緣做牽手，無緣做朋友。〔註 16〕（陳主顯《台灣俗諺語典》卷五
頁 303）

　　　　有緣合雙身〔註17〕，無緣造兩對。（陳主顯《台灣俗諺語典》卷五
頁 304）

　　　　共桌食，共床睏，亦是緣分。（《台灣俚諺集覽》頁 98）

　　　　因緣五百年前註定。（《台灣俚諺集覽》頁 98）

　　　　因緣，天註定。（《台灣俚諺集覽》頁 98）

　　　　花無錯開，天無錯對。〔註18〕（陳主顯《台灣俗諺語典》卷五頁 298）

　　　　前世有緣今世結。（徐福全《福全臺諺語典》頁 119）

　　　　姻緣天注定，嗯是媒人腳賢行。〔註19〕（溫惠雄《臺灣人智慧俗語》
頁 82）

舊制的婚姻中，媒人是不可或缺的重要角色，俗話說「買賣屏中人，嫁娶憑

〔註14〕此句陳正之《智慧的語珠》頁 22 又作「一世夫妻百世緣。」及「一日夫妻百
　　　　世因緣。」
〔註15〕此句徐福全《福全臺諺語典》頁 66 又作「五百年前，註定姻緣。」
〔註16〕此句陳主顯《台灣俗諺語典》卷五頁 297 又作「有緣則做伙，做伙是有緣。」
〔註17〕合雙身：指結為夫妻。
〔註18〕此句陳正之《智慧的語珠》頁 188 又作「花無錯開，緣無錯對。」
〔註19〕此句溫惠雄《臺灣人智慧俗語》頁 83 又作「姻緣到，嗯是媒人賢。」

媒人。」(陳主顯《台灣俗諺語典》卷五頁 333);「無針不引線,無媒不成親。」(陳主顯《台灣俗諺語典》卷五頁 334),可見得媒人的重要,而「姻緣到,嘸是媒人賢」,說明了再能幹的媒人,沒有天賜良緣是很難撮合成雙成對的。能夠「共桌食,共床睏」,都是緣分所致。有緣的人才可做牽手,無緣的人只好做朋友。前世的姻緣今世做個了結,來世呢?就看今世男女雙方如何共修締造了。若不幸結下孽緣,因果報應就等來世來償還了。能夠當一夜夫妻是百世修來的恩情,婚姻大事是五百年前已定的,能不珍惜嗎。

(二)因果報應

因緣有好因緣與壞因緣。好的因緣歸功於前世的福報,壞的因緣則歸咎於前世所結孽緣,前世互相欠下的債,今世來償還。俗話說「尫某相欠債。」(陳主顯《台灣俗諺語典》卷五頁 300);「尫某前世相欠債。」(吳瀛濤《臺灣諺語》頁 128),說明了前世的種的因果,今世成為尫某償還。姻緣既是前世定,為何「尫某前世相欠債」?前世所結的是孽緣,前世結下的冤仇彼此相欠,必須下一世償還,閩南諺語中有一些「前世欠債,今世還債。」(陳主顯《台灣俗諺語典》卷五頁 301)的婚姻觀,已成為民間信仰了。

> 父欠囝債,翁欠某債。(陳主顯《台灣俗諺語典》卷五頁 11)

> 爸欠囝債,尫欠某債。(王永興《台灣俗諺語大全》下輯頁 210)

> 爸囝是相欠債,翁某是結冤仇。(周榮杰《臺灣諺語銓編》頁 179)

> 前世無事,不成夫妻。(徐福全《福全臺諺語典》頁 119)

> 前世撞破伊的黃金蓋。[註20](徐福全《福全臺諺語典》頁 119)

> 無冤無家,不成夫妻。[註21](李赫《台灣諺語的智慧》(四)頁 33)

> 無冤無債不成父子,無恩無仇不成夫妻。[註22](莊秋情《臺灣鄉土俗語》頁 247)

> 無冤無仇,燴結歸球。(陳主顯《台灣俗諺語典》卷五頁 300)

[註20] 此句《台灣俚諺集覽》頁 99 又作「前世踏破棺材蓋。」頁 355 又作「前生世,弄破伊的黃金蓋。」
[註21] 此句莊永明《台灣諺語淺釋》(七)頁 104 又作「無冤無債,昧成夫妻。」
[註22] 此句陳主顯《台灣俗諺語典》卷五頁 380 作「無冤無債,不成父子;無冤無仇,不成夫妻。」;徐福全《福全臺諺語典頁 405 作「無欠無債無成爸子,無冤無仇無成尫某。」

從上列諸多諺語觀察到這世夫妻的結合是前世因緣所致，而且多半是「孽緣」，前世種下不好的因，這世所得的果就是結成夫妻來償還。或冤或債或仇，有這樣的機緣，才能結成夫妻，也因為夫妻是最親密的，才能直接還債報恩仇。「前世撞破伊的黃金蓋。」、「前世踏破棺材蓋。」、「前生世，弄破伊的黃金蓋。」，在諺語中呈現女性在婚姻中的悲嘆，透露出遇人不淑的感嘆，今世沒能嫁個好丈夫，是因為前世撞破「他們家」的骨灰罈蓋、棺材蓋。在父權社會，祖先是何等的重要，祖先的風水、墳墓攸關後世子孫的前途發展及平安健康。侵犯祖先的陰宅也就等於破壞陽世子孫會得報應。在婚姻上對於男性的糟蹋與欺凌，只能以得到報應後，必須償還的心態去面對。在以男性為主的社會，女性逆來順受的宿命觀，確是不公平。若假以有「因果循環，報應不爽」之存在，能堅忍守住家，使家庭不致破碎，女性的功德不僅在於消自己的業障，同時在於守護自己的家園，使子女有一健全的家得到庇護，應了報應也與丈夫締結善緣，今生來世才能是善的循環。

第二節　男性的擇偶觀

《韓非子〈忠孝篇〉》提到「臣事君、子事父、妻事夫。」〔註 23〕妻子是伺候丈夫的。漢代董仲舒基於陽尊陰卑的宇宙觀，判別「夫為陽，妻為陰」的差別地位，以「夫為妻綱」為統屬性的夫妻關係，位差倫理一直支配著中國傳統社會的夫妻婚姻〔註 24〕，男性對女性有選擇權與支配權。台灣傳統社會承襲中國的家庭制度，以父系社會為主體，家庭是父權的是父治的。在生活上男子是家庭的中間份子，肩負著綿延家系及發揚家族的使命，其媳婦同樣負有重大的責任與義務。對於媳婦的人格、品格、性情及其健康的優劣都直接影響下一代的發展，正如諺語所說的「一代無好某，三代無好囝。」陳主顯《台灣俗諺語典》卷五頁 285），顯現男性選擇配偶的重要性。

本節所要論述主要為在傳統觀念「男大當婚，女大當嫁」的思想下，從臺灣閩南諺語中探討台灣傳統男性的擇偶觀，以彰顯傳統社會對於婚姻的重視以及婚姻與男性的關係。從「擇偶的條件」探討男性對婚姻的影響力，說明「婚姻」這人生大事，不得輕忽草率。

〔註 23〕張在義、劉乾先譯註《韓非子》，台北，錦繡出版公司，1992，頁 176。
〔註 24〕曾春海〈婚姻生活的意義、困境與展望〉，沈清松主編《文化的生活與生活的文化》台北：立緒文化事業，1999 年 7 月，頁 128。

一、配偶的選擇

（一）年齡

《禮記‧曲禮上》有言：「人生十年曰幼，學；二十曰弱，冠；三十曰壯，有室；四十曰強，而仕；五十曰艾，服官政；六十曰耆，指使；七十曰老，而傳；八十九十曰耄〔註 25〕。」，說明男性三十歲曰壯年，就該成家有家室。《論語‧為政第二》有言：「吾十有五而志於學；三十而立；四十而不惑；五十而知天命；六十而耳順；七十從心所欲，不逾矩。」〔註 26〕，三十能立定志向，尋得志業。俗語說「成家立業」；「立業成家」，三十歲應該是立業成家之時。

1. 適婚年齡

《黃帝內經素問‧上古天真論》有云：

> 女子七歲腎氣盛，齒更髮長。二七而天癸至，任脈通，太衝脈盛，月事以時下，故有子。三七腎氣平均，故真牙生而長極。四七筋骨堅，髮長極，身體盛壯。五七陽明脈衰，面始焦，髮始墮。六七三陽脈衰於上，面皆焦，髮始白。七七任脈虛，太衝脈衰少，天癸竭，地道不通，故形壞而無子。〔註 27〕

在《黃帝內經素問‧上古天真論》中，對女性年齡的生理狀況即有詳細的敘述，女性從十四歲始即有月事，亦有生育能力，二十八歲正當身強體壯；三十五歲之後面呈現焦黃，生理機能開始走下坡；四十九歲生育年齡已到了極限而沒有子嗣的機會。在那麼古老的年代已有現代的科學概念，意識到女性的生育能力，年齡會是一個阻礙，而生育力隨著年齡而下降，晚婚容易生不出小孩，影響夫家傳宗接代。因此女兒家總會在二十歲以前出嫁，正如諺語所言，「十八，二二是青春。」（林曙光《打狗採風錄》頁 189）；「十八歲查某囡，到格。」（陳主顯《台灣俗諺語典》卷五 289），十八姑娘一朵花的年紀，又青春又美麗，哪個少年看了不喜歡。閩南語歌曲〈望春風〉也提到「十七八歲未出嫁，心內彈琵琶。」，十七八歲還沒出嫁，心理就開始緊張憂愁了。為避免女性的青春被耽誤，閩南諺語有諸多的描述：

〔註 25〕《十三經注疏‧禮記》，台北：藝文印書館，1997.8 初版 13 刷，頁 16。
〔註 26〕高政一註譯《四書讀本‧論語》〈為政第二〉，台南，大孚書局，1987，頁 78。
〔註 27〕《黃帝內經》素問，（四部叢刊初編縮本）子部，卷 21，臺北，台灣商務印書館，1975，頁 6。

一蕊好花，放到黃。（陳主顯《台灣俗諺語典》卷五頁 289）

二十二歲查某子。（李婉君《台灣河洛話有關查某人諺語之研究》頁 17）

二十歲，老新娘。（陳主顯《台灣俗諺語典》卷五頁 291）

姑娘十八，一朵花。（許蓓苓《台灣諺語反映的婚姻文化》頁 54）

魚趁生，人趁芏。（陳主顯《台灣俗諺語典》卷五頁 288）；（陳正之《智

慧的語珠》頁 174）

蝦要跳著趁生，查某囡要嫁著趁芏。（陳主顯《台灣俗諺語典》卷五

頁 289）

在諺語中，年齡頻被提起，十八、二十正是青春年華，猶如盛開的花朵，也是
結婚年齡的最佳時機。在傳統觀念裡「二十歲，老新娘。」，二十歲已經是女性
的最遲年齡，再嫁不出去就需緊張了。女性到了二十二歲還尚可稱「查某子」，
過了二十二就會被冠上「老姑婆」，所以俗語才會說「魚趁生，人趁芏。」，吃
魚就要趁新鮮，結婚當新人就得趁芏（年輕），否則「一蕊好花，放到黃」。人
老珠黃不值錢外，變成老姑婆遭人議論外，死了沒辦法上廳桌頭還成孤魂野鬼。
而《禮記・內則》就有說明：「女子十年不出，姆教婉娩，聽從，……十有五
年而笄，二十而嫁，有故，二十三年而嫁。」〔註 28〕，就是在說中國古代女
子的適婚年齡在二十歲左右，如果有特殊狀況，最晚也只能遲至二十三歲。

相對於女性，男性的適婚年齡就比較有空間了，就生物性而言，男性的
生育力在發育後可一直持續到年老，女性的更年期就來的早；就目的而言，
男性負有傳宗接代的責任，即使再晚婚也可找個年輕女孩來為她傳宗接代。
《白虎通德論・卷九》中亦云：「男三十筋骨堅強，任為人父，女二十肌膚充
盛，任為人母，合為五十，應大衍之數，生萬物也，故禮內則曰，男三十壯
有室，女二十壯而嫁。」〔註 29〕」子三十歲、女子在二十歲為最適宜結婚的
年齡，因生理機能正到達高峰發育成熟，適宜生育繁衍後代。

男人三十一枝花，女人三十老人家。（陳主顯《台灣俗諺語典》卷一

頁 23）

三十歲查埔是真童〔註30〕，三十歲查某是老人。（陳主顯《台灣俗

諺語典》卷一頁 23）

〔註 28〕《十三經注疏・禮記》，台北：藝文印書館，1997.8 初版 13 刷，頁 539。
〔註 29〕《十三經注疏・禮記》，台北：藝文印書館，1997.8 初版 13 刷，頁 539。
〔註 30〕真童：有些諺語做「真銅」，而陳主顯認為應做「真童」以與後文「老人」呼應。

四十歲查埔是鸚哥，四十歲查某是老婆。（陳主顯《台灣俗諺語典卷一頁 24）

四十四歲，斷囝蒂。（陳主顯《台灣俗諺語典卷五頁 500）

以年齡論，男性三十歲正是年輕力壯，青春活躍，是童子之身是出色的鸚鵡；女性三十歲就已稱上年老色衰的老人家了。顯示出男女生物性不同，其生育適婚年齡就大不相同。也可看出育有子嗣的年紀，男子到了四十四歲才失去生子的能力。因此諺語描述男人的性能力「上冊，繪攝。」（陳主顯《台灣俗諺語典》卷一頁 89），說明了生子希望較渺茫的原因，過了四十歲性能力就大為減退，生子的希望自然降低了。

2. 年齡的差距

在民間為人作嫁必問年齡，一般提到女大於男，都會就此打住停止說媒事項。在台灣傳統觀念裡，除了自由戀愛較不受年齡的限制外，婚嫁的年齡以男大女小為考量。就男性而言，在父權社會裡，年齡也和身分有關，「位高權重」總是到了某種年紀才能取得的地位，因而不喜歡女大於男。諺語中寫道「只許男大一勻，不許女長一歲。」（許蓓苓《台灣諺語反映的婚姻文化》頁 60）用「許」，只允許，語句非常強烈，顯示女大於男好像是被女人管住，男性的氣概頓然消失。就女性而言，選擇年紀比自己年長些的男子，思想較成熟，也比較懂得照顧人，有一些諺語是描述男大於女：

老尫愛嫩妻，嫩尫不如無。（魏益民《台灣俗語集與發音方法》頁 227）

老翁疼幼某，老某不如無。（陳宗顯《台灣諺語七百句》頁 208）

老翁疼芷某，芷翁不如無。（陳主顯《台灣俗諺語典》卷五頁 322）

老戲教拍鼓，老翁疼芷某，老戲教拍鑼，老翁疼芷婆。（胡萬川《彰化縣民間文學集——諺語、謎語篇》頁 10）

諺語中的老尫指的是年紀比女性大一些的男子，一個年紀較長的男子，心性工作較穩定也較成熟，人情世事經驗較豐富，處理事情不會衝動，得到女性的信任度高，覺得可托付終身，成為一輩子的依靠。這些都是從女性的角度去設想，希望被照顧而不用那麼的辛苦，也得到更多的疼愛。老翁比較會疼老婆，芷翁心性不定，沒有責任感，結了婚依然我行我素沒有家庭責任感，有這樣的丈夫比沒有丈夫還來得辛苦，女人結了婚雖不全要依靠丈夫，但若還要承擔丈夫的一切，就真如諺語所說「芷翁不如無」來得輕鬆，昔日社會

將男人視為飯碗，在於農業社會依賴農物收成才有飯吃，今日社會以進入工業時代，女性工作機會增加，經濟不受男人的左右，許多女性擁有高收入，對於倚賴丈夫已不期待，反而視不成熟經濟不穩定者，不列入婚姻的考慮對象，而選擇不婚者有日益增加趨勢，傳統觀念以男人為依靠，以結婚為最終為現代社會潮流所排拒，傳統觀念正在調整與轉型改變中。

男大女小的婚姻選擇，對女性而言，是希望找個成熟穩重的男子，受到男人的疼愛，在台灣民間有這樣的觀念，男人愈老愈成熟愈有精力，就如酒越陳越香。諺語有句：「水蛙愈老愈出聲，哥仔愈老愈有力。」（許蓓苓《台灣諺語反映的婚姻文化》頁60），其涵意在於讚美老男人的美妙之處。對男性來說，男人的權利慾望總是不滿足的，女人自古就被視為男人的附屬品，妻子也是男人的比較物品，諺語就說「婿花在別人叢，婿某在別人房。」（曹銘宗《什錦台灣話》頁107男人總覺得別人的老婆漂亮，娶個年輕漂亮的老婆，男人才覺得有面子。另一方面，在傳宗接代的任務上，娶個年輕的老婆生育力較好，才不致有斷了香火的憂慮。諺語也有這樣的描述「：「有老豬母，無老豬哥。」（林曙光《打狗採風錄》頁 237）」，老母豬沒有生育力也就沒什麼用處了，但公豬不論多大多老，生育力仍然還在，傳宗接代的任務不怕被斷了香火。

男性對於配偶的選擇，在年齡上傾向於「男大女小」，但諺語也有另一個面向，敘述「女大男小」的特殊狀況，閩南諺語也有流傳：

　　　某大姊，坐金交椅。〔註31〕（李赫《台灣諺語的智慧》（五）頁202）

　　　娶某大姐，好到死。（陳主顯《台灣俗諺語典》卷五頁321）

就男性的觀點而言，娶到可以當自己姊姊的妻子，是十分幸福的。台灣早期的女子從小就學會做很多的家事，年紀大的妻子，生活歷練豐富，家中的大小事情不但可以處理得很好，對丈夫的照顧也能無微不致，使丈夫得以全力發展事業而無後顧之憂，不需分神在家庭的照顧上，娶某大姊的男性可以如做金交椅的輕鬆快樂。這是有別於一般的「男大女小」的好處。以現代科學的眼光來看，男性平均壽命較女性為短，娶某大姊，妻子守寡的時間可以變短，男女雙方都能受益。

台灣民間重視婚姻，結婚在「男娶媳，女嫁夫」的觀念下，結婚一般以男性的年齡大於女性視為常態，男生年齡比女生大為正常現象，也能普遍接

〔註31〕金交椅，台語稱有靠背的椅子為「交椅」，「金」，指太師椅。

受，若有男女年齡差距過大，不論是男大女或女大男，都會遭人議論，如諺語所言，

> 老牛，食幼草。（陳主顯《台灣俗諺語典》卷五頁 382）

> 碗細塊，箸大腳。（陳主顯《台灣俗諺語典》卷五頁 382）

> 大隻水牛細條索，大漢新娘細漢哥。（陳主顯《台灣俗諺語典》卷五頁 382）

> 烏鶖，騎水牛。（陳主顯《台灣俗諺語典》卷五頁 381）

「老牛，食幼草。」，對男性而言，是一件令人欣羨的事，男人比金錢、比地位、比權力也比女人，能夠娶到一個年輕的美眉，在心理上是無比歡喜，在別人眼裡就有些不是滋味，自己比人差了一等，讓他人站了上風……。週遭朋友娶了「幼齒」，心理產生兩種反應，嘴裡讚美，心理卻酸葡萄。反之，男人娶了個老新娘或者是體型大於男性的妻子，「烏鶖，騎水牛」，在氣勢上就似乎矮了一節，彷彿男性氣概全被押住，在同性的眼裡是被瞧不起，被視為無能的。

3. 年齡的偏好與忌諱

中國人相信命運、輪迴、五行、八卦，對任何事求神問卜，挑個良辰吉日，其目的在於趨吉避凶。台灣傳統社會對婚姻存有許多禁忌，這些禁忌的存在，在於對婚姻的重視。諺語云：「女命無真，男命無假。」（陳主顯《台灣俗諺語典》卷七頁 507）女孩出生的八字帶有兇煞，會影響夫家者，通常會請命相師擇一吉利的時辰，做為女孩的第二個八字。當論及婚嫁時即用改造的，以避免對婚姻有影響。因此有「女命無真」之說。

對於婚嫁男女的年齡差距也有所避諱，在閩南諺語中有：「只許男大一勻，不許女長一歲。」（許蓓苓《台灣諺語反映的婚姻文化》頁 60），「一勻」是生肖一輪的意思，也就是說相差十二歲，新郎年齡比新娘大十二歲非但不忌諱，而且還稱吉利，但新娘只要稍稍大新郎一歲就凶了；「大五合大七，嘸免動手筆。」（陳主顯《台灣俗諺語典》卷五頁 322），新郎的年齡如果比新娘大五歲或七歲是很好的配對，非常吉利的最佳組合，這樣的年齡差距，不需再經由命相師批吉凶，或改八字，就能成就好姻緣。

在結婚年齡的選定上，也有忌諱的，「九」在流年上是一大關卡，九煞，九，煞，中國人會把九和煞做連結，有這樣的顧忌是因為中國人行事須配合五行，講求天時地利人和，重視吉利避免沖犯他人，因此忌九，「狗頭煞」，

避開九以免遭受孤苦無依的噩運。不論是九或是五，中國人行事不喜歡單數，凡事希望成雙成對，才會吉吉利利的，在諺語上也有這樣的呈現：

> 十九無嫁，二五無娶。（陳主顯《台灣俗諺語典》卷五 351）

> 十九嫁，會做壁腳邊狗。（徐福全《福全臺諺語典》頁 131）

九，有煞，定要避開；五，是半，不完美。因此有「十九無嫁，二五無娶」女避開九的數，男避開五的數，以免在婚姻上留有不完美的事。在「十九無嫁，二五無娶」的諺語中，同時也顯露出男女的年齡差距不喜歡相差六歲，在一般民間男女相差六歲是大沖煞，在乎八字命理的都會避開。「狗頭煞」對未來的影響，中國人都會抱持寧可信其有不可信其無的心態去避開，以保護自己未知的未來。

（二）外在與內在

1. 容貌與錢財

不管是交朋友或是選擇結婚對象，男女雙方第一的印象，「外表」是相當有影響力的。〔註 32〕外表美好是吸引對方的重要特質。所謂的「外表」並不只是五官、身材等外在形貌，也包括言行舉止、衣著打扮和儀態氣質〔註 33〕。外表的美好不代表內在也同樣美好，但給人的第一印象卻是相當舒服的。閩南諺語就寫道：「看某嬌，無酒嘛天天醉。」（陳主顯《台灣俗諺語典》卷五頁 398），從男性的觀點看：每天看到美美的臉，心情就自然輕鬆愉快，那種感覺就像是沒喝酒卻有飄飄然的感覺。「外表」，是給人的第一印象，給人的感覺是美好的才有繼續交往的可能。

外在條件不僅指外表容貌，「錢財」也是外在條件的重要項目。常聽到「貧賤夫妻百世哀」低賤貧窮的夫妻永遠難翻身。以及中國人「一人一命，未生先註死。」（陳主顯《台灣俗諺語典》卷七頁 509）的命相說，這些觀點關係著男性對配偶的選擇。

在父系社會裡，在婚姻上男生採主動，女生為被動。女性為男性所選擇，選擇權大都操縱在男性手上，但在婚姻裡，男性許多的選擇權，常被世俗包袱所侷限，傳統社會著重生育，婆婆喜歡屁股大的女人，兒子可能嫌體態不好。但娶一個漂亮的美嬌娘，母子會達成共識有一致的看法。小時候筆者也

〔註 32〕晏涵文，《性、兩性關係與性教育》，台北：心理出版社，2004，頁 186。
〔註 33〕晏涵文，《性、兩性關係與性教育》，台北：心理出版社，2004，頁 186。

常聽長輩對飯吃不乾淨的小孩教訓說「扒飯扒無清氣，會娶著貓某。〔註34〕」
（王永興《台灣俗諺語大全》上輯頁 120），就會用「貓某」來嚇唬孩子，要
求孩子把飯吃乾淨。因此，容貌是被看重的，男方在容貌及體態上多半會對
女生要求。在台灣民間流傳的諺語對「美貌」的形容：

柳葉眉，杏核眼，櫻桃嘴，瓜子臉，楊柳腰。（林曙光《打狗採風

錄》頁235）

齒白脣紅。（《台灣俚諺集覽》頁271）

鱗魚嘴，蔥發鼻。（阮昌銳《中國婚姻習俗之研究》頁155）

鸚哥鼻，鱗魚嘴。（阮昌銳《中國婚姻習俗之研究》頁155）

這些容貌的審美觀在現在社會依然常被提起，顯然是沒有太大差異性。然而
對於美醜的鑑賞並非人人一致性，而是主觀的看法，所以「情人眼裡出西施」，
閩南諺語也說：「媠穲無地比，佮意較慘死。」〔註35〕（黃少廷《台灣諺語》
（三）頁 102）；「嘎著〔註36〕，頂八卦。〔註37〕」（陳主顯《台灣俗諺語典》
卷二頁5），在諺語中能顯現美醜是主觀的感覺，當自己看上時是無法抵擋的，
嘎著，就好像被電電到了，整個人茫酥酥的，無法判斷好壞，一切都是美好
的。一但看上眼，很快就會迅速發展出猛烈的愛情，就如閩南諺語所說，「焦
柴，抵著熱火。」（陳主顯《台灣俗諺語典》卷二 12），容貌就顯得沒那麼重
要。

女性的容貌雖是男性擇偶的重要項目之一，人的美麗，外在表現以容貌
呈現，常說「相由心生」，面貌常因內在散發所呈現的氣質美，更讓人無法抗
拒。氣質表現於舉手投足，言行舉止，端莊的體態，有句閩南諺語說「媠的
嗯嬌，嬌的嗯媠。」（陳主顯《台灣俗諺語典》卷二頁103），嬌，舉止輕佻，
對男人顯現自己嬌媚的女人。舉止不得體怎能展現女性的美感，「媠」與「嬌」
在傳統觀念理是無法同時存在的。端莊的體態來自於內在的德行修養，德行
修養才能將美感具體表現出才能氣質。在諺語也有這樣的描述：

美媠在肢骨，不在梳妝三四出。（溫惠雄《台灣智慧俗語》頁143）

〔註34〕貓某，只花臉，醜的老婆。

〔註35〕此句陳主顯《台灣俗諺語典》卷二 5 亦作「媠醜無地比，合意卡慘死」。

〔註36〕嘎著，有二義，一是內傷，二是貪婪，對人物強烈愛戀和佔有的慾望。陳主
顯《台灣俗諺語典》卷二 5。

〔註37〕頂八卦，胸部、心肺。

　　歹米厚糠，醜人厚妝。（溫惠雄《台灣智慧俗語》頁 123）

　　番婆仔抹粉。（徐福全《福全臺諺語典》頁 434）

「美媠在肢骨，不在梳妝三四出。」，女人的美從肢體散發出來，舉手投足間就能展現與眾不同的美感氣質，並不需要過度的裝扮；只有醜的人才需濃妝豔抹的掩飾，特別是老而不實的打扮，就像是原住民的女人，雖抹了粉也看不出細緻的美感。男人娶妻雖重視外表，但女性內在散發出的氣質，也是吸引男性的魅力。

　　男性在選擇配偶除了重視外表氣質外，對於女方的經濟環境不要列入第一考慮的條件，諺語云：「量才娶婦，嫁女稱夫。」，警示世人對炫則媳婦要重女德，不要重財帛，就如《朱子治家格言》裡言：「嫁女擇佳婿，勿索重聘；娶妻求淑女，勿計厚奩。」〔註 38〕，娶妻重淑女，有女德之女，也就是《詩經》所言：「關關雎鳩，在河之洲；窈窕淑女，君子好逑。」〔註 39〕。

2. 才能與德行

　　古代的女子教育，不在於讀書求學問，所重視的與男子讀書求功名不同，而以德行與手藝生活教育為主，禮記《禮記・內則》就有「男女有別」的觀念，：

　　　　子能食食，教以右手；能言，男唯女俞。男鞶革，女鞶絲。六年，教之數與方名。七年，男女不同席，不共食。八年，出入門戶及即席飲食，必後長者，始教之讓。九年，教之數日。十年，出就外傅，居宿於外，學書計，衣不帛襦袴，禮帥初。〔註 40〕

由此可知，孩子從會說話開始，男女所教習的的項目就不同，對於男生十歲起就訓練獨立，以及專心讀書寫字；女生也開始學習禮儀、紡織、烹飪等，其目的在於出嫁後能侍奉公婆、丈夫，處理家務。《禮記・內則》有言：「子甚宜其妻，父母不說，出。子不宜其妻，父母曰：『是善事我』，子行夫婦之禮焉，沒身不衰。」〔註 41〕，可知中國傳統觀念，侍奉公婆是媳婦首先的責任，與丈夫間的感情則放在公婆之後，即使夫妻感情融洽，若得不到公婆喜愛，隨時都可能被休掉。中國傳統女性，出嫁首先最要緊的是服侍公婆，閨

〔註 38〕《弟子規、三字經、朱子治家格言》，台中，財團法人慈光圖書館，2008，頁 39。
〔註 39〕傅隸樸《詩經毛傳譯解》上冊，台北，臺灣商務印書館，1985，頁 71。
〔註 40〕周何編撰《儒家的理想國──禮記》，台北，時報文化出版社，1982，頁 325。
〔註 41〕《十三經注疏・禮記》，台北：藝文印書館，1997.8 初版 13 刷，頁 521。

南諺語就有這樣的描述：

> 好子事父母，好女事家官。〔註42〕（《台灣俚諺集覽》頁142）

> 在家由父，出嫁從夫。（《台灣俚諺集覽》頁145）

> 在厝蔭父母，出嫁蔭丈夫。（徐福全《福全臺諺語典》頁173）

> 在厝由爸母，出厝由丈夫。（徐福全《福全臺諺語典》頁173）

丈夫在選擇對象時，能否成為父母的好媳婦是一大考量。古代女子成為婦女首重品德，禮教是女子家庭教育的首要，在《文史通義・婦學》中指出：「婦人本自有學，學必以禮為本。」，禮，事神致福之事為禮；禮，是人類行為的規範。所以禮是出自內心的順從，禮教也就是順從的學習。《禮記・昏義》說：「是以古者，婦人先嫁三月，祖廟未毀，教於工宮；祖廟既毀，教於宗室。教以婦德、婦言、婦容、婦功。教成，祭之，牲用魚。芼之以蘋藻，所以成婦順也。」〔註43〕，諺語也說，「好子事父母，好女順翁姑。」好兒子侍奉父母，好女兒侍奉翁姑。可以看出古代女子必要的品德，學習順從是相當重要的。女子出嫁前的品德教育「婦德、婦言、婦容、婦功」都在教導以柔順的道理，以符合女性的「四德」順利在夫家的適應，也成就女性的賢慧。台灣的閩客族群，道德觀念承襲中國儒家思想，男子在選擇配偶時，品德是相當看重的，所謂「娶妻取德」；「賢婦令夫貴，惡婦令夫敗。」（陳主顯《台灣俗諺語典》卷五頁370）。

「賢婦令夫貴，惡婦令夫敗。」，賢慧的妻子會帶給丈夫尊貴，惡劣的妻子則敗壞丈夫。妻子的賢慧與否關係到丈夫的成就及一整個家庭。閩南諺語中有許多敘述賢妻有助於丈夫的諺語：

> 癡人畏婦，賢女敬夫。〔註44〕（《台灣俚諺集覽》頁241）

> 妻賢夫禍少，子孝父心寬。（陳主顯《台灣俗諺語典》卷五頁238）

> 妻賢何愁家不富，子孝何須父母前。（阮昌銳《中國婚姻習俗之研究》頁166）

> 某若會食氣，翁舅會掌志。（陳主顯《台灣俗諺語典》卷五頁388）

〔註42〕此句吳瀛濤《臺灣諺語》頁67又作「好子事爸母，好女事大姑。」；陳主顯《台灣俗諺語典》卷五頁98作「好子事父母，好女順翁姑。」

〔註43〕《十三經注疏・禮記》，台北：藝文印書館，1997.8初版13刷，頁52。

〔註44〕此句阮昌銳《中國婚姻習俗之研究》頁166又作「癡人畏婦，賢女教夫。」

賢妻有助於丈夫，可以幫助丈夫，隨時提醒丈夫、激勵丈夫；有好女德的妻子就能為家吃苦讓丈夫堅定意志為家努力。男子選擇妻子不可不慎重，若不幸娶到品德差的惡妻，則招致許多禍害，閩南諺語也有對惡妻敗家的描述：

> 惡女破家。（阮昌銳《中國婚姻習俗之研究》頁166）
>
> 惡婦令夫敗。（阮昌銳《中國婚姻習俗之研究》頁166）
>
> 惡妻孽子，無法可治。（陳主顯《台灣俗諺語典》卷五頁171）
>
> 枕頭鬼最靈聖。（阮昌銳《中國婚姻習俗之研究》頁166）
>
> 枕頭鬼勝過三界公。（阮昌銳《中國婚姻習俗之研究》頁166）

「枕頭鬼勝過三界公」，在丈夫耳邊竊竊叨唸品行差的枕邊人，可以左右丈夫，使夫家破敗，這樣的妻子就稱為「惡妻」，惡妻與孽子，真是無法可治。在諺語中對惡妻破家的危害，不僅在於敗壞家庭而已，甚至是一輩子的窮苦，「娶著歹某，一世窮。」（陳主顯《台灣俗諺語典》卷五頁283）；「一代無好某，三代無好囝。」（陳主顯《台灣俗諺語典》卷五頁285），三代出不了好子孫的嚴重性。由此觀之，妻子的好品德，關係著個人、家庭以及家庭的勝衰，男性在選擇時，需要特別留意的。

男性娶妻重視品德外，女性的才能也被看重。古代的女子雖被定位於「女子無才便是德」，這個才指的是與男子一較高低的能力，因此並不培育其四書五經的教導，而專教於對女子應有的規訓，以培育女子將來做出嫁為人妻為人母的準備。清朝馮樹森《四言閨鑑》提到有關女子教育的內容：

> 自七八歲，及十二齡，態度嬌憨，神色秀靈，宜教女紅，毋縱兒戲。學習剪裁，熟練針黹，告知《內則》，訓以《女誡》。使曉大義，知嗣微音，先務幽閒，急養廉恥。畢生端倪，終身機杼。年紀寖長，知識漸多，群居成謔，獨處忌歌。麻枲絲繭，籩豆菹醢。織紝須精，整飭勿息。灑掃澣濯，烹飪調和，此日不學，他年奈何。〔註45〕

文中說明古代女子在七至十二歲間，此時的女子聰明靈巧，適合教刺繡、紡織、縫紉之女兒家的手藝事項，並以《禮記》、《女誡》來教育，讓她清楚知道女性應遵守的禮儀規範，在出嫁前必須學會女兒家的手藝及烹煮、洗衣、灑掃的家庭事務。閩南諺語也明白指出教育查某囝最終的目的：

〔註45〕（清）馮樹森，《四言閨鑑》，轉引自《華夏女子庭訓》，臺北：萬卷樓出版社，2003.4，頁170。

查某囝要嫁翁，也著會飼翁。（陳主顯《台灣俗諺語典》卷五頁 313）

查某囝仔人，乞食工藝也著學。（李赫《台灣諺語的智慧》（四）頁 57）

第一煮三頓，第二炊粿，第三縛粽，第四做豆醬。（陳主顯《台灣俗諺語典》卷五頁 205）

飼豬飼狗，絪柴搦草。（陳主顯《台灣俗諺語典》卷五頁 411）

諺語呈現查某囝應學的事項，有煮三餐、做粿、包粽子、做醬菜等，這些都是日常生活及年節基本物品，學會這些事務才能扛起夫家生活的基本需求。台灣早期的生活及應節所需祭祀用品，全依靠自己動手做出來，一個女孩子家這些基本生活技能做不來，是很難扛起生活家計，所以查某囝要嫁人，要學會生活的基本手藝來養丈夫。除了生活必須的工作要學會外，對於餵豬餵狗，準備柴火家庭附屬工作也必須學會。這些事都是家庭中最基本必須的，女子所要學會的皆與未來夫家有關的生活技能。

從學習的內容看，女性所學的都與家務有關，全然不在於養活自己而在於養夫家的一家子，也包括要養豬養狗，「飼豬飼狗，絪柴搦草」，豬跟狗對早期的社會可增進食物來源及照顧家庭的幫手，這些所瑣碎碎的事也都由妻子負責。諺語也說「子嫁得捧人飯碗。」（徐福全《福全臺諺語典》頁 217），筆者的阿媽也曾對筆者告誡，「嫁翁要捧得起人家的飯碗」，都是以嫁翁要掌理夫家的民生大事為主要。男性在選擇配偶時，也以懂得持家的賢慧女性為重要考量。

（三）家世門風與遺傳

傳統社會重視家族傳承，總希望能對家族的香火傳承能盡更多心力，早婚是普遍現象，「早婚，添一代。」（陳主顯《台灣俗諺語典》卷五頁 275），子孫多象徵家族壯大，婚姻的功能在傳宗接代外，也是兩姓的結合，避免血緣相近，貽害子孫，且為擴大家族的版圖，因而重視門風家世及遺傳，確保家族興盛不衰。

1. 家世與門風

傳統婚姻有家世門第的觀念，來自於周朝宗法之制，嫡庶之分，封建則行。姓氏族屬標誌，大宗百世不變，小宗則別為庶族，終為同宗同姓，與外姓通婚，形成甥舅關係的親屬網路，成「同姓，兄弟之國；異姓，婚姻甥舅

之國。」建立家族聯盟，具有經濟、政治和軍事的多方面意義。〔註 46〕因世族觀念因而與外族通婚，以擴大宗族，諺語云：

　　　　二姓，聯姻。（陳主顯《台灣俗諺語典》卷五頁 327）

「二姓，聯姻。」，古時深受宗法制度影響，《禮記·郊特牲》：「娶於異姓，所以附遠厚別也。」，《禮記·婚義》：「婚姻者，合兩姓之好。」，在周朝這樣的世族觀，將人的地位區分為公、侯、伯、子、男的身分位置，同時也將婚姻做了區分。兩姓聯姻最大意義在於擴大家族勢力，且也為育嗣做準備。

　　台灣傳統社會亦受宗族觀念影響，在婚姻的選擇上，家世、門第經常是婚姻兩造的重要考量，也是一大鴻溝無法跨越。《三國志·魏書·后妃傳》云：「諸親戚嫁娶，自當與鄉里門戶匹敵者，不得因勢，彊與他方人婚也。」〔註 47〕，門第觀念之深由此得之。若有逾越情形也遭父母鄉人唾棄，《孟子·滕文公下》便有言：「不待父母之命，媒妁之言，鑽穴隙相窺，踰牆相從，則父母國人皆賤之」〔註 48〕，因而諺語云：

　　　　門當戶對，兩下成婚配。（徐福全《福全臺諺語典》頁 584）

　　　　嘸通閹雞趁鳳飛。（陳主顯《台灣俗諺語典》卷五頁 330）

　　　　烏鴉哪敢配鳳凰。（陳主顯《台灣俗諺語典》卷五頁 331）

　　　　清飯配紅肚蝦仔。（許蓓苓《台灣諺語反映的婚姻文化》頁 64）

在婚姻裡男女雙方是否匹配，選擇對象從自己的外在條件開始，長輩會先從家世背景先考慮，社會地位、文化水準、生活方式、家庭聲譽，這樣稱門戶相當才能做其他考量。自己清楚自己的地位，也不敢有非分之想，就如烏鴉和鳳凰如何匹配。

　　婚姻的選擇除了「家世背景」、「門當戶對」外，「門風」也是相當重要。所謂「門風」是指一個家族傳承的榮耀或聲譽，包含家長的家教、人品、為人處世的態度等。諺語云：

　　　　第一門風，第二祖公。（曹銘宗《什錦台灣話》頁 133）

　　　　第一門風，第二財寶，第三才幹，第四美醜，第五健康。（周榮

　　　杰《台灣諺語詮編》頁 105）

由諺語得知傳統社會對於門風相當重視，家族的聲譽不好，為富不仁，即使

〔註 46〕蘇冰、魏林合著《中國婚姻史》，台北，文津出版社，1994 年 20。
〔註 47〕《二十五史·三國志》魏志卷五，台北：開明書店鑄版，1969，頁 933。
〔註 48〕《十三經注疏·孟子》，台北：藝文印書館，1997.8 初版 13 刷，頁 109。

是有錢的大戶人家，結為親家也不是光榮的好事，反亦遭人指指點點。傳統婚姻在婚配的選擇上，家世、門風是世族觀念不能忽略的，兩姓聯姻使家族擴大外，也為子孫的良窳做了把關與篩選，重視遺傳對子孫的未來有基本的保障。

2. 遺傳

人類物種的延續來自生物的繁殖，繁殖，在生物學上是物種的複製，基因直接影響生物的形成。就人類個體生命而言，精子卵子結合由母體孕育而生，胚胎的成長延續了父母的生命，就如諺語所說「父精母血。」（《台灣俚諺集覽》頁 140），說明了子女身上流著父母的血，在形體上，子女的樣貌、智力、心性等與血緣有關，在胚胎的生長過程中，除非基因突變會受孕育過程影響，子女的外在樣貌與父母直接相關，就是「龍生龍，鳳生鳳，老鼠生子會扑洞。」（徐福全《福全臺諺語典》頁 646），以及常言道「虎父無犬子」，這也說明了遺傳的影響力與重要性。

男性在婚姻上有繼承宗嗣的責任，在選擇配偶時，基於遺傳的重要，在婚姻最初的考量因能與外族聯姻以壯大勢力外，遠在春秋即提出有害生育，《國語》：「同姓不婚，惡不殖也。」，不與同姓結婚不致生下不好的後代；《左傳》也云：「男女同姓，其生不藩」，「內官不及同姓，其生不殖，美先盡矣，則相生疾，君子是以惡之。」說明同姓不婚在於保護子孫後嗣免於疾病之困擾。在諺語也有提到：

> 二姓聯姻。（陳主顯《台灣俗諺語典》卷五頁 327）

> 同姓，不婚。（陳主顯《台灣俗諺語典》卷五頁 327）

> 陳甲陳，提刀子在相殘。（徐福全《福全臺諺語典》頁 590）

「二姓聯姻」與「同姓，不婚。」都在說明婚姻的謀合要兩個不同的姓氏為宜，在台灣省通志云：「台省同姓不婚，婚嫁有大娶小娶之別，凡依六禮而行者，未知大娶。小娶，及招婿或半招嫁之謂。〔註49〕」，在台灣有這樣的習俗：

> 同姓未必同宗，民間俗念同姓即係同宗，而禁止聯姻，禁止之
> 理由有二：一為避免婦女不殖、不繁、不繼；二為違背人倫，防淫
> 佚，恥與禽獸同。在台灣習俗上除同姓不婚外，尚有同源不婚之制，
> 例如張廖簡三姓，原為張姓一支，故子孫互不相婚；陳姚胡田四姓，

〔註49〕台灣省通志，卷二，人民志禮俗篇，台灣文獻委員會，1972 年，頁 21。

> 出自舜帝，原為同姓，亦不相婚；又如徐余塗三姓原為徐姓一家亦
> 不相婚。〔註50〕

同姓不婚雖無法律明文規定，在民間自有遵循的力量。而諺語「陳甲陳，提刀子在相殘。」同姓結婚不只是不相宜，而且有更危險的狀況會產生，生下不健康的下一代，就如同兩個拿同相互殘殺的族人，諺語用嚴重的警語要告誡世人，不要輕言嘗試，以免禍延子孫，其目的在於不要有太接近的血緣以避免近親結婚，在遺傳的缺口留下難以彌補的缺憾。但在民間也有一則諺語，不反對同姓結婚的：

> 陳林李，結生死；陳無情，李無義，姓林的娶自己。（邱坤良、
> 施如芳、張秀玲、藍蕭婧、郝譽翔等《宜蘭縣口傳文學下冊》頁355）

這則諺語的背後有一個歷史背景，清同治年間，冬山的阿兼城林姓家族與羅東陳姓家族因賭博起糾紛，李姓協調不成，造成三方械鬥，後經清廷派兵鎮壓，從此陳、李與林姓家族結下形同水火的仇恨，不但不相往，甚至林姓家族堅持不和陳、李兩姓通婚，造成「姓林的娶自己」遺留下來的特殊現象。〔註51〕

在台灣除了同姓不婚外，同宗也在禁婚的範圍，如諺語云：「姑表親骨肉。」（廖風德《台灣史探索》頁 118），姑表親有避忌；而鹿港的民俗較為特殊，不僅不避忌，還喜歡姑表兄弟姊妹結婚，就如諺語云：「姑愛姪，同字姓。」，認為姑姪同姓能親上加親，結為親戚增進感情融洽；而姨表兄弟姊妹，其血緣雖與姑表兄弟姊妹無所差異，但因民俗以「姨表係他人。」（陳主顯《台灣俗諺語典》卷五311），在婚姻上並不忌諱。

除了對配偶血緣做選擇外，對於其父母的人品或健康也需注意，在閩南諺語中有這樣的記述：

> 作田愛有好田底，娶新婦愛揀好娘嫺。〔註 52〕（徐福全《福全臺
> 諺語典》頁 21）

> 掠貓仔，看貓母。（陳主顯《台灣俗諺語典》卷五頁 311）

> 娶某看娘嫺，嫁翁看老父。（陳主顯《台灣俗諺語典》卷五頁 312）

> 做囝婿看傢夥，做新婦看娘嫺。（陳主顯《台灣俗諺語典》卷五頁 310）

〔註50〕廖風德《台灣史探索》，台北，臺灣學生書局，1996 年，頁 120。

〔註51〕轉引自邱坤良、施如芳、張秀玲、藍蕭婧、郝譽翔等《宜蘭縣口傳文學下冊》，宜蘭縣，宜蘭縣政府出版，2002 年頁 355。

〔註52〕此句許蓓苓《台灣諺語反映的婚姻文化》頁 80 又作「買田看田底，娶某看娘禮。」；陳主顯《台灣俗諺語典》卷五頁 311 作「買厝看樑，娶某看娘。」

揀子婿揀一個，揀媳婦揀一家。（陳主顯《台灣俗諺語典》卷五頁310）

諺語明白說明娶媳婦或娶某都要先重視其母親，一個母親對子女的影響除了外表直接能看出是否健康，對於街坊鄰居對其母親的評價、教養態度等，都能有先前的了解，以便對配偶選擇時能適時了解。在婚姻選擇上，女方選女婿只要重視男生的個人就可以了，男方選媳婦就必須對女方全家做一全面評估。

重視遺傳看出母親的影響力，能對婚姻在傳宗接代上有基本的保障外，同時也是孕育下一代的活力，諺語在母親對後代的品質的影響上，也做了記述：

一代大新婦，三代大子孫；一代娶矮婦，三代出矮鼓。（陳主顯
《台灣俗諺語典》卷五頁15）〔註53〕

一代娶矮某，三代出矮鼓。（徐福全《福全臺諺語典》頁21）

一代無好母，三代無好囝。（陳主顯《台灣俗諺語典》卷五頁311）

「一代娶矮婦，三代出矮鼓。」一代娶到矮小的老婆，三代都可能生出矮小的後代。男性在選擇配偶時，不論是對媳婦亦或是媳婦娘家的考量，都是因怕非自家的外來影響家族的好壞，在挑選對象重遺傳的當下，其也看出中國人自認自己都是好的，優秀自居，明顯以男性為尊，不好的後果都推給女性承擔。

（四）特殊地域觀

台灣開發至今三百餘年，從大陸閩粵地區陸續來台開墾，雖號稱美麗之島但開發之初篳路藍縷的艱辛，非今之後代子孫所能體會得到。從諺語中能感受到一些因地域開發的不同而有不同的婚姻觀念。「番婆〔註54〕快牽，三腳鼎〔註55〕奧安。」，（陳主顯《台灣俗諺語典》卷五頁362）台灣早期先民來台，只許男性獨自來台開墾，不願一輩子當「羅漢腳」的男性，在女少男多之下，想要結婚就只能與當地原住民通婚，而原住民女性嫁給漢人為妻的意願高，因此「番婆仔快牽」，要娶原住民的婦女就容易多了。但因原住民好客熱情，族人往來眾多頻繁，致使「三腳鍋難安」；「番仔厚親。」（阮昌銳《中國婚姻習俗之研究》頁 154），窮於招待妻族之親友，在婚姻選擇上又成了考慮，少

〔註53〕 此句徐福全《福全臺諺語典》頁21作「一代大新婦，三代大子孫。」
〔註54〕 番婆：平埔媽。
〔註55〕 三腳鼎：早期原住民用石頭三塊做為鼎足，將鼎置於上，故名三腳鼎。

願與原住民少女結婚。

　　開發較早的地區交通、人文、經濟較發達，對當地男性的婚姻選擇提供較有利的條件，「你若要閒，嫁來安平。」（陳主顯《台灣俗諺語典》卷五頁324），想要清閒的女性，安平就是好的選擇。安平是台灣最早開發的港口，居民能不以耕作為生，女人可不用跟著男人在外風吹日曬的；相對的男人若娶到鹿港女人，就要小心了，「娶著施黃許，尊敬若天祖。」（陳主顯《台灣俗諺語典》卷五頁 327），鹿港開發較早，居民以泉州人為主，施、黃、許是鹿港三大姓，人多勢力大，娶到鹿港的施黃許當老婆就要像天公祖小心供奉著。再者，諺語也透露著台南人好翁婿，嘉義女生好太太的訊息，「要娶嘉義人，要嫁台南翁。」（陳主顯《台灣俗諺語典》卷五頁325），嘉義民風淳樸教養好，女生溫柔可人，男人喜歡溫柔女生，嘉義女生是很好的選擇；台南人文薈萃素養高，台南男生就成為女性嫁人的首選。

　　對於開發較晚或土地平瘠之處，婚嫁之事也易造成阻礙。如諺語中所云：

　　　　官佃〔註56〕查埔，娶無某。（陳主顯《台灣俗諺語典》卷七頁 102）

　　　　查某勿嫁卑南人〔註57〕，新婦要娶卑南姑娘。（陳主顯《台灣俗諺語典》卷五頁 325）

　　　　查某囝甘願斬予豬母食，也不共伊嫁茅埔城。〔註58〕（邱坤良、施如芳、張秀玲、藍素婧、郝譽翔等《宜蘭縣口傳文學下冊》頁 378）

　　　　卜嫁拔雅林〔註59〕，愛合鋤頭加扁擔。（邱坤良、施如芳、張秀玲、藍素婧、郝譽翔等《宜蘭縣口傳文學下冊》頁 378）

　　　　爬上三貂嶺，就無想家內某囝。（陳主顯《台灣俗諺語典》卷七頁 26）

貧窮的佃農官佃男子，被善化人譏為娶不到老婆的。小氣刻薄的卑南人，是父母眼中婚嫁禁地，深怕女兒嫁去受苦，男性卻喜歡娶卑南女子，可勤儉持家。茅埔城，土地平瘠耕作不易，謀生困難，諺語呈現出寧可把女兒剁給豬吃，也不願讓女兒嫁到茅埔城受苦，一則是父母對女兒的疼愛，另一方面則見茅埔城的男性找對象也是困難的。「卜嫁拔雅林，愛合鋤頭加扁擔。」，女

〔註56〕官佃，今台南官田鄉。

〔註57〕此處的卑南人非台東原住的卑南人，是台南學甲福佬移居卑南，生性儉樸成性幾盡小氣。

〔註58〕茅埔城：位於宜蘭縣冬山鄉梅花湖附近的村落，為一處土地平瘠之地。

〔註59〕拔雅林：地名，位於頭城鎮白雅里。

生要嫁給拔雅林的男生，此處專門做農擔水困難，嫁妝需要鋤頭扁擔。拔雅林的男生雖都是做農，但不怕娶不到老婆，女性要嫁給拔雅林的男生，自己心理要有準備。

生活困苦非只有父母捨不得女兒受苦，就連男人到了富庶之地也顧不得家裡妻小，「爬上三貂嶺，就無想家內某囝。」，宜蘭被稱為「後山」，從北南下過三貂嶺到蛤仔難（今蘭陽平原），初到開墾之地較易開發，遇到溫柔女生就忘了拓荒的目的，家中妻小置之不理，從諺語看出男人對婚姻因地域環境的改變，守貞的精神也隨之改變。而「澎湖查某，台灣牛。」（陳主顯《台灣俗諺語典》卷七頁 147），貧困的澎湖查某操勞，澎湖女子嫁給澎湖男人，勞碌之至甚至要到台灣討生活，可憐的澎湖查某只好賣到台灣當牛般生活的婢女的命運。

二、妻子的數量

婚姻是男女依照社會風俗或法律的規定所建立的夫婦關係，這種關係的規定自古以來每一個社會都有〔註60〕，台灣也承襲中國古代固有的婚姻方式，以及台灣開發過程中所遭遇的情境所衍生出的婚姻模式及習慣，形成男性對配偶數量的見解及其行為模式，建立婚姻觀念形成社會風氣。

（一）三妻四妾

中國社會的配偶制度為「多偶制」，以「一夫多妻制」見多，自古以來將女性視為財產，可以買賣方式取得女性。雖一夫多妻，但妻子間的名稱、權力義務有明顯的不同。嫡長子的繼承方式，在妻子的名份上也有嫡庶之分，「正娶書元配，續娶書繼配，妾書側室，所以定名份。」〔註61〕。名份象徵地位，遠在南北朝時期即有嫡庶地位的規定，在《二十五史‧晉書》上記載晉武帝曾明示：

> 嫡庶之別，所以辨上下、明貴賤，而近世以來，多階內寵，登妃
> 后之職，亂尊卑之序，自今以後，皆不得登用妾媵以為嫡正。〔註62〕

嫡庶之位在確立時即確定，不因正妻死亡，妾亦不得繼為嫡，以正上下、貴賤。

〔註60〕阮昌銳《中國婚姻習俗之研究》台北，臺灣省立博物館，1989 年頁 175。
〔註61〕阮昌銳《中國婚姻習俗之研究》台北，臺灣省立博物館，1989 年頁 72。
〔註62〕《二十五史‧晉書》武帝紀卷三，台北：開明書店鑄版，1969 年，頁 1084。

到了宋朝，納妾有更嚴格的規定，仍以嫡系女尊奉行，妾室不得僭越，《鄭氏家範》云：

> 子孫有妻子者，不得更置側室，以亂上下之分，違者責之。若
> 年四十無子者，許置一人，不得與公堂坐。……主母之尊，欲使家
> 眾悅服，不可使側室為之，以亂尊卑。〔註63〕

在宋朝，傳統社會要納妾，是等到四十無後嗣之苦，才可為之，且不因正妻無法生育，娶妾後僭越了正妻之位，正妻的地位不因納妾而動搖。到明清時代對於配偶制度因外來文化思想的衝擊，女性地位有很大的轉變，知識份子提倡一夫一妻的婚姻方式，「一男而有二女，其一至於離心離德者幾稀矣，故欲治國平天下，則先自一夫一婦始。」〔註64〕就如諺語所云：「一晝一夜為一日，一男一女為一室。」（徐福全《福全臺諺語典》頁27），體悟到日夜的循環運行；一男娶一女為家室，才是正常的體制。自此之後，納妾的行為不似從前的鼎盛才逐漸式微。台灣雖早有立法保障婚姻，但受傳統觀念的影響，納妾的風氣在台灣早期仍為平常之事，男人納妾觀念除傳宗接代的因素外尚有幾項原因：

1. 大男人的心態

父權社會一夫多妻的方式，在台灣民間社會依然可見。雖有法律保障但民間仍有不少的娶妾現象產生。娶妾的原因很多，因元配無法生育，另娶一女傳遞香火，完成傳宗接代的使命；或為男性多情到處留種所致。不論原因為何，總跳脫不出父權制度下男性掌權的淫威。諺語云：

> 甘願娶婊做某，毋願娶某來作婊。（胡萬川《苗栗縣閩南語諺語、謎
> 語集》頁31）〔註65〕

父權體制下的男性，可以娶婊為妻，男人在外花天酒地，在「查某間」穿梭，看不起那些妓女們，卻可以娶回家當老婆當小老婆，但如容不得自己的妻子被人擁來抱去，大男人的心態一覽無遺。大男人主義心理作祟，外頭的婊子的媚功，正符合男性喜歡女人在耳邊溫柔，因此就容易娶婊做「某」。

2. 財富是權力的象徵

男人納妾除了大男人心態外，金錢也是誘因，有錢等於有權，有權對任何事

〔註63〕陳東原，《中國婦女生活史》，台北：商務印書館，1937年，頁140。
〔註64〕參引蘇冰、魏林，《中國婚姻史》，台北：文津出版社，1994年，頁300。
〔註65〕此句陳宗顯《台灣諺語七百句》頁205又作「要娶婊做某，無娶某做婊。」；
　　　　陳主顯《台灣俗諺語典》卷五頁455作「娶婊做某，嘸通娶某做婊。」

都能做到,「有錢使鬼能推磨」、「話水會結凍」,錢是萬能的,男性在權力的心態作祟下,驅使金錢成為利劍,擁有三妻四妾也是權力的象徵,諺語云:

> 大厝連機器,五某五囝娶細姨。(陳主顯《台灣俗諺語典》卷七頁 164)

> 英雄難過美人關,美人難過金錢關。(阮昌銳《中國婚姻習俗之研究》

頁 178)

「大厝連機器,五某五囝娶細姨。」是諷刺日據時代,草屯地方富豪簡茂林經營糖部、油行大發利市而富甲一方,對於納妾也是興致高昂,五個姨奶奶都還不能停止對納妾的興趣。〔註66〕男人的心,一則是展現自己的男性雄風,一是貪得無饜的心理,諺語云:「嬌花在人叢,嬌某在人房。」(陳主顯《台灣俗諺語典》卷五頁 393),文章是自己的好,老婆是別人漂亮,娶回家後就變成黃臉婆,俗話說,「妻不如妾,妾不如偷,偷不如偷不著。」納妾也是父權社會男性玩弄權力的工具,應驗了「英雄難過美人關,美人難過金錢關。」,男性權力的發揮,也使男性迷失自己,認為擁有女色是權力的象徵,卻不能用心體察能迷惑女性是金錢,金錢正式沒有經濟能力的女性做好的依靠,延伸出男性的娶妾行為與風氣。

傳統男性對於婚姻停滯於「某是錢娶餅換。」(許蓓苓《台灣諺語反映的婚姻文化》頁 186)、「賒豬賒羊無賒新娘。」(陳正之《智慧的語珠》頁 127)」,妻子是可以買賣的心理,對於正妻常不知珍惜,諺語云:

> 腳來手來,大某打到死;嘴笑目笑,細姨呣甘指。(陳主顯《台灣俗諺語典》卷五頁 422)

> 前某拍到死,後某呣敢比。(陳主顯《台灣俗諺語典》卷五頁 422)

> 大某無權利,細姨交鎖匙。(陳主顯《台灣俗諺語典》卷五頁 459)

> 大某管家,細姨舉鎖匙。〔註67〕(阮昌銳《中國婚姻習俗之研究》頁 174)

> 頭妻嫌,二妻愛,三妻願叫祖奶奶。(徐福全《福全臺諺語典》頁 607)

「腳來手來,大某打到死。」,用現代的婚姻理論為婚姻暴力,丈夫虐待妻子。虐待妻子的相關因素很多,依郭靜晃主編《家庭暴力》一書中指出:虐待妻子的相關因素有:

1. 個人因素:男性自尊較低,並且自我概念不健全,即濫用酒精的習慣。

〔註66〕林美容,《人類學與台灣》,台北:稻香出版社,1992 年,頁 189~190。
〔註67〕舉鎖匙:管財物之意。

2. 人口統計因素：最常發生的年齡為 30 歲以下的夫妻。

3. 經濟因素：低收入或低社會經濟地位的家庭。

4. 暴力循環：與遭受暴力的經驗有關。

5. 相關因素：家庭暴力並非個人特徵的結果，而是某些婚姻關係的衍生物，增加暴力的可能性。如「地位不一致」，當丈夫的教育背景被認為比它的教育成就高（例如，開計程車的博士）。「地位不協調」被社會認為是家庭領導者的丈夫，其教育程度比妻子低，收入也比妻子少。

6. 壓力和孤立：失業、經濟問題、性關係不和諧，工作滿意度低、家庭人數眾多，以及貧乏的家庭狀況與婚姻暴力有關。〔註68〕

傳統社會男性在婚姻長為施暴者，女性常淪為受害者，正妻地位一但低落，權力由細姨掌控，正妻的遭遇好比被打入冷宮似的，遭受拳打腳踢；對妾卻疼愛有加，連做出打人的姿勢都不敢。天壤之別的待遇讓正妻心寒，男性在納妾的心態上，還是處於優勢的主控權。儘管妻子的地位因丈夫納妾而低落，丈夫與細姨所生的孩子，在傳統社會被視為大老婆的。諺語云：「細姨生子大某的。」（胡萬川《南投縣福佬諺語謎語集》頁 87），告誡欲與人共夫的女子能有警悟，為人妾並非一直能處於優勢。多妻的男子在世俗的眼光下，並不能與一夫一妻的男性，同樣擁有和左右鄰居相同的待遇。

　　男性享受齊人之福時，或因傳宗接代的使命，或貪圖美色「吃菜吃油鹽，娶妾娶容顏。」（阮昌銳《中國婚姻習俗之研究》頁 174），對其他男性而言，或羨慕或嫉妒引來側目，在傳統社會民間生活裡，易受鄉人指指點點，諺語云：

　　　一翁一某無人知，一翁二某卸〔註69〕四代。〔註70〕（李赫《台灣諺語的智慧》（五）頁 99）

　　　一婦無人知，二婦相舍載。（陳正之《智慧的語珠》頁 8）

〔註68〕Richard J. Gelles, Claire Pedrick Cornell 的"INTIMATE VIOLENCE FAMILIES"／《家庭暴力》，郭靜晃主編，劉秀娟譯，台北，揚智文化出版社，1996 年頁 95～101。

〔註69〕卸，丟臉之意。

〔註70〕此句阮昌銳《中國婚姻習俗之研究》頁 174 又作「一某一妻，無人講，一夫二妻卸四代。」

一某無人知，二某見笑事。（阮昌銳《中國婚姻習俗之研究》頁174）

一某無人知，二某捨施代。（陳主顯《台灣俗諺語典》卷五頁458）

在一夫一妻的婚姻制度下，男性在父權制度的保護傘下，擁有多妻的權力，但難抵社會輿論的壓力，多妻遭人非議引來的恥辱，雖受齊人之福，仍覺得是丟臉的事。丟臉沒面子是外來的壓力，內部的壓力其實也很大，諺語云：

十個女人九個嫉。（阮昌銳《中國婚姻習俗之研究》頁174）

家有嫉妒妻，休想娶細姨。（阮昌銳《中國婚姻習俗之研究》頁174）

厝若有醋桶，免想要娶細姨。（陳主顯《台灣俗諺語典》卷五460）

「十個女人九個嫉。」，兩個女人因爭寵嫉妒帶來的家庭的家庭糾紛，終日吵鬧，是男性納妾前應有抗壓性與忍受度的心理準備。對娶妾的男性處理不好兩個女人的事，縱使擁有三妻四妾，到頭來可能落得疲於奔命孤零零得一個人。諺語就有這樣的警訊：

濟某無地睏。（黃少廷《台灣諺語（四）》頁7）

濟牛踏無糞，濟婦無地睏。（陳正之《智慧的語珠》頁140）

起厝無閒一冬，娶某無閒一工，娶細姨無閒一世人。（李赫《台灣諺語的智慧》（四）頁102）

「濟某無地睏。」，老婆多反而沒地方可睡覺，真是一大諷刺。娶兩個老婆，大小老婆感情好，互相禮讓，老公也無所適從；感情不好，兩邊討好，成了兩邊都討不好，晚上丈夫成了拒絕往來戶連個地方都沒得睡。娶了細姨不是只忙這麼一天、一次，一輩子都必須處於忙碌的狀態下，這種考驗必須有充分的忍受力，否則引起的不僅是兩個女人的戰爭，甚至是家庭革命，最終導致家庭破敗。諺語云：

一某管無夠，兩某管相鬥。（曹銘宗《什錦台灣話》頁107）

家欲齊，置兩犁，家欲破，置兩妻。（陳主顯《台灣俗諺語典》卷五頁460）

若要家不和，討個小老婆。（阮昌銳《中國婚姻習俗之研究》頁174）

「兩某管相鬥」，置兩妻，整日吵吵鬧鬧，是家庭爭吵的根源，也能使得家庭分崩離析瓦解，男人要嘗試前要審慎為之。要享齊人之福，納妾前多思考諺語說的：「會得兩人睏共枕，卡好露水凍花心。」（王永興《台灣俗諺語大全》

下輯頁 143），夫妻恩愛同心還是溫暖些；「著愛想穿前補後補〔註71〕，呣通想娶前某後某。」（陳主顯《台灣俗諺語典》卷五頁 460），多努力求取功名，帶給家庭更多幸福。

（二）一夫一妻

　　中國的婚姻制度隨著社會形成而有所不同。遠古的遊獵社會，以男人所獵取的獵物多寡決定男子的能力，也影響妻子的數量，本質上是一個「多妻制」，方式是一「買賣婚」。到母權時代，女性掌握土地，男人只好為女人效命，形成「多夫制」，形式上是「服務婚」；到父系社會，男性掌權女性淪為經濟的弱者，婚姻又回到「多妻制」及「買賣婚」的模式下；在武力統治下，男人不僅是財富、權力的統治者更是婚姻的主宰者，婚姻本質形成「妻妾制」，是一「妝奩婚」；直至工業社會興起，女性就業增加，經濟漸次獨立，女性不再受男性宰制，婚姻才在自由意志下建立起，所以婚姻的本質是「一夫一妻」制，採「自由婚」的方式。〔註72〕此一方式也是現行社會大部分人民所遵從的婚姻制度，同時也受憲法下的保障。

　　對於一夫一妻的單偶制（monogamy）最能維持家中和諧與進步的動力，不管是文明或野蠻的社會是最普遍的法則，台灣民間也是最普遍的婚姻制度。民間流傳的諺語也說：

　　　　　　一晝一夜為一日，一男一女為一室。（徐福全《福全臺諺語典》頁 27）

　　　　　　一夫一妻無人講，一夫兩妻卸四代。（阮昌銳《中國婚姻習俗之研究》

　　頁 175）

　　　　　　家欲齊，置兩犁，家欲破，置兩妻。（陳主顯《台灣俗諺語典》卷五

　　頁 460）

天體運行，永晝永夜都不是最佳的時刻，需要太陽東升西落，萬物才能運作休息，一日復一日的天體運行，日月光輝交替，使得萬物生生不息；男娶妻

〔註71〕　前補後補：補服也，是清朝主要的一種官服。官服前後各綴一塊補子，上面繡
　　　　文禽或猛獸的紋飾。按《清大會典》規定：文官一品繡鶴；二、三品孔雀；四
　　　　品雁；五品白鷳；六品鷺鷥；七品鸂鶒鳥；八品鵪鶉；九品練雀。武官一品繡
　　　　麒麟；二品獅；三品豹；四品虎；五品熊；六品彪；七品、八品犀；九品海馬。
　　　　御史、給事中，監察史等都繡獬豸。群臣以上的皇子、親王繡龍；貝勒、貝子、
　　　　鎮國公繡蟒。參看，鐘敬文主編《中國禮儀全書》，合肥：安徽科學技術出版
　　　　社，1995，頁 50～51。轉引自陳主顯《台灣俗諺語典》卷五頁 462。
〔註72〕　呂秀蓮，《新女性主義》，台北，聯合文學出版社，2008 年頁 158～159。

為室，女嫁男為家，家如果要破裂，「家欲破，置兩妻。」，置兩妻，一個男人置兩妻，也就是成了兩家，家很快就會破敗，「一男一女為一室」，才能使婚姻制度趨向健全，兩性才能和諧相處，夫婦才能同心，促成「家和萬事成」的首要工作。傳統婚姻觀，男人在男性雄風的驅使下三妻四妾的婚姻觀念，受到傳統與新時代的考驗需要更多的智慧去突破。

從諺語中呈現出在臺灣傳統的婚姻觀念中，男性與女性的婚姻觀都認為是「姻緣天定」及「男大當婚，女大當嫁。」的婚姻觀念，以結婚為目的完成婚姻大事。此來，一則完成父母心願能傳宗接代，一則建立屬於自己的家庭。婚姻對男性個人而言，其最大意義在於成熟男人的象徵，「三十無娶某，說話臭奶呆。」，未結婚的男人被認為是乳臭未乾的小孩，不足以擔任要務。社會有如此的反應現象，是父權社會的權力轉移，家庭的權力運作，在父親掌權時，子女亦在父親的威權下聽命行事，兒子顯得幼小稚嫩；而當兒子們漸漸成家時，父親的責任慢慢減輕，權力即漸漸釋放，相對的子女責任加重，亦顯得愈加重要。從此看出，早期的台灣社會對於成家為先亦或立業為要，孰輕孰重自當分明，成家是男人成長的分界線。

在婚姻中的男性，也有宿命觀，「父欠囝債，翁欠某債。」，五倫中父子間與夫婦間比彼此關係親密，有如此親密關係在於前世之因緣之緣故。早期先民決定渡海來台時，即把生命交給老天，能安然渡過險惡的黑水溝，風平浪靜為老天幫忙，一切不可預知的事都交給老天如「姻緣天注定」，是所謂的宿命的人生觀，是認為人生一切生死禍福苦樂貧賤富貴，都由天意安排，在人謂天命，在時空反映謂之運，所以人必須安命。〔註73〕鼓勵世人好好珍惜緣份結善緣。。如李沛良在〈中國文化的宿命主義與能動取向〉一文中提到：

> 緣是指人與人或人與事物之間的關係是由一些外在的、不可預
> 見的力量所預先決定或安排的，例如命運或前生。因此緣是具有宿
> 命的色彩。緣的觀念也就可以很簡便地為中國人用來作事後解釋或
> 合理化的工具。〔註74〕

〔註73〕呂祝義〈中國人的命運觀〉，《中國文化月刊》第 193 期，1995 年 11 月，頁
93。
〔註74〕李沛良：〈中國文化的宿命主義與能動取向〉，收入喬健、潘乃谷主編：《中
國人的觀念與行為》，高雄市，麗文文化事業股份有限公司，1998 年，頁 335。

這種「因緣」觀即是傳統庶民的人生觀。傳統男性亦本著此宿命的人生觀，順應命裡的安排。然而父權社會為男性建立諸多的跳脫順應因緣的理由，使男性有更多的藉口違背姻緣天定，而能擁有三妻四妾的主宰權。

第四章　男性的家庭生活

　　人一出生，離不開家庭，受到家庭的照顧與薰陶，才能成為一個「社會人」即真正的人。家庭是社會的縮影，人在家庭中長大，也就是在學習其社會化的過程，家庭是有生命的個體。

　　家庭的功能除了養護與照顧外，尚有傳遞的角色，藉由家庭傳遞多種角色。我們屬於兩種家庭，第一種家庭稱為「定向家庭」（family of orientation），指的是我們出生的家庭，他給我們「定向」，傳遞我們思想、行為取向及社會地位、色學習等等，是個人的建構功能；第二種家庭稱「再創家庭」（family of procreation），指結婚後，由結婚而創立之新家庭。〔註 1〕

　　台灣傳統對結婚後居住習慣，仍以父母居住處所為處所，男性結婚後，雖與父母同住，但父母以兒子娶妻為成家，因而結婚為男子成家的開始，進入「再創家庭」。開創另一個家庭的生命體，從結婚後的婚姻生活到生兒育女的階段，對男性而言是一個新的責任及挑戰的開始，結婚也確定性關係，以避免家庭倫理的紊亂。

　　本章主要針對台灣閩南諺語中男性在婚姻生活裡的責任與態度，及男性在親子教養中的觀念及態度，以及男性所重視的性生活加以探討，經由諺語對男性在傳統社會的家庭生活所扮演角色與生活，能有一概略的瞭解。

第一節　男性的婚姻生活

　　男女雙方因婚姻關係的產生使成夫婦，開始了彼此的關係親密的婚姻生

〔註 1〕藍采風《婚姻與家庭》，台北市，幼獅文化事業公司，1996 年頁 151～152。

活，家庭因此產生。白虎通云：「妻者齊也，與夫其禮，自天子至庶人，其義一也。」，因此夫妻二人則合稱為「伉儷」。以此觀之，夫與婦之間地位是一致的；在《孟子滕文公》章下曰：「女子之嫁也，母命之，往送之門，戒之曰：『往之女家，必敬必戒，勿違夫子！』」〔註2〕以順為正者，妾婦之道也。」在此則得我國婦女在父權體制下的地位，要求以接受順從為正常的思想行為。

男女雙方在婚姻生活裡的權利義務的產生，在於角色間彼此產生的關係的。傳統社會裡，男性為一家之主，女性沒有自主的空間依附於男性而生，丈夫成了生活的依靠，其生活模式來自生活經驗的傳承與養成之習慣。所謂的「男主外，女主內」已成了父系社會下，固定的男女分工模式。

婚姻關係一產生，男女也有明確的責任義務之確立，能依傳承的經驗實際於日常生活裡的婚姻運作，日復一日的生活沒有感情的潤滑，就如同機器的運轉，冷冰無趣不能長久。夫婦既為「伉儷」一體，彼此相互與共的情感是成就一家和樂進步的動力。

從當代社會科學的研究觀點來看，Olson and Defrain 將婚姻生活解釋之意涵為：「兩個人基於感情與法律的承諾（commitment）而願意共享情緒與身體上的親密感（untumacy），以及彼此的經濟資源。」〔註3〕，婚姻生活就功能而言，包含了彼此的情感與承諾、生理與心理的親密、經濟相扶持等與中國傳統觀念有相通之處。

本節就諺語中，男性在婚姻生活所扮演的工作執掌、夫妻的感情生活、教養子女的態度及性生活，與婚姻生活有密切關聯做一探討。

一、夫妻的工作執掌

台灣傳統社會對於男性一但結婚成立了家庭，男性的婚姻角色則是父權或半父權的扮演者，須負起一家大小的生活重擔，而女性多半在家中協助家務，最後家務的決定權卻仍然是男性，這乃是父權體制的典型權力的象徵。「男主外，女主內」成為台灣傳統社會分工的詮釋，諺語中有諸多的敘述：

男人是魚網，女人是魚籃。（陳主顯《台灣俗諺語典》卷五頁404）

〔註2〕高政一註譯《四書讀本・孟子》〈滕文公章句下〉，台南，大孚書局，1987，頁491。

〔註3〕陳姣眉、江漢聲、陳惠馨合著，《兩性關係》，台北縣，國立空中大學，1997年頁65。

男人趁〔註4〕，女人理。（《台灣俚諺集覽》頁148）

男治外，女治內。（陳主顯《台灣俗諺語典》卷五頁404）

查埔田，查某岸。（陳主顯《台灣俗諺語典》卷五頁404）

查甫賺錢，查某理家。（徐福全《福全臺諺語典》頁343）

查甫趁，也著查某捍。〔註5〕（林曙光《打狗採風錄》頁203）

翁會趁，某會擽。〔註6〕（陳主顯《台灣俗諺語典》卷五頁325）

在諺語中，「男人趁」、「男治外」、「查甫賺錢」足以看出男性負責出外打拼、賺錢養家，負責外頭的事情；女人負責操持家務，「女人理」、「女治內」、「查某理家」處理家中大小事。「男人是魚網，女人是魚籃。」，男人捕了魚，沒有魚籃盛裝也是徒勞無功守不住，傳統家庭「娶某來顧家」，娶老婆來照顧家裡，打理家裡目的就在此，守住家裡的財富。「查埔田，查某岸。」，男人種田要來養家，女人則當田岸，將稻作運送出來的道路，收集了財富，男女分工的意境多高啊。沒有這層的分工，各司其職，家裡的組織就會亂了步調，諺語也說，「無婦不成家，無夫不成室。」（陳主顯《台灣俗諺語典》卷五頁136），維繫一個家庭，需靠夫妻雙方的配合與努力，少了其中一個，家即不能正常順利。運作一個家沒有女人操家治理，家不成家；反之，沒有男人的家則失了依靠，夫妻雙方彼此相依相靠，齊心努力才能建立幸福的家。

傳統社會以男性擁有家中小事的決定權，「查甫賺錢，查某理家。」，男人成了家裡的支柱也是理所當然。現代社會常說，「成功的男人背後，總有一個支持的女人」，諺語中也能見其涵意：

三分前場，七分後場。（陳主顯《台灣俗諺語典》卷五頁366）

尪公聖〔註7〕，嘛值著尪媽定。（陳主顯《台灣俗諺語典》卷五頁367）

無後台，行無腳步。（溫惠雄《台灣智慧俗語》頁20）

〔註4〕趁，賺錢之意。
〔註5〕捍：掌理之意。
〔註6〕擽：仔細盤算，勤儉持家。
〔註7〕尪公，民間宗教的保儀尊王，又稱保儀大夫。相傳是唐朝開元進士張巡，因安祿山叛亂，糧盡無援，妾林氏夫人剖腹自盡「獻肉養軍」，但未能成功。死後朝廷追封，民間稱為神，專司驅逐蟲害，保護禾苗。相傳「尪公」和「尪媽」出巡，神輿的順序，必是「尪媽」先於「尪公」之前。（陳主顯《台灣俗諺語典》卷五頁367）

能管千軍萬馬，無法管廚房灶腳。（賴宗寶《台灣經驗老祖先的話》
頁 276）

女人，男人成功背後的推手。女人要甘居於背後做男人的精神後盾，打理一
切甘之如飴，讓男人台步走得穩，「無後台，行無腳步。」正是最佳註腳。男
人在前場的三分表現，女人則需在後場花七分心思來張羅，說明了男主外的
同時，女主內也是相當重要的。「能管千軍萬馬，無法管廚房灶腳。」在外能
叱吒風雲的男兒，卻管不了小小的廚房，中國男子從小被灌輸，「君子遠庖廚」
的觀念，一則父權社會認為廚房事女人家的事，一則是鼓勵男性走出廚房做
大事。男主外，女主內的分工方式，能夠彼此的尊重與體諒，即便是「尫公
聖」，尫公雖已同意，但也先請示尫媽。非被女人壓制，而透露著男女互相尊
重與協調，使得家業更發達。

二、夫妻的感情生活

傳統婚姻不同與現代婚姻有許多的婚前接觸機會，受「父母之命，媒妁
之言。」的禮教與傳統，致使許多結婚的男女在婚前並沒有太多的交往與認
識，在婚後的生活才發現適應的困難，衍生許多不協調的婚姻生活，及對婚
姻對象的不滿意，諺語中有一典型的故事「三人共五目，日後無長短腳話。」，
是說一媒人在撮合一對各有缺陷的男女，女一隻眼「脫窗」，男為跛腳，媒人
應用巧妙的相親技巧避開缺陷的暴露，待拜堂成親後才發現其缺陷，但礙於
媒人相親當時的「三人共五目，日後無長短腳話。」也無話可說，默認了婚
姻。此後的婚姻生活很難評斷其感情，然憑著結婚之初的不滿意，日後要建
立甜蜜和諧的感情，也得多花心思培養。

傳統夫妻大多在婚後才彼此認識對方，在感情的培養，生活的適應需花
較多時間建立彼此的默契。從諺語中看出在婚姻路上種種不同的組合與互動，
有不同的形態的婚姻產生，有的情投意合，甘之如飴；有的歡喜冤家，吵鬧
一生。

（一）同甘共苦

傳統女性視婚姻為最後依歸，對婚姻抱持的態度有著宿命觀的思想去面
對，對男性而言是一種福氣，娶一個能同甘共苦的妻子，雖不能減少三十年
的奮鬥，卻也能攜手走過一輩子，諺語中即有這樣的敘述：

翁仔某，吃菜脯。〔註 8〕（李赫《台灣諺語的智慧》（二）頁 112）

翁仔某無相棄嫌，菜脯根罔咬鹹。（陳主顯《台灣俗諺語典》卷五頁 392）

翁仔某褲帶結相黏。（曹銘宗《什錦台灣話》頁 109）

翁仔婦食菜脯。（李赫《台灣諺語的智慧》（二）頁 11）

翁某，穿共領褲。〔註 9〕（陳主顯《台灣俗諺語典》卷五頁 390）

翁某同苦同甜。（《台灣俚諺集覽》頁 154）

寒窯雖破避風雨，尪某恩愛苦嘛甜。（徐福全《福全臺諺語典》頁 230）

尪仔某無相棄嫌，菜脯根仔往咬嫌。（王永興《台灣俗諺語大全》上輯頁 183）

翁某同心，烏土變黃金。（陳主顯《台灣俗諺語典》卷五頁 390）

尪今某今，要好二三年。（余全雄《台灣民俗諺語》頁 207）

諺語所呈現的男女婚姻意境是苦多於甜。菜脯，古時便宜之菜，窮人家以菜脯為主食的菜，有鹹鹹的菜脯就能下飯，生活裡粗茶淡飯，不用大魚大肉就能心滿意足的快樂過日子。夫妻只要不相嫌棄，即便是吃菜脯也如山珍，夫妻同心烏土也會變成金，「尪今某今，要好二三年。」，夫妻倆人共同努力，短短二三年內就能小有成就。

「尪某，穿共領褲。」，民間的婚禮有穿共領褲的習俗，新郎新娘結婚之新房，放置一對公婆椅，椅子上放一件新郎的長褲，讓新郎新娘坐著，意為「穿同身」象徵同心。希望結婚後夫妻能同心，家庭才能協力向前邁進。不論是「尪某，穿共領褲。」或「翁仔某褲帶結相黏。」都希望夫妻能同心，同甘共苦沒有相嫌棄互相扶持為家庭努力。

（二）敬愛疼惜

婚姻中夫妻能相互敬重是建立良好關係的開始，丈夫拋開男尊女卑大男人心態，心中不能存著「某是錢娶餅換。」（許蓓苓《台灣諺語反映的婚姻文化》頁 186）將妻子視為俾女。諺語有云：「上床夫婦，落床客。」（徐福全《福全臺諺語典》頁 35）；「君子廳，小人房。」（陳主顯《台灣俗諺語典》卷五頁

〔註 8〕此句王永興《台灣俗諺語大全》上輯頁 183 又作「尪仔某，食菜脯。」
〔註 9〕此句王永興《台灣俗諺語大全》上輯頁 184 又作「尪某，穿共領褲。」

400），說明夫妻關係親密但仍不要忘了相互敬重的禮數。

夫妻的互動首要是相互敬重，要建立更深一層的親密關係則要靠彼此的關懷與疼惜。一首翻譯歌曲〈白髮吟〉的歌詞，最能寫出丈夫對妻子的疼愛：

親愛我已漸年老，白髮如雙銀光耀，可歎人生譬朝露，青春少壯幾時好，唯妳永是我的愛人，永遠美麗又溫存，唯妳永是我愛人，永遠美麗又溫醇，當妳花容漸漸衰，烏漆黑髮也灰白，我心依然如當初，對妳永遠親又愛，人生歲月一去不回，青春美麗誠難在，唯妳永是我愛人，此情終身永不改。〔註10〕

在諺語中也有這樣摯愛的感受：

夫生某姐，食飽相看。〔註11〕（《台灣俚諺集覽》頁154）

尪某，相惜過一世。（王永興《台灣俗諺語大全》上輯頁184）

翁某相惜過一世人。（陳主顯《台灣俗諺語典》卷五頁392）

翁某第一親。（陳主顯《台灣俗諺語典》卷五頁377）

疼翁為翁煩，疼某為某苦。（陳主顯《台灣俗諺語典》卷五頁378）

睛暝仔，背跛腳仔過河。（陳主顯《台灣俗諺語典》卷五頁407）

圓仔花，白雞冠，尪行某綴。（賴宗寶《台灣經驗老祖先的話》頁118）

尪行某隨。（余全雄《台灣民俗諺語》頁250）

諺語是民間生活的寫照，顯現當時的生活狀況，並有其涵意。諺語云，「夫生某姐，食飽相看。」透露出兩個天造地設的一對，每天有相看兩不厭的感情，終日只想在一起那份強烈的愛。沒有融洽的感情，是無法有膩在一起的慾望。常說「生命共同體」就是這份「翁某第一親。」的情感，夫妻的關係是一體兩面，彼此需要相依相惜過一輩子，就連瞎眼的與跛腳配成的夫妻，都能應用自己的優勢成為另一半的助力，「睛暝仔，背跛腳仔過河。」；「疼翁為翁煩，疼某為某苦。」。能為家庭和樂努力的夫妻，就會有這樣的認知，盡力的為對方做最周詳的疼惜表現。「好針緊裂鼻，好某緊過世。」（陳主顯《台灣俗諺語典》卷五頁436），則說出對夫妻感情融洽，妻子的付出雖得到疼愛，但也遭天之嫉妒難相守，強烈說明了夫妻感情濃郁到外人看了都有了酸葡萄心理。

〔註10〕 轉引自 Blog 部落格，2010/1/4 台灣樂府 MP3Taiwan，http://blog.nownews.com/my_lord/textview.php?file=59702。

〔註11〕 此句曹銘宗《什錦台灣話》頁111 作「翁生某旦，暝日相對看。」；陳正之《智慧的語珠》頁6 作「翁生婦旦食飽相看。」；王永興《台灣俗諺語大全》上輯頁183 作「尪生某旦，食飽相看。」。

（三）老婆第一

傳統男性受到父權社會影響，大男人主義對於感情總是內斂的，古有明訓，「君子遠庖廚」，廚房是男人的禁地，幫女人做家事有損男人的威風，男人從小被教導要做個有氣度的男子漢大丈夫，在外表現要有男性的威嚴，家裡也要有男性的自尊。常膩在老婆旁的丈夫，亦被譏笑為「驚某」，懼內。男性為維持表面的自尊，能拋棄傳統禮教放下身段，建立與妻子平起平坐的生活，甚至對妻子低聲下氣討好的，實需很大的勇氣，在諺語上也有這樣的敘述：

愛某著愛為某苦。（曹銘宗《什錦台灣話》頁105）

愛某驚某苦三頓。（徐福全《福全臺諺語典》頁262）

愛某嫷，給某擔水，愛某白，給某洗腳白。（陳主顯《台灣俗諺語典》卷五頁411）〔註12〕

拍某一下箠，害某三日嘸食糜。〔註13〕（陳主顯《台灣俗諺語典》卷五頁417）

某張不蓋被，尪氣不食糜。（許蓓苓《台灣諺語反映的婚姻文化》頁188）

張翁嘸蓋被，張某嘸食糜。（陳主顯《台灣俗諺語典》卷二頁66）

聽某令，卡好敬神明。〔註14〕（陳主顯《台灣俗諺語典》卷五頁431）

聽某嘴，大富貴。（李赫《台灣諺語的智慧》（一）頁169）

疼愛妻子的丈夫，能放下男性的自尊，苦妻子所苦，妻子的喜怒哀樂看在眼裡，也感同身受恨不得代妻受苦；三餐擔心沒能讓妻子吃飽，擔心妻子操持家務辛苦，變老變醜，心甘情願為妻子挑水洗腳；捨不得打妻子一下，深怕打一下妻子，妻子就賭氣三天不吃飯，一切所作所為都以妻子至上；甚至是聽從妻子的話比得上燒香拜神，不但不會敗壞家裡的風氣，還能有大富大貴的可能。在傳統社會能有這樣拋下男性高傲的身分角色，真是難得。諺語是社會的寫照，能呈現男性在傳統社會背離的一面，當是現代社會的男性值得學習的模範。

〔註12〕此句徐福全《福全臺諺語典》頁262作「愛某美，給某擔水。」。
〔註13〕此句徐福全《福全臺諺語典》頁275作「扑某一下箠，害某三頓毋食糜。」。
〔註14〕此句徐福全《福全臺諺語典》頁488作「聽某令，較好拜神明。」。

（四）歡喜冤家

「冤家」，夫妻用「冤家」來替稱，中國人在因果循環的思想下，冤家，無冤不成家，結成親或恩或仇了結相欠。夫妻間的互動之情，甜甜蜜蜜說是前世結善緣，打打鬧鬧是相欠債。諺語云：「尪某相扑常事，講的人毋對。」（徐福全《福全臺諺語典》頁 239）；「翁某相扑常事，佔的人奇事。」（陳主顯《台灣俗諺語典》卷五頁 418），諺語指出夫妻打架是常有的事，外人是無法插手的，即使是賢明的官老爺也很難理清夫妻間的恩怨，諺語云：「三官廳繪判得家內事。」（陳主顯《台灣俗諺語典》卷五頁 167）、「清官難斷家內事。」（陳主顯《台灣俗諺語典》卷五頁 167）。清官難斷家內事在於夫妻打架是常有的事，不需認真當一回事，只要隔個夜晚恩愛一番，所有的仇恨就會消失。諺語云：

> 床頭拍，床尾和。（陳主顯《台灣俗諺語典》卷五頁 413）
>
> 床頭相打，床尾講和。（台灣俚諺集覽》頁 356）
>
> 翁婆、翁婆，床頭扑，床尾和。（李赫《台灣諺語的智慧》（三）頁 57）
>
> 尪仔某無歹隔暝。〔註15〕（徐福全《福全臺諺語典》頁 238）

夫妻相打之事只要隔個夜晚恩愛一番，所有的仇恨就會消失。但，果真是經過一夜的溫存仇恨就如「尪仔某無隔暝仇」的消失嗎？能消失就沒有「腳來手來，大某扑到死。」（徐福全《福全臺諺語典》頁 493）。在父權社會下，兩性不平等，女性需依附男性而活，大某被打死是有其可能性。

傳統社會的婚姻在「父母之命，媒妁之言」下，許多的婚姻在短時間做成決定，感情常於婚後才培養，怨偶、不能相配的夫妻，出現的可能性很高，諺語「好某無好翁，天下一大半；好翁無好某，天下一大堆。」（陳主顯《台灣俗諺語典》卷頁 293）；「清秀才郎，倒配不良婦；乖巧女子，反招愚拙夫。」（陳主顯《台灣俗諺語典》卷 293）說出婚姻的無奈，感情培養相當辛苦。感情淡薄的夫妻，過著「有翁仔某名，無翁仔某行。」（陳主顯《台灣俗諺語典》卷五頁 404），貌合神離，同床異夢的生活。夫妻間過著「有翁仔某名，無翁仔某行。」的冷漠生活已是悲慘至極，對於彼此間的感情由愛生恨，有著「愛之欲其生，恨之欲其死。」的信念，夫妻的情分早已蕩然無存了。雙方期盼對方的死能早日解脫，在諺語中即有記述：

〔註15〕此句徐福全《福全臺諺語典》頁 238 又作「尪仔某無隔暝仇。」。

　　死某宛若割韭菜,死翁宛若換破蓆。(陳宗顯《台灣諺語七百句》頁202)

　　死某換新衫,死翁換飯坩。〔註16〕(陳主顯《台灣俗諺語典》卷五

頁438)

　　死婦換新衫,死翁折扁擔。(許成章《台灣諺語之存在》頁17)

　　死尫親像割韭菜,死了一個攔一個。(徐福全《福全臺諺語典》頁263)

夫妻彼此間的情分如割韭菜、換新衫、換飯坩、換破蓆,那樣的輕而易舉的
可以替換,夫妻何來情分可言,老婆過世,可以像割韭菜那樣簡單容易,短
時間的傷痛就能恢復如初。

第二節　親子生活

　　男性在傳統社會父權體制下,能掌握權力居重要地位,因家族繼嗣以男
性為傳承,以及農業社會勞動力的需求,鞏固了男性在家中能掌握權力的重
要地位。生命重傳承,男性背負著「傳宗,接代。」(陳主顯《台灣俗諺語典》
卷五頁275)的使命,中國人重嫡傳,有著「地要親耕,囝著親生。」(周榮
杰《臺灣諺語銓編》頁215)的觀念,娶妻生子是唯一的途徑。

　　在婚姻生活裡,傳統觀念男主外女主內,孩子的養育與教育雖落在母親
之身上,父親掌握大的方向,扮演嚴父的角色,有其威嚴與學習模範。在教
養的方法及態度上,父親是有其影響力。

一、生育

　　傳統社會以男性為傳承,在「不孝有三,無後為大。」的觀念下,男性肩
負著對祖先生命傳承的使命,對於生兒育女的責任也偏向於兒子,兒子才是姓
氏祖先的子孫,沒有兒子等於斷了後,對不起列祖列宗,生兒子一切都是美好
的,所謂「有子萬事足」,沒有兒子可以傳承,就像是斷了生路沒有指望,在
傳統觀念裡,男性是正統,諺語云:「豬不肥,肥夫狗」,豬才有經濟價值,就
像男性才具有家庭功能,女性是沒有地位的,在出生即有不同的待遇。

(一)有子萬事足

　　孟子:「不孝有三,無後為大。」〔註17〕漢朝趙岐注:「於禮有不孝者三

─────────────

〔註16〕此句《台灣俚諺集覽》頁155作「死某換新衫。」
〔註17〕《十三經注疏・孟子》,台北:藝文印書館,1997.8初版13刷,頁137。

事：謂阿意曲從，陷親不義，一不孝也；家窮親老，不為祿仕，二不孝也；不娶無子，絕先祖祀，三不孝也。」〔註 18〕不娶妻生子無法傳宗接代，斷了祖宗香火，是為人子者最大的不孝，傳統婚姻首重宗族命脈傳承，諺語就說「人人嫁翁傳後世。」（周榮杰《臺灣諺語銓編》頁 31），「女性嫁翁」讓男性能傳宗接代，因此，結婚後最大的期望就是能早生貴子，在流傳的諺語也有這樣的思想：「寧生早子，不養遲兒。」《台灣俚諺集覽》頁 143），早生子早放心，不怕斷了傳宗接代。傳統社會重視人丁興旺使家族龐大，得以壯大家族的聲勢與威望。諺語有這樣的描述：

有子的人散繪久，無子的人富繪長。〔註 19〕（徐福全《福全臺諺語典》頁 329）

三條龍，食也食繪窮；三隻虎，食也食繪苦。（陳主顯《台灣俗諺語典》卷五頁 524）

財丁貴，三字全。〔註20〕（陳主顯《台灣俗諺語典》卷一頁 179）

財丁壽，三字全。（吳瀛濤《臺灣諺語》頁 144）

會甲繪，腳手濟。〔註21〕（徐福全《福全臺諺語典》頁 310）

多子，不認窮。〔註22〕（吳瀛濤《臺灣諺語》頁 89）

加人，加福氣。〔註23〕（藍文良、藍文佶《台灣諺語》頁 99）

多子不認窮，歹子不如無。（《台灣俚諺集覽》頁 136）

有子嗣就不怕貧窮，因為，多子，不認窮；加人，加福氣，三條龍；三隻虎，不怕吃窮，也不怕吃到苦，家中的氣勢有如虎添翼的蓬勃起來。家族有了後代就如同是上難得齊全的財富、人丁興旺與長壽齊聚一堂而了無遺憾。這樣的幸福美滿真如諺語所說「有子萬事足，無官一身輕。」（《台灣俚諺集覽》頁 129）。

　　生兒育女除了安定了傳宗接代的使命外，對婚姻也有安定的作用，「囝仔，是尪某的魔蛭釘。」（呂自揚《台灣民俗諺語賞析探源》頁 106），牢牢的把尪和某吸住，孩子成了婚姻生活的調劑品，增進夫妻生活的共同話題，使夫妻

〔註18〕《十三經注疏‧孟子》，台北：藝文印書館，1997.8 初版 13 刷，頁 137。

〔註19〕此句《台灣俚諺集覽》頁 244 又作「有子之人貧不久，無子之人富不長。」

〔註20〕此句徐福全《福全臺諺語典》頁 29 又作「丁、財、貴，三字全。」

〔註21〕此句於周榮杰《臺灣諺語銓編》頁 197 中作：「會與未，腳手多。」

〔註22〕此句於陳主顯《台灣俗諺語典》卷五頁 27 中作：「濟囝、嘸認散」。

〔註23〕此句於陳主顯《台灣俗諺語典》卷五頁 139 中作：「濟人、濟福氣。」

感情更緊密。對男性而言，內斂的感情，多一抒發管道。

　　自周朝以來「嫡長子」改變了宗族繼承的順序，確立的男子在家中的地位。「嫡長子」，元配所生的第一個男子，因此在生育上，生子特別重視親生的男子，以確保在家族的繼承與地位。在諺語上也有明白顯示，台灣傳統社會對生男生的重視：

　　　　穿燈腳，生卵脬。（陳主顯《台灣俗諺語典》卷七頁 254）

　　　　查某坐頭胎，查甫隨後來。〔註24〕（徐福全《福全臺諺語典》頁 344）

　　　　招小仔食雞腿，招小妹食雞屎。（朱介凡《中華諺語志》卷五頁 2144）

　　　　生四枝桌腳，生一個桌裡抄。（莊秋情《臺灣鄉土俗語》頁 80）

　　　　一千銀，毋值一個親生囝。〔註 25〕（李赫《台灣諺語的智慧》（六）頁 21）

　　　　不是親，未上心。（周榮杰〈台灣諺語之社會觀之探討〉頁 187）

　　　　方銀也不值著一個親生囝。（周榮杰〈台灣諺語之社會觀之探討〉頁 187）

　　　　奴須用錢買，子須破腹生。（《台灣俚諺集覽》頁 201）

　　　　養接養的，抱的還是抱的。（周榮杰〈台灣諺語之社會觀之探討〉）

　　　　歹囝嘛著惜，孝男無得借。（陳主顯《台灣俗諺語典》卷九頁 675）

在諺語中有許多呈現千萬的銀兩也難買一個親生的孩子，能用錢買的是奴才，從自己肚子蹦出來的才是孩子，「不是親，未上心。」，不是親生的孩子，跟自己的心無法緊密，常說「母子連心」，不是親生關係，用過繼養育或抱來養的孩子就無法有心電感應的感覺。在醫學未發達之前，要驗出是否是親子關係就會用「滴血認親」的方式，來看出是否有血緣關係。其方法以現代科學雖不足採證，但給我們很深的啟示，血究竟濃於水，中國人還是以血親為主要繼承，認祖歸宗也深存於中國人根深柢固的觀念，因而延續香火也以男子為第一優先。

　　台灣傳統社會在生育的觀念上，囝，男兒，即使是歹囝也要疼，人在往

〔註24〕此句吳瀛濤《臺灣諺語》頁 23 中作：「女兒坐頭胎，男兒隨後來。」。

〔註25〕此句《台灣俚諺集覽》頁 138 又作：「一千銀，亦不值著一個親生子。」；李赫《台灣諺語的智慧》（六）頁 59 又作「千兩銀，難買一個親生囝。」；徐福全《福全臺諺語典》頁 135 作「千金難買親生子。」；陳主顯《台灣俗諺語典》卷五頁 27 作「千兩銀，𣍐買親生囝。」。

生時「捧斗」〔註26〕要男生（孝男），需生一個男兒才對得起祖先。在方法上也會用盡方法，增加生男的機會，如穿燈腳，元宵看花燈鼓勵媳婦去鑽在花燈下，生LP；第一胎不是男孩也鼓勵再生第二胎，「查某坐頭胎，查甫隨後來。」；就連坐月子也有差別待遇，「招小仔食雞腿，招小妹食雞屎。」，對女性的辛勞付出是不應該有的觀念，女性拼了生命，「生贏雞酒香，生輸四片板。」（周榮杰《臺灣諺語銓編（一）》頁5），生子猶如與死神搏鬥，不論是男是女都是用生命去換得的，都應敬重與感激。

（二）無子嗣無指望

在生育上，男性雖不必受生產之苦，但得受無子嗣的壓力，傳宗接代需男生，在家族的觀點上，人丁興旺男生是愈多愈好，「一個算無子，兩個算險子，三個才算一點子。」（朱介凡《中華諺語志》卷五頁2145），子女數，「五男二女。」（徐福全《福全臺諺語典》頁64）；「三男二女皇帝命。」（朱介凡《中華諺語志》卷五頁 2145）」，在諺語上點明了子孫愈多人丁才會興旺。

人丁興旺是家族的冀望，生育並非是人人可以完全掌握的，綿延子孫之事也會受到挫折。中國人因果報應的觀念，與祖先有關之事總與因果報應相結合。人為惡會遭到詛咒，「絕子絕孫」是最惡毒了。在男性的責任上也是相當大的負擔，諺語就說：

> 三十不見子，終身磨到死。（陳主顯《台灣俗諺語典》卷一頁89）
>
> 三十無子窮半百。（胡萬川《沙鹿鎮諺語謎語集（一）》頁7）

無子嗣磨到死、窮半百。甚至為人祖父的年紀尚擔心後代斷絕，「六十無孫，老來無根。」（陳宗顯《台灣諺語七百句》頁 47），足見不能生育並非是女性無家庭地位，男性也身受其苦。

男性對於無子嗣相當重視，古時男子即能以「七出之條」，對妻子提出休妻。在閩南諺語中卻見宿命觀的思想，以安慰無子嗣的煎熬：

> 有囝有囝命，無囝天注定。（白冰冰《冰冰講好話》頁47）
>
> 早早也三個子，慢慢也三個子。（徐福全《福全臺諺語典》頁303）
>
> 命中有兒，何在早晚。（《台灣俚諺集覽》頁140）
>
> 五福難得求，富貴財子壽。（溫惠雄《台灣智慧俗語》頁67）

〔註26〕捧斗：人死時用得神祇牌，象徵香火。

事間難得財子壽，若有開化免憂愁。(徐福全《福全臺諺語典》頁 52)

妻子財祿皆前定。(陳主顯《台灣俗諺語典》卷七頁 522)

後生、查某囝有是勞，無是苦。(余全雄《台灣民俗諺語》頁 210)

後生是怨仇，查某囝來討債。(陳宗顯《台灣諺語七百句》頁 42)

有囝是勞，無囝是苦。(周榮杰《《臺灣諺語銓編》頁 199)

多囝多冤夭，無囝卡嫻仙。(村中耆老)〔註 27〕

有無孩子是命中注定的強求不得，有囝命，早早也三個子，慢慢也三個子；無囝命是天註定好的，富貴財子壽是難求得的，心胸要能放得開，世上不如意事十之八九，有囝是勞碌，無囝是心苦，都是一種折磨。

傳統社會能以宿命觀去面對，不以古時七出之條對女性提出休妻，顯然在觀念上有很大的改變。民間社會在具體作為上，並不會以無子嗣到終生，而是轉而求助於自己的血親，或以過房或稱過繼的方式，收養同宗的卑輩成員，過房習俗在古籍上記載，如茶香寫叢鈔：「今俗無子而以兄弟之為後日過房」。這樣的做法亦受宗法制度影響，在親子相處上感情較為親近外，在家族繼承上也較接近「香火」的傳承〔註 28〕。對於無子嗣的男性是一個較接近血緣的傳承方式，為台灣社會較能接受的方式。

二、養育

養育是一件辛勞的事，「生的請一邊，養的恩情卡大天。」(陳主顯《台灣俗諺語典》卷五頁 19)〔註 29〕，生育事件危及生命的事，一旦平安落地，從出生一路照顧下來，其過程是辛苦與掛心，擔心孩子吃不飽，穿不暖，又害怕生病養不好，養育孩子是父母一輩子的牽掛。多少孩子能感受其中，能懂得父母的苦心，有時父母也會自我嘲解「嗣子是義務，不孝是應該。」。

(一) 養育的辛勞

傳統社會在「濟人濟福氣」的觀念下，諺語戲稱是「跋落，子兒坑。」(《台灣俚諺集覽》頁 141)，來自我嘲諷說是跋落子兒坑的兒女成群，雖說「三男

〔註 27〕2009.12.31 訪問宜蘭縣冬山鄉香和村耆老林阿英。
〔註 28〕阮昌銳《中國婚姻習俗之研究》，臺灣省立博物館，1989 年，頁 113。
〔註 29〕此句於胡萬川《苗栗縣閩南語諺語、謎語集一》頁 30 中又做「生的撥一邊，養的功勞較大天」；於魏益民《台灣俗語集與發音方法》頁 263 中又做「生的，請一邊，養的，較大天」。

二女皇帝命。」（朱介凡《中華諺語志》卷五頁 2145）」，卻也感受到當家不易，開門七件事「柴、米、油、鹽、醬、醋、茶」，生活重擔在時指浩繁間一一浮現，諺語云：

> 娶某無師父，飼囝總是師父。（周榮杰〈《臺灣諺語銓編（一）》頁 179）

> 生子簡單，養子困難。（余全雄《台灣民俗諺語》頁 180）

懷胎生子十個月，養育小孩是十幾二十年的功夫，學問多功夫深，不是件簡單的事。「不屎就尿，不吼就笑。」（《台灣俚諺集覽》頁 305）；「大子啼，細子吼。」《台灣俚諺集覽》頁 305）甚至是「一暝吵天光。」（徐福全《福全臺諺語典》頁 4），整日不得安寧，飼囝真是師父級的功夫。有此覺悟，對於孩子數量在諺語就出現調整：

> 一男一女一枝花，二男二女受拖磨。（陳正之《智慧的語珠》頁 11）

> 一男一女一枝花，五男五女受拖磨。（周榮杰〈《臺灣諺語銓編》頁 200）

顯然不是越多越好，呈現出一男一女洽恰好，多了就成了折磨，似乎預言現代家庭計畫兩個洽恰好。傳統社會男主外，要滿足嗷嗷待哺的一家子，諺語就明白指出：

> 無囝歹名，濟囝歹命。（楊青矗《台灣俗語辭典》頁 410）

> 多子，餓死父。（《台灣俚諺集覽》頁 136）

> 多子多扒腹，多媳婦体托。（《台灣俚諺集覽》頁 136）

> 濟子餓死老爸，濟新婦磨死大家。〔註30〕（徐福全《福全臺諺語典》頁 386）

> 跋落囝仔坑，泔糜仔相爭。（陳主顯《台灣俗諺語典》卷五頁 142）

從諺語中看出父親雖不似母親終日被子女包圍，卻為時指浩繁家庭經濟在拼命，也為家族子孫龐大與興盛，而無法歇息，因為「養兒弗論飯，打鐵弗論碳。」（朱介凡《中華諺語志卷五頁 2116），更何況是「水大流田，囝大艱難。」（陳主顯《台灣俗諺語典》卷五頁 176），孩子每個階段有每個階段的任務，

〔註30〕此句韓孝婷《台灣閩南諺語反映的親子文化》頁 33 又作「濟子餓死老爸，請儂哭無眼淚。」；此句陳正之《智慧的語珠》頁 10 又作「濟囝累死老父，濟新婦氣死大家。」；此句陳主顯《台灣俗諺語典》卷五頁又作「濟囝，磔死老父；濟新婦，氣死大家。」；此句陳正之《智慧的語珠》頁 12 頁又作「濟囝餓死父。」

越是長大，擔心的事越多。小時候怕他沒吃飽，長不了；長大怕他沒工作，終身大事沒著落。天下父母心，永遠也放不下心，也只能以「欠囝債，落囝枷。」（王永興《台灣俗諺語大全》上輯頁 100）來詮釋這個甜蜜的負擔。

（二）養育的希望與失望

　　台灣民間傳統觀念，父母養育子女有兩大責任與願望：一是子女長大成人；一是子女完成終身大事。這兩件大事完成，父母才認為任務完成，也才能鬆一口氣。孩子從出生起，父母的責任即擔負著，隨時小心養育著，孩子成為父母的「隨身荷包。」（徐福全《福全臺諺語典》頁 591），無時無刻都希望能呵護著，只怕他長不大；長大後又怕學壞不成材，「望子成龍，望女成鳳。」（陳主顯《台灣俗諺語典》卷五頁 568）；最終還是都希望能各自婚嫁，完成終身大事。諺語能道出父母的期望：

　　　　細漢煩惱伊未大，大漢煩惱伊未娶。（陳主顯《台灣俗諺語典》卷五頁 567）

　　　　水大流田，囝大艱難。（陳主顯《台灣俗諺語典》卷五頁 176）

　　　　兒成雙，女成對。（溫惠雄《台灣人智慧俗語》頁 86 頁）

　　　　兒成雙，女成對，一生大事已完。〔註31〕（《臺灣俚諺集覽》頁 134）

「細漢煩惱伊未大，大漢煩惱伊未娶。」、「兒成雙女成對，一生大事已完。」，父母的煩惱從伊未大到伊未娶，再到兒成雙女成對，一生大事才算完成。這一路的艱辛，「如人飲水，冷暖自知」。在養育的過程每個孩子若能體會父母的辛勞，都能順從父母心意不違逆，為人父母也會感到安慰。孩子不能體會父母的苦心不能和睦相處，做父母既為難也有無力感，諺語就呈現出來：

　　　　多子多業，少子較澁蹀。〔註32〕（吳瀛濤《臺灣諺語》頁 88）

　　　　多囝多兒多冤家，無囝無兒活神仙。〔註33〕（周榮杰《臺灣諺語銓編》頁 200）

　　　　多囝討歹命，放屎落礐〔註34〕亦加贏。（周榮杰《臺灣諺語銓編》頁 200）

〔註31〕此句徐福全《福全台諺語典》頁 102 頁又作「兒成雙女成對，一生大事已完。」。

〔註32〕澁蹀：輕巧感，輕鬆自在的感覺。

〔註33〕此句《台灣俚諺集覽》頁 139 又作「多兒多女多冤家，沒兒沒女活菩薩。」；徐福全《福全臺諺語典》頁 386 又作「濟子濟女濟冤家，無子無女活菩薩。」。

〔註34〕礐：毛坑，就是台語的「便所」，老一輩的人會說「礐ㄟa」。

濟囝加辨腹，濟新婦加推托。（陳正之《智慧的語珠》頁9）

傳統社會因勞動力需求，也因醫學較不發達，節育觀念少，多子是普遍的家庭形態。孩子多爭吵就多，父親在外打拼，回到家孩子不能和睦相處炒翻天，心中失望不免油然而生，「多子多冤天，沒子卡閒仙。」〔註35〕，多希望整天能安安靜靜的過日子沒有吵鬧。早知孩子多困擾這麼多，倒不如「放屎落礐」當肥料算了。傳統觀念「濟人濟福氣」已被「多子多業，少子較澁蹀。」所淹蓋了。同父母所生，在同樣環境下長大，造就出來的孩子也並不一定相同，對於令父母傷心失望的孩子，不免有許多感慨，諺語就說：

好子不用多，一個頂十個。（《台灣俚諺集覽》頁142）

好子不用多，多囝餓死父。〔註36〕（《台灣俚諺集覽》頁142）

好囝不免多，歹囝不如無。（周榮杰《臺灣諺語銓編》頁98）

多子不認窮，歹子不如無。（《台灣俚諺集覽》頁136）

一尾龍加贏狗母蛇一大堆。（周榮杰《臺灣諺語銓編》頁198）

孩子眾多吵吵鬧鬧倍增辛苦，若是有個上進爭氣的孩子，倒也能得到許多安慰，也對自己為家為孩子的付出努力有所肯定。對男性而言，傳宗接代的責任「一個算無子，兩個算險子，三個才算一點子。」（朱介凡《中華諺語志》卷五頁2145），家中的男丁多，表示人丁興旺，既能壯大家族也能完成延續宗族的使命，對得起列祖列宗。生活是現實的，窮苦人家的父母整天為三餐奔波，即使有「多子不認窮」的志氣，遭遇到子女不爭氣，也會有「歹子不如無」的怨嘆，對自己「跋落囝仔坑，泔糜仔相爭。」對生活的無奈與抗爭全寫在生活裡。最悲慘的是辛苦養育一堆兒女卻沒有一個可以倚賴的，諺語云：

六面骰子，搏無一面。（徐福全《福全臺諺語典》頁107）

一稠豬仔，無一隻會刣得。（陳主顯《台灣俗諺語典》卷五頁175）

一窟蟳，無一隻有膏。（陳主顯《台灣俗諺語典》卷五頁175）

五男二女，食飯家己煮。（陳主顯《台灣俗諺語典》卷五頁156）

十子十新婦，剩一個老孤孀。（陳正之《智慧的語珠》）頁9）

多子多扒腹，多媳婦体托。（《台灣俚諺集覽》頁136）

〔註35〕宜蘭縣冬山鄉香和村之村中耆老林阿英2009/7/28訪問口述。
〔註36〕此句徐福全《福全臺諺語典》頁203又作「好子毋免濟，濟子餓死父。」

諺語中窺出父母的感嘆，家中都是一些不中用的子女，就像是養一窩豬仔，沒有一隻可以出稠，既不能賣錢也要多浪費食物來養；養一堆孩子就連吃飯也要自己動手煮，養兒不僅不能防老，還得做老媽子一輩子。縱然有十個兒子都娶了媳婦，到頭來也剩孤家寡人一個，多子多媳沒能享清福，一個一個推託真是人生的悲哀。諺語是反映社會的，在連橫《雅言》中，記載了一段故事，頗能為此印證：

> 多子之願，自古已然；華封祝堯，曾傳其語。蓋欲子孫之盛，而室家之昌也。里諺曰：「濟囝　認窮」。則以諸子長成，各事其業，無憂衣食也。然其反語曰：「濟囝餓死父」。此非空言，實有其事，且為數年前事。艋舺嫗，年七十餘，有子七人。長子舉武鄉薦，雖死有孫；餘亦各小康自立。嫗愛少子，居其家，洎病篤，輿往長子所，長婦不受，謂丈夫已死，不能任喪事；乃赴次子居，次子亦不受。三子四子咸推諉，而嫗死於道上矣。見者大譁，群肆抨擊，少子乃舁歸收殮；此真倫常之變。嫗非多子，何以至是？里中有生子眾多無力養育者，旁人輒為之嘆曰：「跋落囝兒坑」；亦可見其慘狀。然則「產兒制限」豈空論哉？[註37]

養兒不防老，這應是男性始料未及的，男性為了傳宗接代及所謂的「多子多孫多福氣」，辛苦養兒育女，到最後自己兩手一攤，留下老妻悽涼過日子，最後不得善終。顯然如諺語所說「好子不用多，一個頂十個。」；「濟囝餓死父。」，那麼在教養的過程中就必須好好用心栽培。

三、教育的方法

父母是兒童第一個老師，孩子自出生與父母最親密，也與父母有最多相處時間，因而學習到奠立基礎的能力。孩子從懵懂無知開始，需要父母親的提攜與照顧，父母的引導是孩子教育養成的依循，父母的照顧讓孩子平安長大，父母的教育才能造就孩子的一生成敗，父母的教育是重要的。

（一）教貴慎始

《易經‧蒙象》云：「蒙以養正，聖功也。」[註38]，兒童在啟蒙時期必須給予正確的教導，是聖人的功夫；(《顏氏家訓‧教子》)顏之推曾記錄南北

〔註37〕連橫，《台灣語典、雅言》，南投：台灣省文獻會，1992.3，頁 35。
〔註38〕沈仲濤翻譯《中英對照易經》，台北，文化圖書公司，1983，頁 27。

朝已有俗諺曰「教婦，初來；教兒，嬰孩」〔註39〕；宋朝林逋於《省心錄》
中也說到：「善教子者，教於孩提」〔註40〕。因此，在幼小階段必須教以正確
的觀念，學習正確的事務，建立道德信念，家庭就是最佳場所。諺語也說：

> 囡仔三歲牢皮〔註41〕，五歲牢骨〔註42〕。（徐福全《福全臺諺語典》
頁168）

> 三歲囡仔定八十。（徐福全《福全臺諺語典》頁42）

從諺語中看出孩子對在三歲時已受外界事物影響，到了五歲就已經滲入骨子
裡，要糾正更改養成的習慣就不容易了。因此說「三歲囡仔定八十。」三歲
定終生的道理。侯王渝在《中西文化在子女教育上的異同》一書中，提到一
位天主教耶穌會的修士這麼說：「我願意教一個七歲前的孩子，七歲後誰教他
都一樣。」〔註43〕，有些諺語認為七歲才是關鍵期：

> 三歲看大，七歲看老。〔註44〕（吳瀛濤《臺灣諺語》頁36）

不管是「五歲牢骨」，或「七歲看老」，都在說明孩子的幼年教育影響人的一
生甚遠，小時候養成壞習慣，長大就很難根除，也許只是一些細微的事，對
日後的影響卻深遠，諺語云：

> 細漢偷挽瓠，大漢偷牽牛。〔註45〕（《台灣俚諺集覽》頁136）

> 小時偷針，大時偷瓜。（《台灣俚諺集覽》頁132）

> 小時偷針，大時偷金。（周榮杰《臺灣諺語詮編》頁12）

> 一次賊，百次賊。（吳瀛濤《臺灣諺語》頁3）

當孩子在年幼時期出現偏差行為時，父母發現應當即時制止給予糾正，端正他
的行為，以避免錯而不知其錯，行為也就越偏差，就如諺語所說，「細漢偷挽瓠，
大漢偷牽牛。」，父母不在意小錯，造成他日後就膽敢偷牽牛，壞事也就越做越

〔註39〕黃永年譯註《顏氏家訓》，台北，錦繡出版公司，1992，頁32。
〔註40〕「善教子者，教於孩提」：宋，林逋《省心錄》，轉引自陳主顯《台灣俗諺語
典》卷五，頁184。
〔註41〕牢皮：在表面已經形成，下「住皮」、「調皮」、「彫皮」、「朝皮」意同。
〔註42〕牢骨：已影響至骨子裡，根深柢固。下「住骨」、「調骨」、「彫骨」、「朝骨」
意同。
〔註43〕引自中華文化復興運動推行委員會侯王渝，《中西文化在子女教育上的異同》，
台北：中央文物供應社，1982年6月，頁46。
〔註44〕此句徐福全《福全臺諺語典》頁44作「三歲看大，七歲到老。」；陳主顯《台
灣俗諺語典》卷一頁75作「三歲看到大，七歲看到老。」
〔註45〕此句《台灣俚諺集覽》頁221又作「細偷挽瓠，大偷牽牛。」

大。這些諺語在在也在提醒為人父母不要輕忽小地方，對於子女的教育應當小心謹慎，一出現錯誤的行為就要糾正，導入正確觀念，以免誤入歧途，無法自拔。

諺語云：

> 養子不教如養驢，養女不教如養豬。（《台灣俚諺集覽》頁 129）
>
> 養子不教，不如養驢；養女不教，不如養豬。（朱介凡《中華諺語志》卷五頁 2162）

生養子女沒有教好他，不如養驢養豬就好了。驢跟豬是傳統社會重要的經濟供給物，如果子女沒教好，將來有可能危害社會，比養豬養驢都不如。子女的教育可見得如此重要，非只是父母親單一方的責任可以承擔的，就如諺語所說：「父一頭、母一擔，公婆一菜籃。」（陳正之《智慧的語珠》頁 16），父親母親對孩子的教育都有責任，父母親各自負有一半的責任，甚至阿公阿媽也有少部份責任。生兒育女完成傳宗接代的使命外，教育他成為有用的人更重要，諺語也說：

> 愛飼也愛教。〔註 46〕（徐福全《福全臺諺語典》頁 261）
>
> 飼囝卡緊，教囝卡偃。（陳憲國、邱文錫《實用台灣諺語典》頁 568）
>
> 生囝容易，教囝難。（陳主顯《台灣俗諺語典》卷五頁 224）
>
> 種田無好害一冬，教囝無好害囝一世人。（楊青矗《台灣俗語辭典》頁 488）

養育孩子三餐給予溫飽比較容易，要教好孩子就比較困難了。諺語明白指出「愛養，也愛教。」，「種田無好害一冬，教囝無好害囝一世人。」子女教不好造成敗害孩子一輩子，為人父母當審慎教育之。

（二）以身作則

《三字經》中，「養不教，父之過」，明白指出對於子女養而不教育他，是父親的過錯。父親在生命傳承的使命裡不該只是傳承生命，更應好好教育他。孩子在幼兒時跟父母的相處時間最多，父母的一舉一動，全在孩子的觀察學習裡，潛移默化中教育著，為人父母者，當注意自己的行為，使成為孩子的良好模範。諺語云：

> 大人言，囝仔話。（吳瀛濤《臺灣諺語》頁 24）
>
> 有好的父母，才有好的子女。（周榮杰《台灣諺語之社會觀的探討》）
>
> 有樣看樣，有款看款。（周榮杰《臺灣諺語詮編》頁 262）

〔註 46〕此句周榮杰《臺灣諺語詮編》頁 264 又作「愛養，也愛教。」

小孩是大人的翻版，有小孩子的家庭應該有這份觀感，孩子表現出父母的樣子，如諺語所言「大人言，囝仔話。」，大人說話的語氣，從孩子說話的樣子就可以看出來。父母要做好榜樣，孩子才能有正面的學習對象，因為孩子有樣看樣，有款看款照著學。孩子像塊海綿，給什麼吸收什麼，父母給的要慎重，做了錯誤的示範，孩子也跟著學壞，諺語云：

> 大人無好樣，小兒作和尚。（朱介凡《中華諺語志》頁 2172）
>
> 上樑不正，下樑歪。（莊秋倩《臺灣鄉土俗語》頁 50 頁）
>
> 序大不成序大，序細不成序細。（莊秋倩《臺灣鄉土俗語》頁 149）
>
> 要序細有孝，也著序大做得起。（陳主顯《台灣俗諺語典》卷五頁 234）
>
> 歹人，沒出好囝孫。（《台灣俚諺集覽》頁 139）
>
> 大狗越牆，小狗看樣。〔註47〕（吳瀛濤《臺灣諺語》頁 25）
>
> 雞母跳牆，雞子隨樣。（徐福全《福全臺諺語典》頁 594）
>
> 毛蟹，教囝袒橫行。（陳主顯《台灣俗諺語典》卷五頁 187）
>
> 桐油籠，貯桐油。（朱介凡《中華諺語志》頁 1614）

《論語・子路》中孔子曰：「其身正，不令而行；其身不正，雖令不從。」〔註48〕說明了以身作則的重要，有良好的示範，不須命令，孩子自然也會照著去做；反之即使用命令也不肯依從。父母身教是最好的示範與教導。

（三）恩威並濟

班固《白虎通義・三綱六紀》：「父子者，何謂也？父者，矩也，以法度教子也，子者，孳孳無已也。」，父親是孩子的法則是規矩，必須用方法教導孩子，這是父親對孩子必須做的事。父母疼愛孩子是天性，但疼愛並非一味順從，縱容孩子使得養成驕縱任性，這不是疼愛而是溺愛。「父慈子孝」，父親對子女給予愛的關懷，讓子女感受到愛的存在，懂得尊敬與孝敬。就如戴朝福於《中華文化的省思》中關於父母的慈愛說到：

> 父（母）之道在慈愛，而慈愛不是溺愛，語云「溺愛不明」，
> 溺愛即是一不明的愛，一無理智的愛，父母溺愛，將養成子女驕寵、
> 任性，求所欲求，為所欲為，目空一切，小不如意，即忿言相向，

〔註47〕此句《台灣俚諺集覽》頁 465 又作「大狗蹈墙細狗看樣。」。
〔註48〕《十三經注疏・論語》，台北：藝文印書館，1997 初版 13 刷，頁 116。

不知尊親敬畏，而好逸惡勞，坐享其成的結果，也將使子女失去獨

立自主的能力，這種不教以義方，使子女墮落，愛心變質如此，正

是父母對子女的不慈。〔註49〕

由上述文章中知道，父母教育孩子不能只有溺愛，應該秉持適度的方法讓子
女明白事理，在疼愛中有威嚴，在威嚴中建立子女正確的教養，諺語云：

嚴父出孝子。（《台灣俚諺集覽》頁131）

幸囝不孝，幸某吵家。〔註50〕（周榮杰《臺灣諺語銓編》頁213）

幸囝不孝，幸某擾鬧，乘豬撈灶。〔註51〕（周榮杰《臺灣諺語銓編》

頁213）

嚴是愛，倖是害，嗯管教會變歹。（楊青矗《台灣俗語辭典》頁550）

好酒出深巷，嚴父出孝子。（《臺灣俚諺集覽》頁340）

縱囝爬上天去。（呂自揚《台灣諺語之存在》頁36）

對於子女的管教要嚴格執行，使孩子清楚知道規矩及遵守的方向，讓孩子為
所欲為沒有制度寵壞孩子，就像寵了豬，豬就會毀了竈一樣，不能教化。傳
統的管教觀念認為，孩子沒有打是不會乖不能記取教訓，因此管教的方式都
在「不打不成器。」（陳主顯《台灣俗諺語典》卷五頁221頁）的觀念下建立
方法，有許多諺語也呈現打罵才是教育：

亦著箠，也著糜。（吳瀛濤《臺灣諺語》頁96）

一面箠，一面糜。（陳憲國、邱文錫《實用台灣諺語典》頁23）

好喙嗯值箠。（楊青矗《台灣俗語辭典》頁157）

無拍是土，要拍是金。〔註52〕（陳主顯《台灣俗諺語典》卷五頁222）

芥菜無刮不成欉。（吳瀛濤《臺灣諺語》頁117）

葉無拔不成欉，囝仔無損不成人。〔註53〕（周榮杰《台灣諺語銓編

（一）》頁267）

〔註49〕戴朝福，《中華文化的省思》，台北：台灣學生書店，1996，頁71～72。

〔註50〕此句《台灣俚諺集覽》頁156又作「乘子不孝，乘某擾鬧。」

〔註51〕此句《台灣俚諺集覽》頁166作「乘豬擇灶，乘子不孝，乘某噪鬧。」；呂自
　　　　揚《台灣民俗諺語賞析探源》頁155作「盛豬夯灶，盛子不孝。」。

〔註52〕此句周榮杰《台灣諺語銓編（一）》頁289頁作「無撲是土，有撲是金。」。

〔註53〕陳主顯《台灣俗諺語典》卷五頁220頁，作「蔗葉無剝嗯成欉，囝仔無損嗯
　　　　成人」。

激骨，食肉屑。（陳主顯《台灣俗諺語典》卷五頁 213 頁）

尻川皮，邊乎絞。（陳主顯《台灣俗諺語典》卷五頁 217 頁）

對越調皮的孩子要越嚴厲管教，父母心中擔憂孩子一但有了不良行為，壞習慣很快就會養成，就如諺語：「學好三年半，學歹三對時。」（徐福全《福全台諺語典》頁 221），父母的擔心是可以體會的，「天下父母心」、「誰家父母不惜子，誰家公婆不惜孫。」（《台灣俚諺集覽》頁 135），有時卻因深怕孩子變壞而處處防堵，處處限制造成孩子也把心思用在取巧上，諺語也云：

嚴官府，出厚賊；嚴爸母，出阿里不達。〔註 54〕（吳瀛濤《臺灣諺語》頁 237）

過於嚴苛反而適得其反教出阿里不達的小孩，因此說「恩威並濟」是有其道理在。孩子做錯事，責罵是應該的，但必須讓孩子知道被責罵的原因，同時也讓孩子明瞭父母是出自疼愛之心，感受到父母的苦心。諺語云：

拍是疼，罵是愛。（周榮杰《台灣諺語銓編（一）》頁 267）

扑返扑，疼返疼。（台灣俗語──古早話網站）

扑囝扑心肝，氣囝氣無影。〔註 55〕（陳憲國、邱文錫《實用台灣諺語典》頁 183）

孩子是父母的心頭肉，捨不得打罵驕縱了孩子；過於嚴厲跟孩子產生距離而有疏離感。民間對於教育常說像放風箏，拉太緊怕它飛不高；太鬆又擔心飛走，只有緊與鬆之間，恰如其分的掌握好，孩子也才能飛得又高又好。鬆緊之間的拿捏，每個孩子每個階段都不同，為人父母要多費心。

第三節　男性的性生活

中國的民風較為保守，對於飲食男女〔註 56〕之事，常不能於檯面上公開討論。但古人早已明白性是生育機制，追求多子多孫的驅力下，亦能坦然面對性事。《孟子‧萬章篇》曰：「男女居室，人之大倫也。」〔註 57〕，男女之

〔註 54〕阿里不達：指品質不良者。

〔註 55〕此句韓孝婷《台灣閩南諺語反映的親子文化》頁 109 又作「拍子親像拍心肝，怨子攏是怨無影。」。

〔註 56〕飲食男女語出《禮記‧禮運篇》：「飲食，男女，人之大欲存焉。」

〔註 57〕高政一註譯《四書讀本‧孟子》〈萬章句上〉，台南，大孚書局，1987，頁 563。

房室是行敦倫之樂之處所。《孟子‧告子篇》告子曰：「食色，性也。」，食與色是人的本性。性的活動是人的自然之事，而婚姻則是完成人生性事的適宜場所。〔註 58〕婚姻的完成是終身大事的圓滿結局，也是讓性事合情合理的存在生活裡。

男性因父權社會掌握權力，對女性是予取予求，婦德觀念的建立，性事也淪為男性主導，女性不僅是生育的工具，也是發洩的對象，性事對男性而言，在婚內可以為之，也可以在婚外進行，禮教對他不構成約束力。

一、婚內性生活

婚姻制度的建立，是家庭制度的基礎，也是社會制度的磐石。婚姻建立家庭鞏固社會，正統婚姻觀念在於婚姻、性、生育三位一體，即性是生育的條件，婚姻是性的條件。因此重視男女之別及提倡貞操與肯定婚內性生活的價值相輔相成。〔註59〕婚內性生活是正當的自然行為，漢朝班固在《白虎通‧嫁娶》中說：

> 人道何以有嫁娶何以為，情性之大莫於男女。男女之交，人倫之始，莫若夫婦。……人承天地施陰陽，故設嫁娶之禮者，重人倫廣繼嗣也。」

男女之交合，是人倫的開始，也重倫常以廣增後嗣的傳承。性生活並非偷偷摸摸的勾當而是人倫當然之事，但它在婚姻制度下進行最為適當。婚內性生活，延續生命也增進生活情趣。

台灣民間傳統的性生活所呈現觀念，受傳承宗肆的影響，認為男人精液為珍貴之物，諺語云「一點精水，萬點血水。」（阮昌銳《中國婚姻習俗之研究》頁 162），將精液視為血液的精華，一滴一毫不可浪費。疼惜身體不可隨意釋放。縱欲過度容易傷害身體，諺語云：

> 燒粥損菜，美查某損子婿。（阮昌銳《中國婚姻習俗之研究》頁162）
>
> 燒糜傷重〔註 60〕菜，美某傷重婿。（陳主顯《台灣俗諺語典》卷五頁 401）

「燒糜傷重菜，美某傷重婿。」，吃燒燙的稀飯，需要的時間長，菜就會多吃。

〔註58〕蘇冰、魏林合著《中國婚姻史》，台北，文津出版社，1994 年頁 51。
〔註59〕蘇冰、魏林合著《中國婚姻史》，台北，文津出版社，1994 年頁 108。
〔註60〕傷重，意謂嚴重。消耗損失過多過快。

娶到美艷的妻子，夜夜消受美人恩，易使丈夫縱欲過度，招致腎虧敗腎，元氣大傷，影響健康。諺語提醒男性，不要為盡情享受性生活的樂趣，而傷害身體的健康。對於房事的次數，也應注意，諺語云：

> 驚死冥冥一，唔驚死冥冥七。（陳主顯《台灣俗諺語典》卷八頁353）
>
> 二更更，三暝暝，四算錢，五燒香，六拜年。〔註61〕（王永興《台灣俗諺語大全》上輯頁49）
>
> 二更更，三暝暝，四參，五禮拜，六做牙，七摸，八看，九頭。（陳主顯《台灣俗諺語典》卷八頁355）

新婚夫妻感情好，恩愛一下讓感情增溫，若當一夜七次郎，相好過度造成身體耗虛過多不堪負荷。對於房事要有節制，以養身體避於過勞。諺語對於行房次數，也有巧妙的譬喻，「二更更〔註62〕，三暝暝，四算錢，五燒香，六拜年。」，二十歲每更，二小時一次，三十歲可每夜一次，四十歲就每月逢五逢十，五十歲初一、十五各一次，六十歲年一次就可以了。在傳統漢醫也有性事次數的記載，如《千金方》記：

> 人年二十者，四日一泄；年三十者，八日一泄；年四十者，十六日一泄；年五十者，二十日一泄；年六十者，即畢閉精，勿複再施也。若體力猶壯，一月一泄。〔註63〕

顯然古時比台灣傳統觀念又趨於養身觀。此一觀點說明過多的性生活不利健康，是可以認同的，與現代研究報告有些相符：提早結束性生活的男人，死亡率較高。但沒有性生活的女人，比有性生活的女人健康長壽。〔註64〕性生活對男性而言不能過多，但也不能或缺。提早結束性生活的男人，不利於生命，這與男人的情感壓抑有關，男人是行動派，會付之行動但不善言語，與女人正好相反。在 Marvin Allen With Jo Robinson《與男性為伍》一書中指出：女性的性別規範是婦女自在地與我討論他們的個人問題，對他們而言，和心理醫生談話與朋友分享並無兩樣，他們從小便一直是這樣了。……多數男人和這位男士一樣，認為痛苦與尷尬純屬個人事宜，他們也許在幾杯黃湯下肚

〔註61〕此句阮昌銳《中國婚姻習俗之研究》頁162又作「二更更，三暝暝，四數錢，五燒香，六拜年。」

〔註62〕更：一夜分五更，約二小時為一更。

〔註63〕曹開鏞，〈房室養生宜忌〉，大眾醫藥網。轉引自陳主顯《台灣俗諺語典》卷八，頁355。

〔註64〕參看，陳家豪，〈性・糖果・文化〉，《中國時報》，2002年1月18日。

或面對紅粉知己時，才會露出脆弱的一面，平日則鮮少討論自己的問題。〔註65〕因為性事少了，話也少了，心情也不易開闊而影響壽命。

傳統觀念不僅在於性事次數有指導建議，對於行房的時間也做了叮嚀，諺語云：

> 一枵，二飽，三中晝，四透早。（陳主顯《台灣俗諺語典》卷八頁354）

> 男忌早，女忌飽。（陳主顯《台灣俗諺語典》卷八頁354）

從諺語「男忌早，女忌飽。」中，男女相好的時間，男生不利於早上，女生不利於剛吃飽的時候；「一枵，二飽，三中晝，四透早。」，則點出肚子餓時、剛吃飽飯後、中午、清晨，分析諺語指出的這四個時間點，在生理上是處於狀況差的時候，肚子餓時血糖低、剛吃飽飯後腸胃充血、中午較疲勞、清晨是一天的開始要養足精神，不宜勞累，傳統性事觀念是不適合的時刻。古人也對性事做許多的研究，在曹開鏞，〈房室養生宜忌〉中指出：「當避大寒大熱，大風大雨，此天忌也；醉飽，喜怒，憂愁，恐懼，此人忌也；山川，神祇，社稷，井竈之處，此地忌也。房事當避此三忌，做到天時地利人和而行之。」〔註66〕，由此看來，古人對性事的禁忌更加嚴格，陰陽要和合，要配合天時地利人和，足見傳統說「命根子」也是其來有自，一來傳宗接代，二是養生長壽之要，聽家中老人言「疼精如疼命」，目的是勸人不能濫情濫精，否則精血氣虛導致精盡而亡。

男人對於性能力的強弱看法與男性雄風有其關聯，性能力又與年紀有關，年紀關係到健康狀況。台灣早期社會經濟較為困乏，工作勞累糧食不夠，呈現普遍性的貧窮現象，一般人民在物資缺乏的年代容易顯得蒼老，身體狀況在四十過後就逐漸衰退，諺語說：「人過四十，天過晝。」（陳正之《智慧的語珠》51），是說人過了四十歲，就像一天當中過了午後日漸西斜，人也一樣四十過後體力就差了，男人的性能力也隨著身體狀況改變。諺語云：

> 上四十就膾扭。（阮昌銳《中國婚姻習俗之研究》頁162）

> 就卅，著膾搐。（王永興《台灣俗諺語大全》下輯頁110）

> 上卅，就未搐。（陳正之《智慧的語珠》頁51）

〔註65〕Marvin Allen With Jo Robinson 著孫柯譯《與男性為伍：如何了解身旁男人的內心世界》台北，遠流出版社，1994年頁188～191。

〔註66〕曹開鏞，〈房室養生宜忌〉，大眾醫藥網。轉引自陳主顯《台灣俗諺語典》卷八，頁354。

「上冊，就未攝。」，上冊，台語音ㄐㄧㄡˇ，ㄒㄚㄝˋ，上了四十歲過後，體力變差性能力也變差。這是台灣民間對性事的年齡觀念，認為四十歲是一個體能衰退分界點，四十過後就逐漸下滑，性生活也變差。諺語也云：「四十過年年差，五十過月月差，六十過日日差。」（陳正之《智慧的語珠》頁51），年紀影響身體健康，健康也影響性事能力。性事能力受身體狀況影響，但性事慾望就較不受能力影響，諺語云：

> 老罔老半暝後。（陳主顯《台灣俗諺語典》卷八頁357）
>
> 人老「那」〔註67〕不老。（阮昌銳《中國婚姻習俗之研究》頁162）
>
> 人老心不老。（阮昌銳《中國婚姻習俗之研究》頁162）

「人老心不老。」、「人老『那』不老。」，從諺語中觀察得到人雖老了，慾望卻不會跟著老，依然好色如故。一般認為老年人的性能力已到盡頭了，諺語出現「老罔老半暝後。」，顯然老了寶刀卻未老，老年人的生活作息常是「睡眠頭」，早睡的習慣，睡足三更後精神飽滿，情慾自然也沸騰，顯然又會是一條活龍，因此「老罔老半暝後。」，台灣男人隨著體能調節自己的性事，在自己的能力下行事，為自己長遠的健康，諺語云：「儉色較好儉粟。〔註68〕」（余全雄《台灣民俗諺語》頁303），來奉勸天下的男性，好好善待自己、愛自己，更不要在外當個採花蜂，到處留情惹人傷心又傷自己的身體。

二、婚外性生活

婚外性生活是不正常的性關係，在正統婚姻的關係外存有不被允許認同的婚外性關係。婚外性關係的存在主要是男人貪圖美色，女人愛財虛榮心造成的社會現象。男性在生物的性質上屬於視覺動物，追求視覺感官的刺激，婚姻卻是生活的一部分，日復一日的安逸的生活，讓婚姻變得平淡，男人易起貳心，「飽暖思淫慾，飢寒起盜心。」，淫是罪惡的淵源，諺語云：「萬惡，淫為首。」（阮昌銳《中國婚姻習俗之研究》頁178），男女做了不正當的性行為成了姦夫淫婦，破壞了婚姻體制，影響了家庭和諧，婚姻是一切的開始，因此說「萬惡，淫為首。」。

男人因飽暖起淫心外，色，也是一大誘因，常言道：「色字頭上一把刀」，色字頭上的刀就如諺語所說的「色是刮骨利刀。」（阮昌銳《中國婚姻習俗之

〔註67〕那，台語音「黑」，指性器官。轉引自（阮昌銳《中國婚姻習俗之研究》頁162）。
〔註68〕粟，台語音「測」chhek。台語的稻穀。

研究》頁 178），一把可以一刀見骨的刀，對色著迷的會有悽慘的下場，諺語云：

> 死豬毋畏湯，嫖客毋畏瘡。（陳主顯《台灣俗諺語典》卷三頁 362）

> 要開〔註69〕尻銷〔註70〕卡省本，透風落雨知天文。（陳主顯《台灣俗諺語典》卷三頁 362）

> 看戲看到扛戲籠，開查某開到做當番。（陳主顯《台灣俗諺語典》卷三頁 363）

> 爽快代先，病痛煞尾。（陳主顯《台灣俗諺語典》卷三頁 363）

> 趕食，毋驚毒。（陳主顯《台灣俗諺語典》卷三頁 361）

> 貪花不滿三十。（阮昌銳《中國婚姻習俗之研究》頁 178）

「死豬毋畏湯，嫖客毋畏瘡。」，愛嫖的男人不怕生瘡，就像死豬不怕滾燙的湯一樣，不怕死。貪圖享受婚外情，病痛跟在後面隨之而來，就如諺語「爽快代先，病痛煞尾。」，生瘡、病痛都無謂的男人，堪稱「趕食，毋驚毒。」，是勇士嗎？恐怕最後的下場是「貪花不滿三十。」貪圖美色其下場是早夭，折壽。嫖客，嫖妓的人。在民間嫖妓行為稱「行暗路」或「開查某」，這些婚外的性行為，從諺語裡在在說明有百害而無一利，危害身體健康外，對家庭也是衝擊及震撼，對男人卻是無法抵擋的誘惑，儘管知道娼妓只愛金錢沒有真正的愛情，諺語也明示：

> 腐婊若有情，廟佛（神主）就無靈。〔註71〕（阮昌銳《中國婚姻習俗之研究》頁 180）

> 狐狸精，愛錢無愛人。（陳主顯《台灣俗諺語典》卷六頁 170）

> 婊無情，賊無義，契兄無志氣。（阮昌銳《中國婚姻習俗之研究》頁 180）

> 食人骨髓，拐人家伙，後日做乞食煞尾。〔註72〕（陳主顯《台灣俗諺語典》卷六頁 178）

> 餲鮭，成〔註73〕蠅。（陳主顯《台灣俗諺語典》卷六頁 176）

〔註69〕 開：嫖，拿錢去跟娼妓性交。「開查某」的省詞。

〔註70〕 尻銷：私娼。原指「土娼寮」；按許成章之考證，「尻銷」，原意是「野豬所寢之草也。」轉引自（陳主顯《台灣俗諺語典》卷三頁 362）。

〔註71〕 此句於陳主顯《台灣俗諺語典》卷六頁 175 中又做「餲婊若有情，神主就無靈。」。

〔註72〕 煞尾：最後的下場。

〔註73〕 成：生，招惹、引誘之意。

生做萬人妻，死做無夫鬼。（阮昌銳《中國婚姻習俗之研究》頁 180）

暗昏無叔孫，天光排字勻。（阮昌銳《中國婚姻習俗之研究》頁 180）

從諺語中對娼妓的諸多負面描述，給世人的警語是嚴重性的，「腐婊若有情，廟佛（神主）就無靈」，神主怎會無靈，娼妓的愛情才是假的，；「狐狸精，愛錢無愛人。」娼妓被稱破壞家庭的狐狸精，愛的只是錢不是人，更是個「食人骨髓，拐人家伙。」，這些當頭棒喝的諺語對迷戀娼妓的男人仍無法嚇阻，寧可與萬人共妻，更不在乎和叔叔同睡一個女人，縮衣節食也不畏病死，諺語云：

食飯配菜脯，儉錢互查某。〔註 74〕（李赫《台灣諺語的智慧》（五）頁 186）

破裘密密補，儉錢予查某。（胡萬川《彰化縣民間文學集——諺語、謎語篇（一）》頁 17）

草鞋捷捷補，儉錢開查某。（陳主顯《台灣俗諺語典》卷三頁 358）

博繳三分拎，開查某無採錢，食鴉片死了年。（陳主顯《台灣俗諺語典》卷三頁 369）

吊猴，穿紙衫。（阮昌銳《中國婚姻習俗之研究》頁 181）

暗路敢行，錢銀無愛，父母不驚。（阮昌銳《中國婚姻習俗之研究》頁 181）

從諺語中得知婚外性生活對男人的吸引力，是不能小覷的。「食飯配菜脯」、「破裘密密補」、「草鞋捷捷補」，食飯、裘、草鞋，日常生活裡最不能或缺關係最密切的，卻能一補再補也無所謂，只為了討好查某間的女人，即使沒錢也要去嫖妓，被脫光衣服吊起來也沒關係，阻止不了男人嫖妓的心。

綜觀台灣閩南諺語對台灣傳統社會對男人婚外的性行為，都著重在於提出有礙健康的警示，如「嫖客不畏瘡。」、「猴咬猴，咬到血仔滴滴流。」最嚴重是「掠猴，斬後腳筋，猴行，企腳尾。」給予打到殘廢。但對娼妓就有很毒的話詛咒她的下場，如，「生做萬人妻，死做無夫鬼。」、「後日做乞食煞尾。」，由此觀之，世俗之人對男性包容心較大，應是父權社會的影響，傳統婦德的框架所賦予的沉重責任，即便是男人發生亂倫現象，姦淫自己的女兒

〔註74〕此句於（陳主顯《台灣俗諺語典》卷三頁 357 中作「食飯配菜脯，儉錢互查某。」。

（從前是養女居多），所生的子女仍叫他「阿爸公」，不倫不類的說法也能被接受。男人在父權社會下享受各種利益，做錯事就說「啊！男人嘛。」、「犯了男人都會犯的錯」〔註75〕、「凡是男人都會出現在這個地方的。」〔註76〕，男人其實都是如此喜歡婚外性生活嗎？男人心裡的話會是「對的」，但實際是少數有堅強的意志去尋找婚外的樂趣，大部分的男人都在倫理道理下為婚姻為家庭為社會做好男人的本分。

　　傳統社會男性需要養家，女性擔任理家協助角色，男性雖以事業為重，家庭生活對男性而言亦是重要，自古有言「安內攘外」，家庭要能安寧，要能美滿，沒有後顧之憂，在外打拼事業也就能全力以赴。男性要有此自覺對於婚姻才會重視而用心經營。父權社會下給男性諸多的權力卻也帶給男性許多壓力，擺脫男性自尊的枷鎖，對妻小表現出疼惜「疼某為某苦」及「愛某白，給某洗腳白。」的境界，在傳統社會是艱難之事，男人活在自己的自尊也在父權的保護傘下擴充自尊。社會有疼某惜某的現象產生，為當時社會一時傳頌，今日社會的男性仍可學習，使成為新好男人的代表。

〔註75〕此句為影星成龍因外遇事件曝光後，對外公開的話。

〔註76〕轉引自王浩威，《台灣的查甫人》，台北，聯合文學出版社，1999年出版十刷，頁132，描述許信良在嘉義，因到現代的江山樓（風月場所）上報後的解釋所說的話。

第五章　閩南諺語中男性的人際互動關係

　　從社會學上的觀點,「關係」分為比較親密的「初級關係」及不一定熟悉的「次級關係」。中國人的「關係」大致可分為三類:

　　一、親屬關係:親屬關係包含兩小類,一類是婚姻結成的關係,以家庭為主體,父親、子女及自己的親密關係。一類是因族因「姓」建立的關係,同姓的事叔叔伯伯、堂兄弟屬於叔伯輩的,上有可以把關係拉很遠的表兄弟姊妹的關係。在人際關係上,親屬關係的功能性最強,資源也最豐富最為重要。

　　二、同質關係:所有的同事、同鄉、同學、同業、朋友、鄰居、師生關係等等,都包括在內,師生關係最為重要。

　　三、認可關係:是一種虛假的親屬關係,本來沒有任何關係,但因需要或其他原因而建立的關係,如結拜兄弟、乾爸、乾媽等等,原本是沒有任何關係,硬給他加諸於五倫的重要關係裡,成為從沒有關係變成關係很深的一種特殊關係。〔註1〕

　　本章欲藉由台灣閩南諺語,窺探傳統社會男性在婚姻裡的互動情形,以及與其他人的人際互動,以明瞭男性在婚姻生活與父母親、丈人與丈姆間、姻親之間及其他人際的互動情形。

〔註1〕余德慧主編《中國人的世間遊戲──人情與世故》文崇一〈初級關係與次級關係〉,台北,1994年,頁53～54。

第一節　親屬互動

「親屬」，是人類社會的普遍現象，成為親屬的兩人，一是兩人共一祖先，一是兩人互為上下代。一般社會用嗣裔或血親分出不同的關係，有些社會同時又用婚姻或姻親來區別關係。為應用之便將親屬意義擴大，含血親與姻親二者所建立的關係皆為親屬之意〔註 2〕。

中國的婚姻，主要是建立家庭以承先啟後綿延家族。《禮記‧昏義》云：「婚禮者，將合二姓之好，上以事宗廟而下以計後世也。」〔註 3〕，所謂合二姓之好，就是透過婚姻的關係的建立，使兩個原本認識或不認識的家庭、家族，雙方因而結成兒女親家，建立更多的親戚關係；於是婚姻便具有聯合、凝聚兩個群體的功能〔註 4〕。男性因婚姻關係的建立，象徵在家庭地位的繼承與鞏固，同時亦拓展人際關係。

父權體制下的傳統社會，男性因傳宗接代一直享有重男輕女的待遇，娶妻生子後仍享有尊貴的地位，但因婚姻關係的建立，姻親關係的擴增，男性身分角色的改變，使得在家中與家人互動產生變化，增加一些微妙的互動。此一變化與牽手有密切的關係，傳統女性，依附丈夫而生，在女主內的觀念下，生活重心以家為主要，面對夫家的第一女主人，「大家」〔註 5〕成了與媳婦間的重要互動關係，丈夫形成親密愛人與母子連心的中間者，改變原有的母子關係與互動。

傳統社會，婚姻不只是男女雙方的結合，而是「兩姓之好」，婚姻結合兩個家族。女兒雖被視為賠錢貨，但面對女婿卻又有不同的對待，男性與這姻親的互動是一耐人探討的問題。男性是家庭的代表也是社會的中心，男性主外，與其他人的往來活動也以男性為代表。

一、與父母間的互動

中國人重視人倫，抱持著生命來自父母，所享有的一切皆因祖先的福蔭所賜，因此重視對祖先的崇拜與祭祀，對父母以孝順為本，盡人子之孝，為人子女對父母無怨無悔的付出當以反哺之心來回報，《禮記‧大學》中說：「為人子

〔註 2〕朱岑樓，《婚姻研究》台北，東大圖書公司 1991 年二月，頁 382。
〔註 3〕王夢鷗《禮記今著今譯》下冊，台北，臺灣商務印書館，頁 964。
〔註 4〕內政部編印，《禮儀民俗論述專輯 5 婚禮禮儀篇》，頁 55。
〔註 5〕大家，對婆婆的尊稱。

止於孝，為人父止於慈。」〔註6〕，父慈子孝當是中國家庭倫理的最佳註腳。

（一）及時孝順

《孝經》中孔子說：「夫孝，天之經也，地之義也，民之行也。」〔註7〕孝道是天經地義之事，也是人民行為的準則；《百孝經》云：「天地重孝孝當先，一個孝字全家安。」；民間《勸孝篇》：「人生五倫孝當先，自古孝為百行原；世上唯有孝字大，孝順父母頭一端」。諺語也云：

> 百行孝為先。(《臺灣俚諺集覽》頁173)
>
> 千書萬典，孝義為先。(《臺灣俚諺集覽》頁172)
>
> 萬惡淫為首，百善孝為先。(陳主顯《台灣俗諺語典》卷五頁235)
>
> 一孝，二忠。(徐福全《福全台諺語典》頁1)
>
> 有孝感動天。〔註8〕(《臺灣俚諺集覽》頁171)
>
> 做人有孝為根本，做好會出好子孫。(韓孝婷《台灣閩南諺語反映的親子文化》頁145)
>
> 人講萬善孝為首，家庭圓滿才自由。(韓孝婷《台灣閩南諺語反映的親子文化》頁146)

古時聖賢經典，以孝道義理為先，中外皆然。台灣民間所流傳的諺語也是先行孝，孝是一切道德的根本，行為的準繩。孔子說：「夫孝，始於事親，中於事君，終於立身。」。能懂得孝順父母的人，才於忠貞於國君領袖，自己也能安身立命的自在，孝可說是一切的根本；孝也是中國倫理道德的基礎，維繫社會安定和諧的道德力量，乃至於是積善報之根，「做人有孝為根本，做好會出好子孫。」，對後代子孫才有福報。

回報父母的恩情，是為人子女應做的事。動物禽獸皆有反哺孝順之行，「羊有跪乳之恩，鴉有反哺之義。」(《臺灣俚諺集覽》頁504)，為人子女更當孝順，因而諺語云：「爸母著孝順，兄弟著合和。」(《臺灣俚諺集覽》頁163)，對於父母一定要孝順，兄弟間一定要和睦相處，才能使父母寬心，如諺語云：「某賢尪厄少，子孝父心寬。」〔註9〕(徐福全《福全台諺語典》頁340)，

〔註6〕高政一註譯《四書讀本‧大學》〈釋止於至善〉，台南，大孚書局，1987，頁7。
〔註7〕大同法師《孝經白話句解》台北，華聯出版社，1979，頁30～31。
〔註8〕此句陳主顯《台灣俗諺語典》卷七頁361作「孝心感動天。」。
〔註9〕此句(《臺灣俚諺集覽》156)又作「妻賢夫禍少，子孝父心寬。」。

如此也是孝順的行為，行孝始於事親，要能侍奉父母，侍奉父母之前要能認同父母，諺語云：

　　　　做子無認爸母散。（徐福全《福全台諺語典》頁 93）

　　　　父母無怨囝憨，囝無嫌父母散。（江寶釵、蕭藤村、周碧香、董育儒《閩南語文學教材》頁 204）

　　　　爸母無嫌囝兒婷勢，囝兒呣怨父母窮赤。（楊青矗《台灣俗語辭典》頁 240）

　　　　父母無嫌囝無，囝無嫌父母散。〔註10〕（陳主顯《台灣俗諺語典》卷五頁 38）

父母與孩子間彼此的認同，不因家貧而產生嫌棄，才能發自內心真誠的孝順。越是貧困越能凝聚家庭的向心力，同時也能感受父母的辛勞，所謂「寒門出孝子。」（簡正崇《臺灣閩南諺語研究》頁 60），父母雖不能提供富裕的生活，但能不埋怨，從心做到「在家敬父母，在校敬先生。」（陳主顯《台灣俗諺語典》卷五頁 245），出自內心真正的敬愛。

　　對於父母的恩情，在《論語·為政》云：「生，事之以禮；死，葬之以禮，祭之以禮」〔註11〕，不管生或死都要以禮對待。諺語云：「有孝後生來弄鐃〔註12〕，有孝查某子來弄猴〔註13〕。」，有孝心的兒女，父母在時能以真誠禮節對待，死後也能發自內心來追思，且不忘在做喪事公德時也能娛親。為人子女能夠在父母健在時即時行孝，平時即要做到諺語所云：「事親，當作孤囝；分產，當作散家。」（陳主顯《台灣俗諺語典》卷五頁 239），切莫等到「樹欲靜，風不息；子欲養，父母不在。」（徐福全《福全台諺語典》頁 350）。

　　男子未結婚前父母一直當是小孩子，結婚生子後也變成某的子，「未娶母的子，娶後某的子。」為人子，傳宗接代固然重要，父母在世若不能及時行孝，往生後再多的祭品也享受不到，諺語中呈現出為人子在父母過世才以祭拜的方式對待：

〔註10〕此句韓孝婷《台灣閩南諺語反映的親子文化》頁 147 又作「爸母無嫌囝侮意，囝無嫌爸母散（狗無嫌主人散）。」；徐福全《福全台諺語典》頁 411 作「爸無嫌子無，子無嫌爸散。」

〔註11〕高政一註譯《四書讀本·論語》〈為政第二〉，台南，大孚書局，1987，頁 79。

〔註12〕弄鐃：喪事功德後，師公耍弄特技或雜耍表演。

〔註13〕弄猴：喪事功德中，表演師公戲，為一些打諢的功德戲，因其鄙野，故稱為「弄猴」。弄鐃、弄猴目的皆在歡娛逝世的父母親。

想食伊豬頭〔註 14〕，著先死互看。（陳主顯《台灣俗諺語典》卷五頁 250）

活呣祭嚨喉，死則敗豬頭。（陳主顯《台灣俗諺語典》卷五頁 251）

在生不祭嚨喉，死了即孝棺柴頭。〔註 15〕（《臺灣俚諺集覽》頁 95）

在生孝一粒豆，卡贏死了拜三个豬頭。〔註 16〕（洪惟仁《台灣哲諺典》頁 77）

在生食一粒鴨母卵，較好死了孝一個大豬頭。〔註 17〕（《臺灣俚諺集覽》頁 472）

在生吃四兩，卡贏死了拜豬羊。（韓孝婷《台灣閩南諺語反映的親子文化》頁 142）

死忒祭豬羊，唔當還生食四兩。（邱坤良、施如芳、張秀玲、藍素婧、郝譽翔《宜蘭縣口傳文學下冊》頁 398）

在諸多諺語中呈現出，對在世的父母，即使是微薄的奉養，一粒小小的花生米，總比死後祭拜一顆豬頭來得有孝順的心。《禮記・檀弓下》子曰：「啜菽飲水，盡其歡，斯之為孝」，對父母盡孝即使只給吃豆飲水，能竭盡心力使父母歡樂，也算是孝順。歐陽脩《瀧岡阡表》云：「祭而豐不如養之薄」，充分說明孝順的行為，不在於死後祭拜豐富，重要的是父母在世真心真意的奉養。諺語中出現這樣的警訊，提醒為人子女及時行孝比死後祭祀豐富重要，是當時社會所呈現的現象，生前不知對父母照顧冷落父母，只知在死後拜豬頭。有這樣諺語出現令人感嘆，父母的恩情只在死後才知報答，值得為人子女醒思。更不要等到父母過世時，才省悟到失去父母的悲傷。諺語云：

手櫸孝杖，即知可哀。〔註 18〕（《臺灣俚諺集覽》頁 391）

〔註 14〕食伊豬頭：民間習俗，對往生者再入殮和出殯時用豬頭來祭拜。

〔註 15〕此句吳瀛濤《臺灣諺語》頁 93 作「在生不祭嚨喉，死了纏孝祭棺柴頭。」；《臺灣俚諺集覽》頁 95 作「活不祭嚨喉，死即要孝棺柴頭。」；徐福全《福全台諺語典》頁 174 作「在生無通沃嚨喉，死落搭治棺材頭。」。

〔註 16〕莊秋倩《臺灣鄉土俗語》頁 120 寫作「在生食一粒豆，較贏死了拜三個豬頭。」；吳瀛濤《臺灣諺語》頁 93 作「在生食一粒土豆，較贏死了拜一個豬頭。」；徐福全《福全台諺語典》頁 173 作「在生一粒豆，較贏死了拜豬頭。」。

〔註 17〕此句周榮杰《台灣諺語銓編（一）》頁 208 作「在生食一粒鴨母卵，加好死了拜一個豬頭。」。

〔註 18〕此句吳瀛濤《臺灣諺語》頁 41 作「手舉孝杖，纏知苦哀。」。

幡仔攑上肩胛頭才知苦。〔註19〕（周榮杰《台灣諺語銓編（一）》頁79）

孝，棺柴頭。（《臺灣俚諺集覽》頁91）

見著棺柴頭，抱得哭。（《臺灣俚諺集覽》頁368）

四枝釘子釘落才知哭。（陳憲國、邱文錫《實用台灣諺語典》175）

台灣生命禮俗的喪葬習俗，父母過世之喪禮，為人子（孝男）出殯時須舉引魂幡；「孝，棺柴頭。」，孝，哭（號）同音，哭棺柴頭是出殯時，出棺前，喪家婦女身穿喪服以棺而哭。〔註20〕非得到「落木」〔註21〕才感受到失去父母的悲哀，這些諺語在於警惕世人，為人子女要即時行孝，且要珍惜懂得報恩，以免落得子欲養而親不待得悔恨。

（二）娶妻忘娘

父母本著「飼子不算本」苦心的養育著，期望著長大成人可以傳宗接代。自古以來婚姻都被認為是終身大事，為子完成終身大事了卻心願後，父母生活的重心以含飴弄孫為期待，但諺語所顯示的卻未出現孩子的奉養，在在呈現「積穀防飢，養兒防老。」的諷刺，「吃囝，磕崎嶺。」（韓孝婷《台灣閩南諺語反映的親子文化》138）；「食爸的坐咧食，食子的跪咧食。」（徐福全《福全臺諺語典》622），要吃兒子一頓飯比爬上山嶺都來得艱辛，甚至還得跪著吃。養兒真的能防老嗎，還是「飼子是義務，不孝是應該。」（家中長輩），諺語中呈現許多這樣的樣貌：

飼子無論米，飼父母算頓。〔註22〕（《台灣俚諺集覽》頁137）

飼子是義務，食子看媳婦。（溫惠雄《台灣智慧俗語》頁32）

飼雞無論糠，飼囝無論飯。（曹銘宗《什錦台灣話》頁31）

飼囝較快，飼爸較難。〔註23〕（藍文良、藍文佶《台灣諺語》頁345）

〔註19〕此句陳主顯《台灣俗諺語典》頁249作「幡仔夯上肩頭，則知哭。」

〔註20〕黃有志，《社會變遷與傳統禮俗》，台北，幼獅文化事業公司，1992年11月，頁117。

〔註21〕「落木」，台灣人習俗將棺木下葬稱之。

〔註22〕徐福全《福全臺諺語典》頁627作「飼雞無論糠，飼子無論飯，飼父就母算頓。」；朱介凡《中華諺語志》卷五頁2116作「養豬不論潘，養子不論飯，養父母照攤。」；陳主顯《台灣俗諺語典》卷五254作「飼子無惜刣一隻豬，飼父母惜添一雙箸。」

〔註23〕此句呂自揚《台灣民俗諺語析賞探源》頁210作「飼子較快，飼父母較難。」；呂自揚《台灣民俗諺語析賞探源》頁210作「飼子較多，飼父母較少。」

飼某、飼孨，肥律律；飼爸飼母，伸一枝骨。〔註24〕（林曙光《打狗採風錄》頁174）

父母養育孩子是不計成本的；孩子對父母的照顧卻是照餐計算的如此計較，教人寒心。養孩子可以不惜殺一隻豬來滿足孩子的需求；奉養父母卻捨不得多加一副碗筷。甚至於要吃兒子一個豬頭，就得死去才可如願，更別說是一隻豬了，因此諺語就說：「想食伊豬頭，著先死互看。」（陳主顯《台灣俗諺語典》卷五頁250）。

曾子云：「孝有三；大孝尊親，其次不辱；其次能養。」，大孝要能尊敬父母，其次是不侮辱父母使父母生氣，最基本也要能奉養父母，三餐要能照顧得周全。在養育上，只顧養育孩子老婆，養得肥脺脺；養育父母卻養到皮骨，昔日養育的恩情蕩然無存換來的只是失望。此時父母才驚醒孩子長大了，娶妻生子後完全變了樣，諺語云：

未娶母的子，娶後某的子。〔註25〕（徐福全《福全臺諺語典》頁336）

從父母的觀點，男性在娶妻前是父母親的小孩，對父母親唯唯諾諾；娶妻後，卻變成老婆的小孩，凡事都聽老婆的話。為人子女應當以尊親為首要，男子娶妻也要能孝順父母，在諸多的諺語中但見的夫妻恩愛，置老父老母為了生活忙的團團轉，諺語云：

夫親妻親，老婆仔抛車輪。〔註26〕（吳瀛濤《臺灣諺語》頁41）

有直抱的娘，獪記得横抱的娘。（陳主顯《台灣俗諺語典》卷五頁47）

〔註24〕周榮杰《臺灣諺語銓編》頁180作「飼某飼到肥脺脺，飼爸母飼到一枝骨。」。

〔註25〕此句徐福全《福全臺諺語典》頁337作「未娶是母生，娶後是某生，毋是母生。」；
陳主顯《台灣俗諺語典》卷五頁47作「未娶是母囝，娶了是某囝。」；
王永興《台灣俗諺語大全》上輯頁124作「未娶是母的囝，娶了是某的囝。」；
黄少廷《台灣諺語（三）》頁281）作「囝細漢爸母生个，大漢某生个。」；
徐福全《福全臺諺語典》頁475）作「細漢母親，大漢某親。」；
吳瀛濤《臺灣諺語》頁36）作「細漢老母生，大漢某生。」；
徐福全《福全臺諺語典》頁475）作「細漢是母的子，大漢成某的子。」；
陳憲國、邱文錫《實用台灣諺語典》頁189）作「未娶是母生个，娶了是某生个。」；
陳主顯《台灣俗諺語典》卷五頁45）作「細漢母生，大漢某生。」；
李赫《台灣諺語的智慧》（四）頁102）作「細漢父母生，大漢某生。」。

〔註26〕此句徐福全《福全臺諺語典》頁239作「尪親某親，老爸老母抛車輪。」；
朱介凡《中華諺語志》卷五2192作「尪親某親，老婆仔，爬車轔。」；
徐福全《福全臺諺語典》頁239又作「尪親某親，老婆仔枵到抛車輪。」；
陳憲國、邱文錫《實用台灣諺語典》頁397作「翁親某親，老婆仔抛車轔。」；
陳正之《智慧的語珠》頁6作「翁親某親，老婆仔翻車輪。」。

　　　　　尪親某親，爸母車翻身。〔註27〕（徐福全《福全臺諺語典》頁238）

《荀子‧性惡》云：「妻子具而孝衰於親」〔註28〕，雖說丈夫娶妻之後，會與父母親的親密感較為疏離，為人子奉養父母是天經地義之事，成家立業之後，家中大小之事都要照顧齊全，養育後代固然重要，養育之恩侍奉父母之事仍不可偏廢，諺語說，「雙手抱孩兒，憶著父母時。」（《台灣俚諺集覽》頁132），當抱孩子時，就能感受到父母的愛，怎可娶妻就忘了娘呢。在諺語中看得到夫妻的甜蜜生活，父母卻任其辛苦的生活著。諺語又說：

　　　　　老婆是玉皇大帝，父母是囝仔大細。（朱介凡《中華諺語志》卷五頁2129）

　　　　　某是玉皇大帝，父母是囝仔大細。（徐福全《福全臺諺語典》頁30）

男子娶妻後，將老婆看成是玉皇大帝的供俸著，至高無上，把父母當成小孩子的對待不尊重，呼來換去，如諺語所言：「有孝牽手，無孝父母。」（朱介凡《中華諺語志》卷五頁2127），即使有十個兒子十個媳婦，也是讓母親孤苦丁，「十子十新婦，剩一個老孤孀。」（陳正之《智慧的語珠》頁9）。男子婚後種種的改變直接影響與父母的互動，父母期待兒子成家立業，責任可以交付，要做好大家大倌，「不癡不聾，不成姑公。」《台灣俚諺集覽》頁299）；「不癡不聾，無成大家倌。」〔註29〕（徐福全《福全臺諺語典》頁51），緘默是最高的境界也是最完美的。

二、手足互動關係

　　骨肉是至親，血濃於水；兄弟是手足，休戚相關。如諺語云：「兄弟如手足，妻子似衣服。」（王永興《台灣俗諺語大全》上輯頁116），兄弟姊妹源自於同一父母，有著相同的血緣，兄弟姊妹像是身體的手足一樣彼此相依。宗族制度建立嫡長子的繼承方式，男子受到重視，在家庭裡兄弟同為家族的繼承人，同時為家族開枝散葉的接班人，兄弟間能彼此團結合作是家族進步的重要動力，另一方面隨著家族的壯大，樹大分枝的觀念，兄弟各自有新的家庭，各自努力，手足間的關係是既親密又疏離，也是迫於無奈。

（一）兄友弟恭，團結合作

　　《弟子規》：「兄道友，弟道恭；兄弟睦，孝在中」，指出哥哥對待弟弟要

〔註27〕此句徐福全《福全臺諺語典》頁239又作「尪親某親，管伊爸母拋車輪。」。
〔註28〕《荀子》卷十七‧性惡，北京：中華書局，1985年，頁525。
〔註29〕大家大倌：婆婆與公公。

友愛；弟弟對哥哥要恭敬，兄弟和睦也是孝順的表現。兄友弟恭是孝順表現，同時也是開拓家族家業的力量。諺語云：

> 大是兄，細是弟。（陳主顯《台灣俗諺語典》卷五頁 59）
>
> 大尊大，細尊細。（陳主顯《台灣俗諺語典》卷六頁 329）
>
> 家中無父兄為長，茨內無母嫂為娘。（余全雄《台灣民俗諺語》頁 229）
>
> 兄弟同心，烏土變做金。（陳主顯《台灣俗諺語典》卷五頁 62）
>
> 拍虎掠賊，嘛著親兄弟。（陳主顯《台灣俗諺語典》卷五頁 63）
>
> 姊妹本是樹連枝，打虎掠賊欽兄弟。（白冰冰《白冰冰講好話》頁 10）
>
> 三兄弟，股一條瓊麻索。（陳主顯《台灣俗諺語典》卷五頁 64）
>
> 苦瓜雖苦共一藤，兄弟雖歹共一心。（王永興《台灣俗諺語大全》下輯頁 47）

「大是兄，細是弟。」及「大尊大，細尊細。」，「家中無父兄為長」，長兄如父，中國人重視倫理觀念，長幼有序長久以來一直是家中兄弟姊妹相處的指導原則，在家遵從「兄友弟恭」，對外則本著「拍虎掠賊，嘛著親兄弟。」，危險艱難的事外人是不會伸援手協助的，只有兄弟一條心齊力才能度過難關；合作的力量就像兄弟一起搓一條麻繩，團結才能搓出粗大強壯的繩索。兄弟同心團結的力量，烏泥也能變成黃金財。父母對於每個子女的心都是一樣的，諺語說「父母天地心，大小無厚薄。」（徐福全《福全台諺語典》頁 410），但子女感受的卻不一樣，容易生異心，若無法彼此體諒包容，心結愈結愈深。兄弟間即使有了異心，自己的親兄弟應該本著相互體諒，家醜不可外揚，摒棄嫌隙，諺語云：

> 手曲〔註30〕，屈入無曲出。（陳主顯《台灣俗諺語典》卷五頁 62）
>
> 家己的狗，咬無瘡。（陳主顯《台灣俗諺語典》卷五頁 68）
>
> 牛稠內觸牛母。（賴宗寶《台灣經驗老祖先的話》頁 283）
>
> 兄弟不和，交友無益。（陳主顯《台灣俗諺語典》卷五頁 72）
>
> 兄弟著協和，井內無水就來淘。（陳主顯《台灣俗諺語典》卷五頁 259）
>
> 兄弟刀槍刮，血戶外人踏。（陳主顯《台灣俗諺語典》卷五頁 261）
>
> 家不和，防人欺。（陳主顯《台灣俗諺語典》卷五頁 263）

〔註30〕手曲：前肘部，上臂和下臂中間的關節連結處。伸直後只能內彎不能向外彎。

兄弟姊妹是手足，手臂只能向內彎不能向外彎。兄弟姊妹吵架也是難免的，常說舌頭和牙齒感情最好，但也有咬到的時候。而兄弟姊妹間吵架應該像被自家的狗咬到，皮膚擦傷而已，不會是惡意傷害，彼此要多忍耐。不懂事的兄弟姊妹就像牛欄的牛，只敢攻擊自己的人，發發脾氣而已。諺語告知兄弟姊妹間要學著忍耐，不能忍耐造成家裡不和諧，招來外人的欺侮。兄弟姊妹當謹記在心「苦瓜雖苦共一藤，兄弟雖歹共一心」，自幼相處在一起的兄弟姊妹若無法相處，又如何與外來的人做好朋友呢？背離兄弟姊妹的情誼，會被親族隔離斷絕關係，諺語云：「兄弟分開，五服〔註31〕外。」（陳主顯《台灣俗諺語典》卷五頁 66）；「蝕兄弟，僥伙記，趁錢繪過後世。」（陳主顯《台灣俗諺語典》卷七頁 541），要守住兄弟姊妹的手足之情，虧欠自己人，報應在自己的後代，不應該也不值得。為人兄姊者應有好的榜樣，讓弟弟妹妹學習，諺語云：

> 無好兄，累小弟。（陳主顯《台灣俗諺語典》卷五頁 70）

> 家欲父子強父，家欲成弟強兄。（陳主顯《台灣俗諺語典》卷五頁 266）

做為兄姊要做好榜樣，才不致連累弟妹們；為了家庭富強，除了做好榜樣外，更要有雅量協助自己的弟妹，讓家族更富裕更強壯更興旺，要如同諺語所言，「家欲父子強父，家欲成弟強兄。」，要一代比一代強，一個比一個更出色，家道才能更興旺。

（二）樹大分枝，各自成家

中國家族根據父系的原則，一個男子稱為一房。傳統家族重視人丁興旺，象徵家族盛大，一個家族通常有許多房，單生獨子的，一般認為祖德不厚所致，就有「單丁，過代。」（陳主顯《台灣俗諺語典》卷五頁 511），數個世代都可能單丁過代的相傳。除了單丁，擁有父親的家族的家產擁有者外，每一房在出生也同樣擁有父親家族財產的擁有者之一。做父親的通常必須依據習慣法將土地平均分給每個孩子，兒子對其父親家族財產擁有不可否認的均分權。也就是說父親不能根據自己的意思隨意處分其家族財產之土地。〔註32〕

〔註31〕 五服：五種不同的喪服，代表與往生者的親疏關係。有麻、苧、淺布、黃布、紅布，外親用白布。兄弟之喪也是用白的。轉引自陳主顯《台灣俗諺語典》卷五頁 67。

〔註32〕 陳其南《文化的軌跡・下冊・婚姻、家族與社會》，台北，允晨文化出版，1993年 4 刷，頁 12～13。

現代社會雖有法律可遵循，有些大企業家產過多較會引起財產繼承的爭議，按法律的繼承方式來處理不公的問題，一般民間依然遵循著這個不成文的分房法則。

　　在中國的家族意識形態中，除公祭祀用的象徵性「祖產」（祭祀公業）外，無永遠存在的家族財產單位和經歷數代而不分割的家戶單位。〔註33〕在諺語中也能觀察得到各房之間家族財產的分配性：

　　　　隨人討掠，隨人落鼎。〔註34〕（賴宗寶《台灣經驗老祖先的話》頁284）

　　　　兄弟是兄弟，某囝隨人飼。（陳主顯《台灣俗諺語典》卷五頁143）

　　　　少時是兄弟，長大各鄉里。（陳主顯《台灣俗諺語典》卷五頁67）

　　　　兄弟是兄弟，過江須用錢。（陳主顯《台灣俗諺語典》卷五頁67）

　　　　兄弟是兄弟，隨人照顧家己。（陳主顯《台灣俗諺語典》卷五頁68）

　　　　親兄弟，勤算賬。〔註35〕（陳主顯《台灣俗諺語典》卷五頁68）

　　　　兄弟相害，不如獨立。（陳主顯《台灣俗諺語典》卷五頁70）

　　　　夫妻相愛軟四綿，兄弟分家硬過鐵。（陳主顯《台灣俗諺語典》卷五頁260）

　　　　樹大分椏，囝大拆伙。（陳主顯《台灣俗諺語典》卷五頁66）

　　　　樹大分椏，人大分家。（陳主顯《台灣俗諺語典》卷五頁66）

　　　　樹大欉就分椏。（陳正之《智慧的語珠》頁5）

兄弟之間長幼有序，是自古名訓，在家族中卻都是各為一房，也都是家族的從屬單位，享受同樣的地位與權力。家族的財產處置，不喜歡在父親過世後繼承，讓父權社會中，父親擁有最高的權力，在他的權力項下行使，一則象徵父親的權利，一則避免父親過世後分配引起家庭紛爭。民間習慣說，「分家就是自己」，分家後各自為家，金錢不再與家族相關，要靠自己各自努力，因此親兄弟間入諺語所云：「明算帳」、「過江須用錢」「隨人照顧家己」、「長大各鄉里」，兄弟分家後就各自發展努力，在金錢方面要「一還一，二還二。」（陳正之《智慧的語珠》頁2）算清楚；在家庭方面，「一人一家代，公媽隨

〔註33〕陳其南《文化的軌跡・下冊・婚姻、家族與社會》，台北，允晨文化出版，1993年4刷，頁13。

〔註34〕此句於陳主顯《台灣俗諺語典》卷五177作「隨人討米，隨人落鼎。」。

〔註35〕此句陳主顯《台灣俗諺語典》卷五頁68又作「親兄弟，明算帳。」。

人祀。」（陳主顯《台灣俗諺語典》卷五頁 178），分戶、分爨各自祭拜分祀的祖先。「人大分家」，又是一個新的獨立家族，家族循環的延續也壯大家族的係譜關係。

兄弟之間的情誼是親密的手足，象徵同一血緣同一血脈，要能團結合作才能壯大家族；兄弟之間也像敵人要各自發展互相競爭，各自壯大成立的另一家族。從表面上看來，兄弟分家是各自成立一個經濟體系，實際上則是家族的擴大與延續。兄弟間的角色是另一家族開發與結合，如諺語所云：「兄弟相害，不如獨立。」、「夫妻相愛軟四綿，兄弟分家硬過鐵。」，無法再同心奮鬥，就各自開創自己的家族。

三、親子互動關係

在家庭倫理中，父子關係是五倫之一，在儒家的思想，五倫關係所重視的是尊卑禮制，父與子間有其責任道德與義務使命。父子關係，在傳統社會中意涵著生命的繼承與傳承，父親對於子女除了生命傳承外更需教育子孫求取功名，培養賢能子孫為使命。子女對父母要能維持門風家訓，祭祀祖先光宗耀祖。

（一）生命重傳承與孝順

父母與子女間的關係是天生自然的感情，不矯情也不做作，亦不求回報，更不能用金錢可以買得的感情。《孝經・聖治章》中說：「父子之道，天性也，君臣之義也。父母生之，續莫大焉。」〔註36〕，父母與子女間的血緣關係是不容阻斷的，子女從小就承受父母無所不至的愛，是血緣自然天性。為人子女對父母無怨無悔的付出當以反哺之心來回報在「不孝有三，無後為大。」的傳統思想，「傳後」，是中國人對生命的最重要目的，也是為人子女成家立業的動力。諺語云：

> 父母生子世傳世。（藍文良、藍文佶《台灣諺語》頁 441）
>
> 父傳囝，囝傳孫，三代公家一口鼎。（陳主顯《台灣俗諺語典》卷五
> 　頁 144）

「父傳囝，囝傳孫，三代公家一口鼎。」，父子相傳至於孫，三代同堂希望能共同居住在一起，生命有著共同體的力量，一代一代相傳綿延於世，是父親

〔註36〕大同法師《孝經白話句解》台北，華聯出版社，1979，頁 49～50。

對於子女的寄望。

　　為人子女時，尚不能體會父母的辛苦，直到自己為人父母時方能感同身受。父親因生命傳承而感受到父母恩情，如諺語云：

　　　　養子，方知父慈。（《臺灣俚諺集覽》頁 130）

　　　　生子纔知父母恩，又手抱子兒，纔知父母飼咱時。（徐福全《福全台諺語典》429）

　　　　雙手抱孩兒，憶著父母時。（《臺灣俚諺集覽》132）

　　　　手內抱孩兒，則知父母時。（韓孝婷《台灣閩南諺語反映的親子文化》頁 141）

　　　　當家就知柴米貴，養子就知父母時。（韓孝婷《台灣閩南諺語反映的親子文化》140）

為人子女在父母的庇護之下，享受無虞的生活，被笑稱「食飯碇中央。」（周榮杰《臺灣諺語銓編（一）》頁 411），不知柴米貴，感受不到父母的辛勞。直到自己有了後代，才能體會父母養自己的辛苦，懂得父母的恩情。

（二）父母的愛與子女的孝

　　父母與子女的關係猶如「骨頭與肉」，是血緣是至親，是一種難以割捨的親情。「父子天性」，父與子天性使然，其感情是天性自然而成，沒有矯情沒有造作，如諺語云，「摸著卵鳥疼命命。」，父母看中孩子的生命比自己的性命還重要，孩子的反哺亦理所當然。

　　「父子天性」，父與子天生自然的關係，對子女的疼愛來自內心，既不矯情做作也沒有目的，諺語云，「父母之情，愛子之心，無所不至。」（徐福全《福全台諺語典》頁 411），父母散發的愛子之心無所不至，父母對子女的疼愛處處可見，諺語云：

　　　　重食囝兒無計較。（楊青矗《台灣俗語辭典》頁 289）

　　　　父母飼子無論飯。（藍文良、藍文佶《台灣諺語》頁 441）

　　　　養兒弗論飯，打鐵弗論碳。（朱介凡《中華諺語志》卷五頁 2116）

　　　　飼雞無論糠，飼囝無論飯。（陳憲國、邱文錫《實用台灣諺語典》頁 570）

　　　　養男子，不論紙筆；養女子，不論針線。（朱介凡《中華諺語志》卷五頁 2116）

　　囝仔食到畏，才有可落到公媽嘴。〔註37〕（吳瀛濤《臺灣諺語》頁90）

　　大人咬一嘴，囝仔食到畏。（吳瀛濤《臺灣諺語》頁26）

　　楞鬼逐師公，楞孫逐阿公。（陳主顯《台灣俗諺語典》卷五頁22）

　　抱著子著唉，入廟著燒金，食著死蟳著嗟心。（徐福全《福全台諺語典》）

　　歹囝嘛著惜，孝男無得借。（陳主顯《台灣俗諺語典》卷九頁675）

上述諸多諺語可以感受得到父母的愛是廣大的不計較的，養育孩子是不計成本，不論餐飯，唯恐孩子吃不下飯，直到吃膩了吃不下，才輪到爸爸媽媽阿公阿媽。「抱著子著唉，入廟著燒金，食著死蟳著嗟心。」，看到自己的孩子是又親又抱，到廟裡燒香也是祈求孩子平安健康長大，甚至是養育到歹囝同樣要疼愛的心去對待，「歹囝嘛著惜，孝男無得借。」，好囝歹囝攏是子，有自己的後代出自己身也對得起祖先，因此說：「啥人爸母無疼子？啥人公媽無疼孫？」〔註38〕（徐福全《福全台諺語典》157），沒有人不疼自己的子孫，就如諺語云「天下，無不是之父母。」（陳主顯《台灣俗諺語典》頁237），每一個父母都疼愛自己的孩子。對於孩子父母總是無怨無悔的付出，因而諺語云：

　　第一戇，做老父。（陳主顯《台灣俗諺語典》卷五頁35）

　　第一戇，做爸母。（吳瀛濤《臺灣諺語》頁158）

　　第一戇，做老爸；第二壯，做頭家。（徐福全《福全台諺語典》頁467）

　　第一戇，做皇帝；第二戇，做老爸。（吳瀛濤《臺灣諺語》頁158）

「第一戇，做老父。」，做老父應該是件快樂滿足的事，怎會是第一笨的呢？諺語云：「有囝是勞，無囝是苦。」，升格為父親的當下高興萬分，接下來的就是重責大任了，讓孩子三餐要溫飽、教育成為有為的人、讓他成家立業等等，父親是責無旁貸之事，父親得到了什麼，一個功成身退的美名，對得起

〔註37〕此句徐福全《福全臺諺語典》頁568作「囝仔食到畏，才有通落到公婆嘴。」；
　　　　頁569又作「囝仔食到飫，則有通若到公媽嘴。」；頁168又作「囝仔嘴食到畏，纔有通落到公媽嘴。」；
　　　　陳憲國、邱文錫《實用台灣諺語典》頁217，作「囝仔食甲飫，才有通入公婆喉。」；
　　　　黃少廷《台灣諺語（三）》頁117，作「囝孫仔食畏（飫），才到公媽喉。」；
　　　　曹銘宗《什錦台灣話》頁96，作「囝仔食到畏，才有通落公婆喉。」；
　　　　陳主顯《台灣俗諺語典》卷五頁148，作「囝仔食到天，則有通落公媽嘴」。
〔註38〕此句《臺灣俚諺集覽》頁135作肯定句：「誰家父母不惜子，誰家公婆不惜孫。」

列祖業宗，因而說「第一戆，做老父。」。

　　父母對於子女的愛不分大小都是一樣的，俗話說「囝兒攏是爸母身軀頂婷肉。」（楊青矗《台灣俗語辭典》頁 196），每個孩子都是塊「心頭肉」，所以說「手底也是肉，手盤也是肉。」〔註39〕（徐福全《福全台諺語典》頁271），手底手盤都是肉，每個孩子都是骨肉怎有所差別，就如諺語云：

　　　　五支指頭咬落去，各支痛。〔註40〕（吳瀛濤《臺灣諺語》頁138）

　　　　指頭仔，咬著逐支痛。〔註41〕（吳瀛濤《臺灣諺語》頁138）

　　　　十指透心肝。〔註42〕（徐福全《福全台諺語典》頁128）

五支指頭及十指是指眾兒女們，手指有長短，每支指頭的感受都一樣；兒女有大小，每個都是連在父母的心肝上，愛是沒有區別，如諺語云：

　　　　一心無二心，平平都是父母心。（朱介凡《中華諺語志》頁2105）

　　　　父母天地心，大小無厚薄。（徐福全《福全台諺語典》頁410）

「父母天地心，大小無厚薄。」，父是天，母是地，對孩子的愛是無所不至沒有大小等級的。相對於父母對孩子的疼愛，子女反哺報恩就少得多，諺語云：

　　　　父母惜子長流水，子惜父母樹尾風。〔註43〕（《臺灣俚諺集覽》
　　頁141）

父母疼惜孩子與孩子孝順父母兩者明顯的對比，孩子是父母一輩子的牽掛，無時無刻都在父母的眼中；孩子孝順父母就像樹梢上的風，時有時無（有時有陣），心血來潮時看看父母。對子女而言，父母是衣食父母，在父母的保護下不愁吃不愁穿，因而諺語云：

　　　　一朝無食，父子無義。〔註44〕（《臺灣俚諺集覽》頁130）

〔註39〕此句周榮杰《台灣諺語銓編（一）》頁185又作「一朝無食，父子無義。」。

〔註40〕此句周榮杰《台灣諺語銓編（一）》頁185又作「守掌也是肉，手背也是肉。」；徐福全《福全台諺語典》頁67又作「五支指頭咬落去逐支痛。」及「五支指頭咬起來逐支嘛痛。」

〔註41〕此句徐福全《福全台諺語典》頁279又作「指頭仔咬落去，逐支痛。」

〔註42〕此句陳憲國、邱文錫《實用台灣諺語典》頁261又作「十指迵心肝。」。（迵是穿過之意）

〔註43〕此句周榮杰《台灣諺語銓編（一）》頁189又作「爸母疼囝長流水，囝惜父母真像樹尾在搖風。」；溫惠雄《台灣人智慧俗語》頁121作「父母疼子長流水——無時停，子孝父母樹尾風——有時陣。」。

〔註44〕《注解昔時賢文》：唐長孫順德受賂犯罪，太宗賜帛使自縊，順德令子具酒飲訣，其子不從，順德恨，乃奏請以其子代死，太宗許之。時人語曰：「一朝無食，父子無義。」轉引自陳主顯《台灣俗諺語典》卷五頁55。

一錢，二父囝。（陳主顯《台灣俗諺語典》頁 53）

「一朝無食，父子無義。」，失去了父母衣食的供給，父子間的情義頓然消失，恩情不在，父子之情與錢相較，錢第一，父子排在第二，令人不禁感到唏噓，親情的力量不敵金錢的魅力。因而父母也有深深的感觸，諺語云：

親生子，不值著荷包財。〔註45〕（《臺灣俚諺集覽》頁 138）

有親生兒子亦不是終老的依靠，有親生兒不如錢留在身邊來得可靠，「親生男兒，不值身邊兩百錢。」，道出父母的灰心失望，自己不能望兒終老，身上留幾個錢也強過向兒子伸手要錢。甚至告誡父母身上要留有錢，以免死後無人理會，「錢銀縖〔註46〕半腰，免驚死了銀紙無人燒。」〔註47〕（陳正之《智慧的語珠——台灣的傳統諺語》頁 13），也感受到身邊有錢最重要，不要孝順的兒子再多也是徒然無用，父母感慨「一斤子，不值四兩命。」（吳瀛濤《臺灣諺語》頁 11），中國人喜歡多子多孫多福氣，卻感慨多子卻也沒有保障，不如把身子養好當個有四兩命的好命人來得實在。畢竟「囝，隔一嶺；孫，隔一墩。」（陳憲國、邱文錫《實用台灣諺語典》頁 261），囝，隔一嶺；孫，隔一墩。不論是囝或孫與父母都有距離，「生得了囝身，生不了囝心。」，子孫的好壞就由自己去開創承擔，諺語云：「兒孫自有兒孫福，莫為兒孫作馬牛。」（《臺灣俚諺集覽》頁 134），過於寵溺誤了孩子也害苦自己，父母的子女的照顧永遠遠遠超越子女對父母的付出。

四、與丈人丈姆間的互動

傳統觀念女性出嫁就如潑出去的水，生活以夫家為重；男性因婚姻使其人際關係變得更豐富。丈人與丈姆是男性婚後關係密切的人，女性從小被戲稱賠錢貨，嫁人之後就全心為夫家，娘家成了替別人養育媳婦，多少心中有損失感，生女兒就被認為是賠錢貨。雖是如此，對於為女兒尋找女婿仍是相當重視慎重的，尤其對女婿有一份特殊的情感。

〔註45〕此句曹甲乙〈有關婚姻、夫婦兒女的俚諺〉作「親生子不如腰包財。」；陳主顯《台灣俗諺語典》卷五頁 54 作「親囝親兒，唔值荷包仔兩個錢。」；楊天厚、林麗寬《金門俗諺採擷》頁 75 作「親生男兒，不值身邊兩百錢。」

〔註46〕縖，音ㄏㄚˊ捆起來或纏繞。

〔註47〕此句吳瀛濤《臺灣諺語》頁 221 作「錢銀纏半腰，免驚銀紙無人燒。」；莊秋情《臺灣鄉土俗語》頁 300，作「錢銀纏腰，免驚銀紙無人燒。」；周榮杰《台灣諺語銓編（一）》頁 69，作「錢銀縖半腰，免驚死了銀紙無人燒。」

（一）女婿的條件

女人的婚姻關係著一生的幸福，俗話說「嫁雞綴雞飛，嫁狗綴狗走，嫁乞食愛湊捾筊薦斗。」（黃少廷《台灣諺語（三）》頁 245）；「隨夫貴，隨夫賤。」《台灣俚諺集覽》頁 156），結婚後的命才是女人的命，以現代婚姻觀，男人被稱為女人的真命天子。父母親為女兒選擇一個好的女婿，是為人父母的心願。同時也放心將她托付給女婿成為女兒一輩子的依靠。丈人丈姆對於女婿的選擇除門風、祖宗外，人品是首要選擇，諺語云：

　　第一門風，第二祖公。（周榮杰《台灣諺語銓編（一）》頁 105）

　　第一門風、第二祖公、第三秀才郎。（韓孝婷《台灣閩南諺語反映的親子文化》191）

　　第一門風，第二財寶，第三才幹，第四美醜，第五健康。（周榮杰《台灣諺語銓編（一）》頁 105）

　　一錢財，二人才，三詼諧。（周榮杰《台灣諺語銓編（一）》頁 105）

　　一錢，二緣，三美，四少年。（吳瀛濤《臺灣諺語》頁 11）

嫁女兒，門風，家世與家族較有相關者是父母重要的考量，官家子弟、書香世家等為最佳條件，有良好的家庭環境才能培養出有教養的孩子，若沒有好的境教，至少也要家世清白，沒有不良的學習示範；再者女婿的才幹也是非常重要，女婿的個人才幹比有萬貫家財來得穩當，諺語云：

　　好田地，不如好子弟。（《臺灣俚諺集覽》頁 165）

　　會揀揀新郎，不會揀揀田莊。（徐福全《福全台諺語典》頁 312）

　　會揀揀人頭，未揀揀門頭。（周榮杰《台灣諺語銓編（一）》頁 105）

　　揀婿揀上進，毋通揀人家伙（賄）稱。（韓孝婷《台灣閩南諺語反映的親子文化》頁 190）

　　揀後住，不免揀大富。〔註48〕（《臺灣俚諺集覽》頁 151）

選女婿重人品，重視男性個人的人品、才華、頭腦靈光有上進心，有這樣好條件的男性，比有好田地有田莊有家產的男子來得可靠，是丈人眼中的好女婿。這也說明男性只要條件好不怕家世清寒，也能找到好的配偶。因此諺語也說：

〔註48〕此句韓孝婷《台灣閩南諺語反映的親子文化》頁 190 作「揀囝婿揀後注，毋通揀人富。」；呂自揚《台灣民俗諺語析賞探源》頁 177 作「欲揀頭突，不揀大富。」。

嫁女揀好翁，不通索重聘。〔註 49〕（周榮杰《台灣諺語銓編（一）》
頁 105）

紅妝帶綰同心結，勸君勿釣金龜婿。（許蓓苓《台灣諺語反映的婚姻
文化》頁 81）

明、清時代嫁娶重視錢財，朱柏廬在《治家格言》就說：「嫁女擇佳婿，毋索
重聘；娶妻求淑女，勿計厚奩」，告誡我們不論是選擇女婿或娶妻都要以人品
為重，勿索取昂貴聘金或要求貴重的陪嫁品。但台灣移民之初，女性能來台
者少，羅漢腳多，女性顯得貴重，要娶漢家女錢財就成了婚嫁的評選項目，《台
灣府志》：「女鮮擇婿而婚姻論財」〔註 50〕，女性的婚姻常為錢財所束縛。諺
語也有這樣的呈現：

一錢財，二人才，三詼諧。（周榮杰《台灣諺語銓編（一）》頁 105）
〔註 51〕

時空環境的差異，錢財成了首選的條件。一時環境造成的觀點在長遠的智慧
累積下，仍有否定錢是萬能，諺語說：

錢銀幾萬千，毋值得子婿出人前。（徐福全《福全台諺語典》頁 581）

錢銀幾萬千，唔值得囝婿才情。（陳主顯《台灣俗諺語典》卷五頁 110）

「錢銀幾萬千，毋值得子婿出人前。」男性的才華出眾還是的被肯定的，常
說「萬貫家財，不如一技在身。」，「三個新發財，不值一個了尾仔子〔註 52〕。」
（吳瀛濤《臺灣諺語》頁 33），選了萬貫家財的女婿，遇上敗家子也會揮霍敗
光，因此，錢財雖重，人品也不得忽視。

男性在婚前自身擁有才德是最大的本錢，敵過錢銀幾萬千，在丈人丈姆的
眼裡最值得信任，願意把女兒托付終身後，女婿在丈人家身價可能翻了好幾倍。

（二）婚後的互動

男性在取得丈人丈姆的信任後，一但婚配成功，其身分就不光只是女婿，

〔註 49〕《臺灣俚諺集覽》頁 151 作「嫁女擇佳婿，毋索重聘。」。
〔註 50〕高拱乾：《台灣府志・風土志》台北：國防研究院，台灣叢書第一輯第一冊，
1968 年，頁 182。
〔註 51〕陳主顯《台灣俗諺語典》卷三頁 356，作「行暗路：一錢，二緣，三婧，四少
年。」；陳主顯《台灣俗諺語典》卷六頁 172，作「一錢，二緣，三婧，四少
年，五好嘴，六敢跪，七疲，八綿爛，九強，十拚死」，指浪子討青樓、藝旦
歡心的要件。
〔註 52〕了尾仔：敗家子。

女兒的丈夫，而是以「半子」的姿態出現在妻子的娘家，諺語云：「子婿，半子。」〔註53〕《台灣俚諺集覽》頁126），享受著差別的待遇。尤其是丈母娘對於女婿特別鍾愛，諺語云：

　　　　丈姆看囝婿，愈看愈可愛。（陳主顯《台灣俗諺語典》卷五頁108）

　　　　子婿一下到，雙腳攏攏作一灶。〔註54〕（徐福全《福全臺諺語典》頁218）

　　　　丈姆請子婿，米粉炒雞屎。〔註55〕（陳主顯《台灣俗諺語典》卷五頁109）

女婿看在丈母娘的眼裡，是愈看愈可愛也就愈得丈姆娘的歡心。每聽到女婿來到，就連忙張羅要宴客的食物，卻是太緊張了，把自己的腳都放進灶裡燒了，看見丈姆要宴請女婿時的興奮之情；同時也忙著殺雞炒米粉，卻把雞屎放到米粉吵了，這不是在糟蹋人而是太興奮太緊張忙中出錯。可愛的丈母娘因「愛屋及烏」的心，想好好疼愛女兒，對女婿也是一番疼惜之心，這就是諺語所說的：「痛查某囝連囝婿。」（黃少廷《台灣諺語（一）》頁3），因此諺語也說：「丈姆厝，好迌迌。」（徐福全《福全臺諺語典》頁33），到丈姆家受到如此的禮遇，當然是遊玩的好處所。

　　女婿在岳父家受到禮遇，一方面受到「愛屋及烏」的心對女婿疼愛有加；另一方面是女兒嫁人，希望得到夫家的疼愛，因此對女婿特別好。女婿對於丈人丈姆也是對等的回報，諺語云：

　　　　牽手是寶貝，丈姆是萬歲，見著老母是腐柴皮。〔註56〕（徐福全《福全臺諺語典》頁415）

　　　　丈人丈母，真珠寶貝；舅仔國公元帥；老父老母六月破被。（陳主顯《台灣俗諺語典》卷五頁48）

諺語中流露出「丈母娘萬萬歲」的情景，丈人丈姆在女婿的心中是至高無上

〔註53〕陳主顯《台灣俗諺語典》卷五108，作「囝婿，半子。」。
〔註54〕此句陳主顯《台灣俗諺語典》卷五頁110作「囝婿一下到，丈姆婆仔雙腳囊落灶。」。
〔註55〕此句徐福全《福全臺諺語典》頁34作「丈姆請包婿，米粉炒雞屎。」。
〔註56〕此句徐福全《福全臺諺語典》頁34又作「丈人丈姆真珠寶貝，老爸老媽路邊柴皮。」；
　　　陳主顯《台灣俗諺語典》卷五頁48作「丈人丈姆，真珠寶貝；老爸老媽，路邊柴紕。」。

的，就如同珍珠寶貝般的珍貴。男性視妻子的父母如同真珠寶貝的一大原因是妻子的關係，妻子是丈夫的寶貝，把妻子頂得高高的，對妻子的父母也就相同對待。能夠視妻子的父母為父母是值得鼓勵，但從諺語中卻見自己的父母親遭受冷落，就如同路邊柴皮，沒有作用更不值得一看，也如六月時的破棉破，不值得一用置之不理，令人感到痛心，「娶妻忘娘」，娶了妻子忘了娘，妻子成了新的娘，「新娘」，美麗的名詞下，多少個母親為他流淚，如諺語云：「未娶新婦涎道流，娶了新婦目屎流。」。（陳主顯《台灣俗諺語典》卷五頁81）為人女婿要孝順丈人丈姆外，自己的父母也不要忘記報恩。

　　縱然女婿在妻子的娘家受到無上的禮遇，要想在丈人家裡長久住下，也絕非是適當的事，諺語就顯現警告的話：

> 定滯丈姆厝，萬年免想富。（陳主顯《台灣俗諺語典》卷五頁 125）

> 外家厝，踮嬒富。（韓孝婷《台灣閩南諺語反映的親子文化》頁 188）

> 丈母茨，住未富。（莊秋倩《臺灣鄉土俗語》頁 52）

> 翁某保老，管伊外家死絕。（陳主顯《台灣俗諺語典》卷五 378）

　　經年累月的住在丈人家，受到特別照顧，對家庭就少了一份壓力與責任，這樣的狀況一直維持容易缺乏上進心，男子漢的雄心壯志也易消失蝕殆盡蕩然無存，因而諺語云：「外家厝，踮嬒富。」，加以妻子常住娘家，凡事以娘家為優先，夫家的家道自然也不容易興盛發達。

　　從諺語中了解台灣傳統社會裡，男性在婚後對丈人丈姆的心態與行為，是親近和諧的，分析其原因在於男性本身重視妻子，因而也對岳父岳母也能敬重；岳父岳母也因出自對女兒的疼愛，對女婿能以半子的心態去面對，將女婿是為自己人，無所分別心而能一團和諧。女婿因岳父母愛屋及烏的心，也享受岳父母的愛，因妻子關係與岳父母相處愉快，岳父母一但過世，妻子與娘家的關係就疏離了，如諺語云：「父死路遠，母死路斷。」〔註57〕（陳憲國、邱文錫《實用台灣諺語典》頁 156），加上妻子與娘家兄弟因財產問題產生不愉快，形成與娘家形成陌路，「翁某保老，管伊外家死絕。」，而不與妻子的娘家有任何關聯。

五、其他親屬的互動關係

　　在世族「兩姓聯姻」的觀念，家族也藉著婚姻關係擴大自己的宗族，增加

〔註57〕此句徐福全《福全臺諺語典》頁 34 及陳主顯《台灣俗諺語典》卷七頁 294 作「死母路頭遙，死父路頭斷。」。

多重的人際關係，一則可互相幫助，彼此照應協助；另一則親族人多互動增多，人多意見也多，考慮的層面也較多。婚姻既是兩姓聯姻，結婚並非只在娶妻子一人，而是一家子關係，兩家的成敗或多或少都有所相關，諺語有言，「親堂好，相致蔭；親堂歹，相連累。」（陳主顯《台灣俗諺語典》卷五頁 114），同宗的親戚好壞都有相關聯，何況是妻子的家人，跟自己有直接相關，親屬間的和諧，在傳統社會也是家族興旺的重要關鍵。自小筆者的祖母就告誡說，「娶某，娶一家伙；嫁尪，嫁一世人。」，嫁娶雖是兩人的重要事項，但絕只不是兩人的單純關係，是兩家親人共同的關係，姻親間的關係是彼此相互影響的。

（一）兄弟妯娌姑表關係

父母是至親其關係如同骨肉，骨肉相連；兄弟姊妹是手足，身上流著相同的血液，彼此的關係也非常親近，能分開做事合作的力量更強更大。在血緣上骨肉是至親，不能割捨的；兄弟姊妹是相依的，互相幫助互助合作。平時相安無事，有利害關係產生就可能出現「親兄弟，勤算帳」的狀況。

台灣早期家庭型態，大家庭的型態頗多，兄弟各自結婚後仍諸多住在一起，「妯娌」〔註 58〕間的關係是大家庭氣氛形成的重要因素。兄弟在娶妻前，家事多為母親全權負責，各自結婚後，其媳婦分攤家務，在家務分工上易意見相左起衝突，或為爭寵爭地位，妯娌間易產生心結，明爭暗鬥之外，「枕頭神上靈驗。」（林茂賢，台灣民俗文化研究室網站），枕邊人的叨絮最容易改變人的想法，何況是妻子在耳邊的溫柔，改變人的性格也趕便兄弟間的情誼。在明朝呂坤《閨範‧姒娣之道》便提到：

> 姒娣，今所謂妯娌也。異姓而處人骨肉之間，構釁起爭，化同
> 為異，兄弟之斧斤也。〔註 59〕

兄弟間的情誼會因為妯娌的關係起了很大的變化，嚴重的話甚至拿刀相砍。妯娌的相處關係著家庭和睦以及興旺，男性在娶妻時應特別的注意，「娶妻取德」之外，容易引起妯娌感情生變，減少破壞兄弟情感的因素應予以避免。在民間的歇後語就已提到：

> 娶姐妹作妯娌──緊敗。（徐福全《福全臺諺語典》頁 210）

〔註 58〕妯娌：古時稱姒娣，嫁給同一家庭的兩個兄弟為妻，彼此間稱「妯娌」，台語為「東西」。
〔註 59〕（明）呂坤，《閨範‧姒娣之道》，轉引張福清編註，《女誡──女性的枷鎖》，北京：中央民族大學，1996 年，頁 79。

同一兄弟娶同一姊妹為妻，兄弟間的感情不會更緊密，姻親關係也不會更親密，反而加速家庭敗壞，諺語中也有這樣的警訓：

　　　　家若要敗，姊妹仔嫁做同姒。（陳主顯《台灣俗諺語典》卷五頁 328）

　　　　家若要興，姑侄仔嫁歸間，家會敗，姊妹做同姒。〔註 60〕（陳

主顯《台灣俗諺語典》卷五頁 329）

　　　　家會敗，姊妹做同姒；家要富，姑孫仔住同厝。（家中長輩）

兄弟娶同一姊妹當妻子，兄弟間雖然長幼有序，但輩分是平起平坐，在同一婆婆指導下易爭功推諉，日久產生嫌隙，哪怕是同兄弟同姊妹，各自為了將來打算，容易起分別心，產生糾紛敗壞家庭的和諧使家道中落，如諺語云，「家會敗，姊妹做同姒。」；「家要富，姑孫仔住同厝。」家庭如果要發達，可考慮姑姪嫁入同一家。姑姑先嫁入，其姪女再嫁給嫂嫂當媳婦，等於親上家親。兩者間能和諧在於姑姑是長輩，嫁入同一家仍是長輩，尊卑之分仍在，不失原有的輩分，利害也較無相關，反倒可以互相照顧，家庭容易和諧。再者，「姑表骨肉親，姨表是他人。」（陳主顯《台灣俗諺語典》卷五頁 328）；「姑疼孫，仝一姓。」（陳主顯《台灣俗諺語典》卷五頁 120）姑姑和姪女同姓，血緣又相近，關係又拉近一層，同住一個家也倍感親切，感情不但不會被破壞，反而更加緊密，家庭自和樂興旺。

　　阿姨是母親的姊妹，父系社會以父親姓氏為傳承，「共父各母是該親，共母各父是他人。」（陳主顯《台灣俗諺語典》卷五頁 59），同父異母的兄弟姊妹是親人，同母異父的兄弟姊妹則是他人，更何況是姨表的關係，也只能算是姻親關係，沒有血親的關係，一表三千里，諺語也說「一代姨，二代表，三代煞了了。」（陳主顯《台灣俗諺語典》卷五頁 122），與阿姨的關係雖然很親，但因血緣關係，一代一代的疏離，到了第三代姻親關係幾乎是解散了，重血緣關係，但較重父系的血緣，對於母系隔了二代的血緣也疏離了。但即便是姑表關係也出現尷尬的場面，諺語云：「公家廳無人掃，公家姑無人叫食中晝。」（邱坤良、施如芳、張秀玲、藍蕭婧、郝譽翔等《宜蘭縣口傳文學下冊》頁 165），姑表關係近，過多的親戚反造成沒有依靠的親戚。

（二）母舅姻親關係

　　母舅關係是姻親關係中重要的關係，且居重要地位。傳統社會女性地位

〔註 60〕同姒，與妯娌同，因似台語的「東西」。

低微，最能代表母親發言的就是母舅。母舅是母親的同胞哥哥或是弟弟，與媽媽同輩分。舅舅的地位崇高在諺語中也有呈現：

母舅送紅包，了紙無了錢。（陳主顯《台灣俗諺語典》卷七頁 326）

天頂天公，地下母舅公。（王永興《台灣俗諺語大全》上輯頁 116）

母舅公〔註61〕，卡大三界公。（陳主顯《台灣俗諺語典》卷五頁 116）

眾人舅，無眾人叫姊夫。（陳主顯《台灣俗諺語典》卷五頁 118）

從諺語中看出母舅的地位是很崇高的，天頂最大是天公，人間最大的是母舅，因而「母舅」被尊為「母舅公」。

「母舅公，卡大三界公〔註62〕。」，舅舅大人比三界公大，就如同玉皇大帝了。有這樣的說法推測是母系社會的遺跡。按母系社會的婚俗，結婚的男主角要住進女方家，但非是入贅。丈夫無權過問家中大小事，家庭重大問題，則需請以搬遷出去結婚的舅舅們回來商量。外甥的婚事，也是由舅舅主婚；母親死亡，也得請舅父回來「驗屍」，查無問題之後，始可埋葬。〔註63〕台灣漢人社會為父系社會的婚姻制度，至今仍有母系社會婚姻制度的「母舅公」威權，以傳統婚姻觀而言，女性地位是卑微的，唯有在母親過世，夫家不得私自安葬母親，需母舅出面相驗無虐待致死才能下葬，下葬前「封釘」也需請出母舅，這些傳統習俗為女性保有尊重，同時也是姻親關係延續，諺語云：「三代，無絕後頭親。」，重視姻親關係，將母舅的權力推崇到最高，一則父系社會母親的功勞隱沒，藉此彰顯母親的權力，一是提升母親的後援的力量，因而將母舅權力譬作天公。又如諺語云：「外甥打母舅，世間無人有。」〔註64〕，維繫甥舅倫理關係，增進親屬和諧。

「眾人舅，無眾人叫姊夫。」，眾人舅，姻親關係中，親家彼此對親家來的男子皆稱「阿舅」，如此稱呼不會失禮於親家的人，也表現出對親家的重視，提高親家人的地位。

母舅在姻親關係的地位是尊貴的，對於姊妹的孩子，外甥或外甥女的疼愛也是無話可說，諺語云：

〔註61〕母舅公：非舅公，舅舅的尊稱。
〔註62〕三界公：台灣民間信仰的神，神格僅次於玉皇大帝，主管天、地、水三界，道教稱之三官大帝。
〔註63〕陳主顯，《台灣俗諺語典》，卷五，台北，前衛出版社，2000 年 1 月，頁 115。
〔註64〕張裕豐提供，《自由時報‧台灣精諺》，2000.04.27。

外甥親像狗，食了就要走。（陳主顯《台灣俗諺語典》卷五頁 117）

飼豬好刣，飼外甥仔，去呣來。（陳主顯《台灣俗諺語典》卷五頁 117）

外甥食母舅，親像食豆腐；母舅食外甥，親像豬母哺鐵釘。〔註
65〕（陳主顯《台灣俗諺語典》卷五頁 117）

諺語中顯現，外甥吃定母舅，外甥可以自由的去舅舅家吃飯，吃完了就可以
說再見，沒有負擔，甚至像豬母吃豆腐那麼輕鬆自在；反之，母舅要吃外甥
一餐，就像母豬吃到鐵釘一樣難以消受。母舅是長輩，照顧外甥也是應當的，
同時也展現母舅公的尊貴與權力。母舅對自己的外甥可以無私的照顧，但舅
媽卻不同，諺語說：「姑疼孫，仝一姓；妗疼孫，使目箭。」（陳主顯《台灣
俗諺語典》卷五頁 120）。外甥在接受母舅的照顧時，小心舅媽的使目尾，畢
竟妗孫不同姓沒有任何的血緣關係，能無私照顧外甥是舅媽的美德。

父權社會最重視血緣關係，所謂的「親人」指的是直系家族。台灣傳統
家族觀也以父系父權為主，「姑疼孫」可以那麼自然的理所當然是出自於相同
的血緣，「妗疼孫」不同血緣就差得很遠。諺語云：「姑表骨肉親，姨表是他
人。」，「姑表」是同祖、同叔伯所生的子女關係，是父系的骨肉之親；「姨表」
是外祖、同阿姨所生的子女關係，是母系的稱「他人」。由此觀之，中國人的
父系觀很強，以遺傳學來看，父母親的姊妹所生的小孩，在血統上應都有二
分之一相同的血液，其血緣關係度應是一樣的，中國人的父系觀根深蒂固，
姓氏觀念強，凡是不同姓者皆為外人，因此諺語又云：「姑表相趁，歸大陣。」
（陳主顯《台灣俗諺語典》卷五頁 328），特別在「一人得道，九族升天。」
（陳主顯《台灣俗諺語典》卷九頁 67）時，能展現中國人特有的親族觀「牽
親挽成。」（林茂賢，台灣民俗文化研究室網站）的超能力，這就是中國人最
喜歡「關係」，常聽到「沒事，沒關係；有事，找關係；沒關係，就找親戚。」，
「一表三千里」，拉關係，再遠也要拉點關係，這是「兩姓聯姻」的妙處，也
形成現代社會層出不窮的社會弊病。

（三）其他親戚互動關係

中國人重世代重關係，兩姓聯姻，一是避免近親結婚，二是家族的權利
擴大，親戚成了人際網路的基礎，就如諺語云，「親成五十，朋友七十。」
（陳主顯《台灣俗諺語典》卷五頁 129）。親戚雖不具血緣關係，但有姻親

〔註65〕此句王永興《台灣俗諺語大全》上輯頁 121 作「外甥食母舅，親像吃豆腐。」。

關係存在，使關係更親密，而即使有親戚關係存在，禮數也是輕忽不得的。
諺語云：

> 隔壁親家，禮數原在。（賴宗寶《台灣經驗老祖先的話》頁 267）

> 隔壁，請親家。（陳主顯《台灣俗諺語典》卷五頁 129）

「隔壁親家，禮數原在。」，親家彼此間是對等的關係，即便是住在隔壁，也不能當成一般的鄰居看待，不僅僅是住隔壁的親家，即便是普通的親戚同樣要遵照應有的禮俗來對待，不能因住得近而忽略禮數，就如「隔壁，請親家。」，親家雖住隔壁，平時也很熟稔，在重要時刻重要場合還是要按照禮數登門邀請，這樣的禮數才能雙贏，彼此都很有面子。

　　與親家及親戚往來，彼此要特別重視禮數外，對於金錢的往來更是要小心，雖然「金錢三不便」，遇到與金錢有關的事項要格外小心，諺語云：

> 親戚是親戚，錢數要分明。（陳主顯《台灣俗諺語典》卷五頁 130）

> 親戚莫交財，交裁斷往來。（陳主顯《台灣俗諺語典》卷五頁 130）

「朋友有通財之義」，但親戚不能當稱朋友相待，金錢是身外之物卻是最敏感的，親戚間有金錢往來，往往礙於情面相互借貸，難以開口外，碰到欠債不還的情況就更棘手了，好好親戚關係，因金錢也會導致做不了親戚反成了冤家，就如同諺語所云「親家，變冤家。」（陳主顯《台灣俗諺語典》卷五頁 133），住隔壁親家就更加尷尬。親戚間的借貸容易導致感情破裂，最後造成的關係是「是親呣是親，無親卻是親。」（陳主顯《台灣俗諺語典》卷五頁 132），原本是親戚關係，因金錢往來產生糾紛，有親戚關係卻無親戚的感情，應驗了「講錢就傷感情」的道理。

　　中國人的裙帶關係應用層面廣，也往往是致命的關鍵。有好的親戚相互牽成，步步高升，就如同諺語云：「親堂好，相致蔭；親堂歹，相連累。」（陳主顯《台灣俗諺語典》卷五頁 114），歹親戚帶來的是相互連累，就如諺語云：「親輸友，親成輸朋友。」（陳主顯《台灣俗諺語典》卷五頁 131），遭到親戚陷害吃悶虧更不得不小心。

第二節　其他人際互動關係

　　傳統社會男性在家是一家之主，掌理家中大事的方向，在社會上則代表家裡與人互動往來。傳統觀念，女性被視為能力不足，諺語云：「查某，放尿

漩燴上壁。〔註66〕」，因放尿漩燴上壁，所以被輕視為能力不足，因而說話沒有份量，大小事情都要男人「出面」〔註67〕，才能定案，在人際互動裡也以男人為主。

在人際關係的脈絡中，婚姻所形成的親屬關係，對家族利益有重要影響。然社會是人群組織，對外關係的擴展也不容忽視，舉凡主僕、上司、朋友及其他生活所能遭遇者，皆是人的關係網絡，網絡越大關係就能越擴大，利用關係成為工具，人際網絡帶來更大的便利。

一、師與徒

韓愈的《師說》：「師者，所以傳道、授業、解惑。」〔註68〕，老師的責任不僅只是在傳播知識而已，還要能教授技術能力，及為學生解開疑惑開導學生。老師的角色與責任就像是一位父親對兒子的提拔，那樣殷切與盼望，出自內心真誠的期待，師與徒的感情就像父與子一般心境。

（一）師徒情深，亦父亦子

老師與學生的關係是值得信賴的，也是最安全，最溫馨的，其原因在於父親與師父都將子弟看做自己來栽培、調教與成全，因此師與徒之間也有一份亦父亦子的情感在，在諺語中也有明顯的說明師與徒的關係，諺語云：

> 一日為師，終身為父。（陳主顯《台灣俗諺語典》卷五頁 62）
>
> 知子莫若父，知弟莫若師。（陳主顯《台灣俗諺語典》卷四頁 63）
>
> 父子情輕，師尊情重。（陳主顯《台灣俗諺語典》卷四頁 62）

「一日為師，終身為父。」，收一天徒弟當他一天老師，要像父親一樣，終身關心他照顧他；老師對學生的了解就像父親對自己孩子的熟悉，孩子是父母看大的，對他的了解程度是必然的，而老師透過教學過程，與學生互動了解學生的習性，因而對學生的了解莫過於老師，所以說「知子莫若父，知弟莫若師。」；「父子情輕，師尊情重。」，老師是教個人的立身處世與一生的技藝

〔註66〕此句出自陳主顯《台灣俗諺語典》卷一頁 32；在《台灣俚諺集覽頁》145 作「查某人放尿漩沒上壁。」；林曙光《打狗採風錄》頁 231 作「查某加豪，放尿未漩壁。」；許成章《台灣諺語之存在》頁 122 中又作：「諸婦人放尿漩未上壁。」。

〔註67〕出面，出席作主之意。

〔註68〕黃永年譯註《韓愈詩文》，台北，錦繡出版公司，1992，頁 88。

專長，這個恩情是值得學生敬重，理當發揮尊師重道的精神，對於老師要像敬重自己的父母一樣，敬重一輩子。

（二）提攜後進，青出於藍

《三字經》有言，「教不嚴，師之惰。」，身為一位老師就要負起教導之責，嚴格督導善盡教育之責。竭盡所能教導，對於後生晚輩要進力提攜，在昔日拜師學藝要習得真功夫，需如諺語所云：「三年四個月，則會出師。」（陳主顯《台灣俗諺語典》卷四頁 61），必須經過三年四個月的磨練，才能出師，這段學習期間，徒弟跟著師傅學習技藝，在師傅家從灑掃庭除做起，吃苦耐勞一點一滴從基本做起，所習得的功夫紮實，經過三年四個月的磨練考驗，才能出師成為獨當一面的師父。

對於師傅教出的學生，師傅要耐心教導外，學生的好壞也要負起責任，交出好的學生出了名，博得了「名師，出高徒。」（陳主顯《台灣俗諺語典》卷四頁 53）的美名，但對於不能善盡責任的老師，就成了諺語中「誤人子弟，男盜女娼。」（陳主顯《台灣俗諺語典》卷四頁 56）留下了後人的詛咒與罵名。出高徒的名師除了要有能力交好學生外，更要有寬大的胸襟包容學生超越了老師的成就，就如諺語云：

> 眉先生，鬚後生，先生不及後生長。（李赫《台灣諺語的智慧》（四）
>
> 頁 183）

> 有狀元學生，無狀元先生。（李赫《台灣諺語的智慧》（三）頁 73）

「眉先生，鬚後生，先生不及後生長。」，這句富有意涵的諺語值得身為老師學生去思量，眉毛雖先鬍鬚長出，之後卻不及鬍鬚的生長，就如師傅雖先徒弟學得技藝，卻被後進超越，當老師也不用難為情，應該用寬大的胸襟讚佩自己的能力，教出青出於藍而勝於藍的學生，能教出狀元學生不也是自己的光榮；而學生的成就超越老師，要更感謝老師的栽培，也慶幸自己遇到好老師，要是遇到心性高傲的老師，也成不了好徒弟，如諺語所云：「通天教主，收無好徒弟。」（陳主顯《台灣俗諺語典》卷四頁 55），通天教主，封神榜裡法術高強的掌門人，卻高傲自以為了不起，所收的學生最後的下場也都是誤入歧途的亡命之徒。學得真功夫的徒弟，雖在學習過程相當艱辛，但要好好的感謝師傅的真傳，不怕搶了師傅自己的飯碗，而傾囊相授，值得敬佩，在民間也流傳著諺語說：

　　有真師傅，無傳真功夫。（李赫《台灣諺語的智慧》（三）頁120）

　　十步留一步，毋驚徒弟扑師傅。（賴宗寶《臺灣閩南俗語採擷》頁96）

　　教會徒弟，餓死師傅。（陳主顯《台灣俗諺語典》卷四頁61）

「教會徒弟，餓死師傅。」，就因害怕徒弟學成技藝，自立門戶超越師傅的能力，往往會留一手，就如諺語云：「十步留一步，毋驚徒弟扑師傅。」，師傅會將最重要的技巧留著不教，讓徒弟不能得到精髓的部分，遲遲學不成，少一個競爭對手，而將獨門功夫技巧，傳子且不傳女。有這樣的心態在於自私且在保護自己的利益，也因此留下「有真師傅，無傳真功夫。」，對於文化的傳承，這真是一大扼殺之路，值得師傅與徒弟深思與警惕，「師仔師傅差三年，辛勞頭家差本錢。」（王永興《台灣俗諺語大全》下輯頁64），成為師傅經過三年的磨練就可以達成，雖然「師傅緊做」，但是「尾箍歹落。」（王永興《台灣俗諺語大全》下輯頁64），最重要的精髓處仍需師傅的引領，並不只是三年之差。

　　對於師傅與徒弟，每個人應當克盡本分扮演好自己的角色，「師者，傳道、授業、解惑。」當盡心盡力；為人徒弟也應本著「一日為師，終身為父。」奉為長者般敬重一輩子，建立師與徒的良性關係，為社會為文化的傳承努力。

二、朋友

　　人在社會上生活，必與人產生關係與互動。因此朋友在五倫中，也是重要的一環。五倫中的「朋友有信」，朋友之間相處建立在相互的信任基礎上，重交心重情義才能相互扶持提升。人有千百種，對於交朋友影響個人的好與壞，個人應自行負起責任，「蓬生蓬中，不扶而直」、「蓮花出淤泥而不染」，靠的是自己的堅持與毅力，否則易隨之同流合污，因此，「近朱者赤，近墨者黑。」，紅與黑都是自己的選擇，對交朋友影響人生，這也是人生中的重要課題。在人生的生命旅程上，「朋友」是重要的角色，影響個人的成與敗，就如諺語云：「毋捌〔註69〕字央人看，毋捌人死一半。」（賴宗寶《台灣經驗老祖先的話》頁285），慎交友，交友貴在交心重情義，能夠相互提攜，錯交損友則會狼狽為奸互相敗壞。

（一）好朋友相輔相成

　　朋友的好壞，攸關自己的人品，所謂「物以類聚」，志趣相投才能共處，

〔註69〕捌，台語之意為認識；辨認。

從朋友中可以看出一個人品行的端倪，因此選擇朋友很重要。從諺語中也能感受到交朋友的選擇也是物以類聚，諺語云：

　　　　寧與智者同死，不與愚人同生。（陳主顯《台灣俗諺語典》卷六頁 352）

　　　　桃園三結義，張飛關公扶劉備。（王永興《台灣俗諺語大全》下輯頁 66）

　　　　龍交龍，鳳交鳳，穩龜交凍戇。（陳主顯《台灣俗諺語典》卷六頁 353）

「寧與智者同死，不與愚人同生。」，死是何等的大事，竟能與之同死；生是何等的希望，竟能捨去。對於值得交往的朋友要能極力的與他為友；不要結交終日無所事事沒有目標的人。鼓勵交朋友要慎重，寧缺勿濫。「桃園三結義，張飛關公扶劉備。」，對於所結交的朋友能夠肝膽相照，就像桃園三結義中，張飛、關公、劉備三人的情義，赤膽忠心生死不移。「龍交龍，鳳交鳳，穩龜交凍戇。」，在社會上明顯的將相近的階級與類型，做了區隔。

　　人生在世上，與朋友往來是必然的，朋友間互相增長知識，在《禮記・學記》云「獨學而無友，則孤陋而寡聞。」，如諺語所云，「在厝靠父母，出外靠朋友。」，離開父母身旁，出門在外難免遭受困難，需要朋友互相照顧。因而在選擇朋友時要慎重，朋友間會彼此影響，彼此能互助也可能會互害。對待朋友要真心義氣，還要彼此信任，相互照顧，如諺語云：

　　　　朋友著相照顧，呣通相裼褲。（陳主顯《台灣俗諺語典》卷六頁 320）

　　　　君子之交淡如水，小人之交甜如蜜。（陳主顯《台灣俗諺語典》卷六
　　頁 317）

「朋友著相照顧，呣通相裼褲。」，朋友要互相照顧，但不要互相出醜互揭瘡疤。同時要交好的朋友，淡淡的交往才能細水長流；交到壞朋友，雖然可以盡情玩樂卻容易玩火自焚，喪失自我。交友就如「君子之交淡如水」，沒有目的的交往才能長久；帶有目的的交往，容易淪為彼此利用的泥濘中。與朋友互動要真誠，不要有目的性，諺語也云：

　　　　仁義莫交財，交財仁義絕。（陳主顯《台灣俗諺語典》卷六頁 316）

　　　　交友無交錢，交錢無朋友。（陳主顯《台灣俗諺語典》卷六頁 316）

　　　　金憑火煉方知色，人用財交便見心。（陳主顯《台灣俗諺語典》卷六
　　頁 355）

與朋友交往重仁重義，千萬不能與錢扯上關係，朋友間雖然感情融洽，但也會有「講錢燴大瓣。」「講錢傷感情。」的場面存在，傷了感情就如諺語「仁

義莫交財，交財仁義絕。」；「交友無交錢，交錢無朋友。」。「人用財交便見心」，人與人的交往用錢財就能試出好壞，錢雖是身外之物，看得開能有幾人呢？俗話說「錢不是萬能，沒錢萬萬不能。」，所以說，用錢就能測出朋友彼此間的感情真實。朋友相處沒有錢的關聯，就容易建立良性的真感情，所謂「患難見真情」，在患難中才能顯現彼此的真情真意，建立的感情是最真實的。如諺語云：

> 褲帶，結相連。（陳主顯《台灣俗諺語典》卷六頁 309）

> 古井，艙離得絆桶；關公，艙離得周倉。〔註70〕（陳主顯《台灣俗諺語典》卷六頁 310）

> 死忠，間換帖。〔註71〕（陳主顯《台灣俗諺語典》卷六頁 311）

> 師公仔〔註72〕，聖杯〔註73〕。（陳主顯《台灣俗諺語典》卷六頁 309）

好朋友的感情濃郁的感情就像「師公仔，聖杯。」，師公離不開聖杯；好朋友感情好到「褲帶，結相連。」，連上個廁所都要在一起的好朋友其感情就如至死忠誠有如兄弟般的感情，「死忠，間換帖」；有相互信任感情融洽的感情，才能相得益彰就如「古井，艙離得絆桶；關公，艙離得周倉。」，在諺語上更說「良友在身旁，地獄變天堂。」（賴宗寶《台灣經驗老祖先的話》頁 280），好朋友長相左右，「地獄變天堂」，雖是誇飾，卻道出結交良友的重要。

（二）壞朋友相互連累

「近墨者黑」，同儕間的學習、傚仿、感染力最強，父母的力量也比不上，成年的孩子一但長大，乖巧孩子不假父母操心，叛逆的孩子容易被朋友影響，言行舉止容易偏了方向，呼朋引伴成了狐群狗黨，就如諺語所云：「歹查埔厚同年，歹查某厚姑姨。」（陳主顯《台灣俗諺語典》卷六頁 339），交到壞朋友，不能相互規勸，反而養成好逸惡勞的習性，在傳統思想上，遊手好閒無所事事者，以先民在台灣開墾的觀念上，對於整天喝酒做樂，都是敗類，如諺語云：

〔註70〕周倉：關羽的部將，命守麥城，後官與被殺，吳君帶關羽首級來朝安，倉視之大驚，自刎而亡。《三國演義》塑造關周的親密關係，關帝廟裡持大刀於關羽塑像後面的就是周倉。轉引自陳主顯《台灣俗諺語典》卷六頁 310。

〔註71〕換帖：結拜兄弟。

〔註72〕師公：或做「司公」，協助法事的道士。

〔註73〕聖杯：道士做法，請示神明意思的法器。

酒肉朋友，柴米夫妻。（陳主顯《台灣俗諺語典》卷五頁 384）

酒食兄弟千個有，患難之時一個無。（陳主顯《台灣俗諺語典》卷五頁 74）

酒肉朋友，難得長久。（陳主顯《台灣俗諺語典》卷九頁 255）

結交朋友的目的只是貪圖你的享受，那麼那些朋友就成了酒肉朋友，酒肉朋友在喝酒做樂之時，成群結黨相互交歡，一但有了困難，那些酒肉朋友全跑光，只能共富貴不能共患難，這樣的朋友只能結交一時，不能結交一輩子。在民間結交這樣的朋友稱之為「王兄，柳弟。」（家中長輩），整天廝混在一起，就如諺語云：

你我兄弟，林投竹刺。（陳主顯《台灣俗諺語典》卷六 314）

別人交的是你我兄弟，咱交的是林投竹刺。（余全雄《台灣民俗諺語》269）

王哥，柳哥。（陳主顯《台灣俗諺語典》卷六頁 314）

好朋友，睏牽手。（陳主顯《台灣俗諺語典》卷六頁 315）

好的朋友交往重視仁義之情；壞朋友在一起一大堆，不是王哥柳哥一大堆的混在一起，更嚴重的是雖然稱兄道弟，身上刺青刺龍又刺虎的，個個是社會的「角頭」人物，真像是「林投竹刺」沒有好學習的對象，行為敗壞到「好朋友，睏牽手。」，沒有朋友間的尊重與義氣在，亂了規矩也亂了倫理。

由此觀之，與朋友往來的對象非常重要，朋友是五常的重要一倫，失去做朋友的意義，朋友的角色扮演失敗，在人際關係上是一敗筆，不只是「獨學無友，孤陋寡聞。」，最後可能招致身敗名裂，不論是選擇朋友或為人朋友都不得輕忽草率。如諺語云：

交官散，交鬼死，交富豪作馬子，交縣差食了米。（陳昌閔《台灣閩南諺語之社會教化功能研究》頁 137）

交官窮，交鬼死，交流氓吃了米。（余全雄《台灣民俗諺語》頁 274）

交官窮，交鬼死，交牛販食了米。（陳主顯《台灣俗諺語典》卷六頁 338）

交陪醫生做藥櫥，交陪牛販使瘦牛。（陳主顯《台灣俗諺語典》卷六頁 339）

歹查甫厚兄弟，歹查某厚阿姨。（余全雄《台灣民俗諺語》頁 270）

「交官散，交鬼死，交富豪作馬子，交縣差食了米。」，提醒與朋友交往的人選，與官吏交往會散家；與妖魔鬼怪交往等於送死；和有錢人交往幫別人當馬伕；與差役交往徒增浪費；與流氓交陪徒浪費有如肉包子打狗有去無回，以及「交陪醫生做藥櫥，交陪牛販使瘦牛。」，與醫生交往成了醫生的藥廚子，有吃不完的藥；和懂得買賣的牛販交往，斷送金錢得不償失，這些交往對象是值得留意小心的。男人在外與人交往，稱兄道弟，歃血為盟要特別小心，即便是吃了虧上了當，為人君子也不能翻臉像翻書般的無情，要能做到「君子絕交，不出惡聲。」（陳主顯《台灣俗諺語典》卷六頁352），也要做到好聚好散的境界。

人際交往貴在誠，對待任一個朋友，都要真心相待，諺語告誡：「番仔兄弟──怨無，無怨少。」（陳主顯《台灣俗諺語典》卷六頁344），說明人際往來貴在真誠，勿欺騙純樸善良的心。交情是一點一滴的建立，所謂「路遙知馬力，事久見人心。」（陳主顯《台灣俗諺語典》卷七至頁542），諺語亦云：「人長交，帳短結。」（賴宗寶《台灣經驗老祖先的話》頁274），人與人的往來重視細水長流久久長長，過於緊密或重視，會造成家的困擾，如諺語云：「人情世事陪隨到，無鼎閣無灶。」（陳主顯《台灣俗諺語典》卷六頁349），交遊過廣，未衡量自己的能力，造成的後果就會是無米之炊，苦了妻子和孩子。而過於羈緊不與人交往形成「風呣入，雨呣出。」（陳主顯《台灣俗諺語典》卷六頁 359），對自己的人際關係也造成負面影響，都不是理想的人際交往方式，兩者都值得世人警惕。

男性的人際互動關係以親屬互動開始，與父母間的互動著重於孝順父母及時行孝，其行動以報恩為出發。從諺語中查覺父母對孩子的愛較深是一輩子的牽掛，子女的反哺有為時已晚的悔恨。自古以來，教導孩子要教忠教孝，忠孝成了親子間的課題，其感覺是嚴肅不能親近的，加上父權作用，親子關係是嚴厲的教養關係，形成親子距離，在父母與親子間的互動則成為責任的開始與轉移，愛成為嚴厲的教養關係。反觀男性與丈人與丈母娘間的互動，少了嚴厲的教導及朝夕相處所生的磨擦，在時間與空間上較有空間，相處自然愉悅許多，形成「丈母娘看女婿，愈看愈有趣。」，在關係上也沒有父母的期待與責任壓力，彼此能用輕鬆方式對待，則顯得自然和順，其關係亦能自然密切和諧，加以沒有來自妻子與父母親的婆媳問題、家庭問題，牽引的關係少，互動來得沒有阻礙，因此，男性在與丈人丈母娘的人際往來較與父

母親子間順利。

　　男性在社會上重關係，人際交網有助於自我的發展，對於師父敬若父母，則來自提攜再造之恩，沒有父親嚴肅之距離而拉進師生情誼。對於朋友情感則來自於心理層面的寄託，所謂「男子有淚不輕彈。」的男子漢形象，朋友的慰藉能讓男性稍微輕鬆面對不屬於陽剛的自己，理所當然的，對朋友的選擇必須是慎重的，朋友的好壞關係著自己的成敗，是相互提攜亦或相互牽連則有賴自己的選擇，自當謹慎。

第六章　從閩南諺語中看男性社會地位

　　自古以來，男性掌握權力成為家庭與社會的中心。在家庭中男性提供家庭的經濟，也因此而掌握了社會經濟成為社會的中心。本章欲經由台灣閩南諺語，了解台灣傳統社會男性在社會中所呈現不同的角色與其地位。

第一節　從職業看男性社會階層

　　在「男主外，女主內。」傳統觀念下，男性是家中經濟的主力來源。早期農業社會人力是生產依賴的重要根據，男性成為農業的主力，在家庭及社會上提供維持生活家計的主要經濟來源，家無恆產者，需藉由其他方式養家，或工或從商以養家糊口，男性不僅是家庭經濟的依靠，更是社會經濟的主力，也因從事經濟活動，男性亦成為社會活動的重心。

一、男性職業的地位與觀感

　　中國是以父權為主的社會，形成男性掌權的分工模式「男主外，女主內」，因此男人負責家中經濟來源，賺錢養家視為男人的責任，男人也因此掌控家中的大權。早期的台灣社會以農耕為主，先民開發土地，在「有土斯有財」的觀念下，屯墾是當時的社會狀況，增加人民賴以維生的食物，是一大責任及要務。隨著生活穩定，男性工作項目增多，多元的工作提供生活安定的寄託，男性是傳統社會工作來源的主力，不同的工作所處的社會位置被社會給予不同的評價，而有不同的聲望與地位。

　　聲望意指社會榮譽（social honor）或地位（status）的分佈情形，是社會

人們所給予的一致性看法，個人無法自封。聲望的評價，通常反映出社會的核心價值，例如對社會的貢獻、財富、教育程度，甚至種族性、宗教信仰、家庭背景等等〔註1〕。聲望，傳統的意義是指引起別人服從和尊敬的榮譽性位置，在現代化社會已無世襲的地位，因此能代表社會位置的是以職業為主的社會職業聲望。地位，是一個人在社會中佔據著由社會所規範的一個或好幾個地位，如女人、教師、地方首長，一個人擁有好幾種地位，有些是與生俱來的地位，如日本的皇室，出生即貴為皇室貴族；出生為女人即處於社會對女人賦予的地位，稱為「先天地位」。先天地位改變的機會不大，但可以經歷後天的努力改變自身的地位，如職員升為總經理，稱為「自致地位」。〔註2〕藉由職業可達成自致地位的改變，提升社會地位，為社會階層的流動。

地位與聲望是身分的象徵，是社會人們對個人或團體的社會榮譽評價，重視地位團體，具有相同或相近的團體，擁有相同或相近的社會榮譽。傳統的中國社會階層擁有對社會的聲望與地位，而以社會經濟地位分為：

> 第一級，皇帝及皇室。
>
> 第二級，官吏，包括中央及地方各級官吏。
>
> 第三級，士紳，入選而未任官的各種讀書人。
>
> 第四級，商人。
>
> 第五級，農民及工人，包括一般城市市民。
>
> 第六級，奴隸及無業遊民〔註3〕

傳統觀念皇帝及皇室是不可動搖的至尊，政治力的影響，官吏地位是權力的操縱者，權力與財富不是等號卻是控制。一般常說士、農、工、商，農的地位大於商，實際現象卻商人地位高於農及工，主要因素著重於商人的經濟利益提升其社會地位。提升工作與生活的依靠所需，財富的締造是構成社會階層的因素，也是提升會階層的力量。

（一）十年寒窗苦讀的「士」

自古以來，社會結構長期受官僚組織的影響，各個階層的人皆想成為「士

〔註1〕許嘉猷著，文崇一、葉啟政主編《社會階層化與社會流動》台北，三民書局，1992年三版，頁89。

〔註2〕宋國誠《認識社會》台北，台灣書店，1999年，頁34～35。

〔註3〕文崇一《中國人的價值觀》台北，東大圖書公司，1983年，頁46。

紳」，再成為官吏，登上仕途之路，享受高官厚祿與權力。台灣社會傳統觀念深受儒家思想的影響，「書中自有顏如玉，書中自有黃金屋，書中自有千鐘粟」，讀書是登上仕途的便利途徑，形成如諺語言：「萬般皆下品，唯有讀書高。」〔註 4〕（陳主顯《台灣俗諺語典》卷四頁 3）的心態，仕途的傳統觀念一直隱藏於人民心中，不論是士農工商者皆希望自己的子孫能苦讀成名，諺語也云：「十年窗下無人問，一舉成名天下知。」（陳主顯《台灣俗諺語典》卷四頁 24），家不論富或貧總抱著一線希望，支撐孩子寒窗苦讀，希望有朝一日能問仕，光耀門楣而能光宗耀祖。及至近代的大專聯考依然擠破頭，諺語云：「讀冊一菜籠，考到茹偬偬〔註 5〕。」（陳主顯《台灣俗諺語典》卷四頁 28），要讀的書一大堆如賣菜的大菜籠，考起試就像毛線糾結一起，考試對考生的壓力何其大。古往今來的考生過著「三更燈火，五更雞。」〔註 6〕（陳主顯《台灣俗諺語典》卷四頁 28），從科舉制度到大專聯考變更至今的學測，挑燈夜戰應付千百種考試後，才能如願以償，是諸多學子的共同經歷。其目的雖不似進京考試，仍有科舉的形式在。

臺灣崇敬讀書人的心理，是因移墾社會之初，豪強強佔地方，道光年間科舉漸行，加上同治年間鄉里的「士紳階級」漸成長，成為社會領導階層，使移墾社會的豪強減弱勢力，轉化成文治社會型態，下層社會觀念受到影響。清代科舉名額少，直到台灣讀書風氣盛，地方興學私人建書院，引導上曾讀書風氣，才使得名額增多，但登科文人仍少數。台灣早期文風漸興，一般民眾對讀書人的崇敬漸深，敬重知識份子，讀書人的目的在於能登科加官進祿。在傳統廟宇建築的雕繪中，也能查見台灣人對官仕前途的墓求心裡，如：替雀、過水門上雕有「鰲魚」象徵獨占鰲頭，「蓮花及螃蟹」象徵連登科甲，透露出台灣一般人民承繼傳統漢人追求功名利祿憧憬心理。

古往今來的人民心中喜歡以仕途為目標，但對做官的人沒有好的觀感。現代的「官」範圍較廣，有些需要考試取得資格，如政府機關的公務人員，如政府官員或法官等等，有些需取得資格或由總統任命，或是選舉而來的，如民意代表或縣市鄉長等。在台灣閩南諺語中對「做官」的印象依然停留在

〔註 4〕語出《神童詩・勸學》「天子重英豪，文章教爾曹，萬般皆下品，唯有讀書高。」，轉引自陳主顯《台灣俗諺語典》卷四，頁 3。
〔註 5〕茹偬偬：亂七八糟，如毛線糾結在一起。
〔註 6〕語出：顏真卿《勸學》：三更燈火五更雞，正是男兒讀書時；黑髮不知勤學早，白首方悔讀書遲。

官僚、官官相護、打官腔以及最法不要與官扯上關係為宜。諺語云：

官官相衛。（陳主顯《台灣俗諺語典》卷六頁 118）

朝內無人莫做官。（陳主顯《台灣俗諺語典》卷六頁 119）

官，帶兩口。（陳主顯《台灣俗諺語典》卷六頁 96）

做官，騙厝內。（陳主顯《台灣俗諺語典》卷六頁 97）

「官，帶兩口。」，官字，從字面上意為帶兩個口為官，其意為當官的人（指黑官）有兩個嘴巴，一個吃薪水，一個吃紅包。也意為黑官練就「兩舌」功夫，可以黑說成白，白變成黑，顛倒是非，劃豬劃虎隨意亂掰。在民間一提到「官」就會接著說「腱」。官，閩南語「肝」的音，「腱」是胃的閩南語話，民間對話用「官」，「腱啦！」，「胃較大」意思是說做官，胃口很大，餵也餵不飽。諺語云：

三年官，二年滿。（李赫《台灣諺語的智慧》（三）頁 65）

三年清廉官，十萬雪花銀。（曹銘宗《什錦台灣話》頁 115）

磚仔廳燴發粟。（曹銘宗《什錦台灣話》頁 115）

做官若清廉，食飯著攪鹽。（陳主顯《台灣俗諺語典》卷六頁 103）

官人見錢，蚊仔見血。（陳主顯《台灣俗諺語典》卷六頁 99）

有錢辦生，無錢辦死。（曹銘宗《什錦台灣話》頁 117）

火到豬頭熟，錢到公事辦。（陳主顯《台灣俗諺語典》卷六頁 109）

官司好打，狗屎好吃。（曹銘宗《什錦台灣話》頁 117）

一審重判，二審減一半，三審食豬腳麵線。（陳主顯《台灣俗諺語典》卷六頁 108）

有錢法院八字開。（陳主顯《台灣俗諺語典》卷六頁 108）

判大官大證據，判小官小證據，判小老百姓免證據。（陳主顯《台灣俗諺語典》卷六頁 112）

善的掠來縛，惡的放伊去。（陳主顯《台灣俗諺語典》卷六頁 113）

大官食小官，小官食百姓，百姓食鋤頭柄。（陳主顯《台灣俗諺語典》卷七頁 57）

「三年官，二年滿。」，當官三年荷包就可以滿滿。「官人見錢」，當官的人見錢辦事，「有錢辦生，無錢辦死。」，錢是衡量的標準，有錢有機會重生，沒

錢就等於判了死刑，真所謂有錢好辦事。因為官官相護，需要用錢打通關係，沒有錢是辦不了事。打官司程序冗長，耗時又好體力，以現代而言，上法庭請律師辯護，林林總總的費用沒有一些錢是無法被告及告人的，因此說「官司好打，狗屎好吃。」不是沒有其道理的。諺語雖說「一審重判，二審減一半，三審食豬腳麵線。」，在於影射有錢打官司，經過一審二審三審就會愈判愈輕就會沒事，在這上訴期間，耗費的時間及精神折磨也會讓人痛苦到受不了。

　　在諺語中所呈現對「官」的觀感都呈負面較多，其原因有許多，在於中國歷年的官僚體制所影響，宗族社會裙帶關係，為維護宗族利益，對於利益均霑的思想，形成有利可圖大家分，官官如不相護就通通有罪，為免罪罰身自身利益也只能如此。又中國人教人要報恩不要當忘恩負義之人，但「殺父之仇」怎能不報的心態，對於仇恨又如何釋懷，記得別人的壞，應是較刻骨銘心之事，流傳下來的傳說就較深刻了，也因而對不清廉、不公正的官往往下重咒，如諺語云：

　　　　　一世官，九世牛。〔註7〕（李赫《台灣諺語的智慧》（三）頁65）

　　　　　一世官，九世牛，三世寡婦。（曹銘宗《什錦台灣話》頁117）

「一世官，九世牛，三世寡婦。」，一世做了不清廉的黑官，要背負九世的債來償還，甚至是讓妻子當三世寡婦。有這麼重的詛咒，在諺語終只留「會做官，會察理。」（陳主顯《台灣俗諺語典》卷六頁96）來讚美法官的明察事理，要小老百姓放心把公理交給法官。以上諸多對「官」面看法也給高高在上的「官」大人一個深思的方向，凡事本著良心做事「官清民自安。」（曹銘宗《什錦台灣話》頁117）應是為官的最高指導原則。

（二）立國根本的「農」

　　「農」是中國立國的根本，在台灣也是。台灣的土地面積雖不大，但氣候宜人，雨水充沛因而物產豐富，農作多元，開發初期居民以農耕維生，但因海島國家許多的物資仰賴進口，石油就是典型的物品，對外貿易輸出入的需求是必須的經濟活動。而農業對於民生是最根本的滿足，一個國家對於農業的重視與支持是成就人民最基本需求，農業可說是國家的根本。諺語云：

　　　　　百般工藝，唔值著鋤頭落地。（陳主顯《台灣俗諺語典》卷六頁3）

〔註7〕此句曹銘宗《什錦台灣話》頁117作「一世官，九世冤。」。

百般生理〔註8〕路，呣值著鋤頭落土。（陳主顯《台灣俗諺語典》卷六頁3）

深犁重耙，卡好放橫債。（陳主顯《台灣俗諺語典》卷六頁4）

早期的農耕靠的是農人一鋤一荷的深耕播種努力得來的，諺語云「百般工藝，呣值著鋤頭落地。」、「百般生理路，呣值著鋤頭落土。」，工藝與生意是在農業之外發展出來的，農人雖也需靠交易才能滿足日常生活的需求，工藝是需求的衍生，這些在「民以食為天」未滿足前，這些發展不容易穩固，因此在民間的生活觀念仍以深耕重耙把農業當成是最重要的民生依據。生活裡，食、衣、住、行，食是民生第一，滿足生理是人類的基本需要，因而男性將田事列在第一，如諺語云：「第一田畑〔註9〕，第二某子。」（余全雄《台灣民俗諺語》頁287），沒有田地也無法養妻兒。傳統農業不發達，農民靠天吃飯，靠雙手才能有一口飯吃，在諺語中充滿無限的感慨：

一叢菜，一百拜。（陳主顯《台灣俗諺語典》卷六頁12）

一粒米，百粒汗。（陳主顯《台灣俗諺語典》卷六頁13）

年冬好收，查某人發嘴鬚。（陳主顯《台灣俗諺語典》卷六頁11）

做穡〔註10〕著認路〔註11〕，田園著照顧。（陳主顯《台灣俗諺語典》卷六頁14）

天公若有報，做穡人著有靠。（陳主顯《台灣俗諺語典》卷六頁5）

種田面憂憂，割稻撚嘴鬚。（陳主顯《台灣俗諺語典》卷六頁9）

「一叢菜，一百拜。」，道出了農民的辛勞，一叢菜需要農民一百拜的祈求，求天求神風調雨順，天天祈求祖先保佑子孫身體健康，才能健康下田耕種，還要祈求十方大眾的勿打擾，讓所有的農作健康長大，才能收成才有飯吃。因此諺語也顯現吃飯靠天的景象：「種田面憂憂，割稻撚嘴鬚」「天公若有報，做穡人著有靠。」，只有靠老天爺的公正無私，看在農民的辛苦份上，賜給農民風調雨順的天氣，農民才有依靠，將種田的煩惱轉為收田的歡樂。農民的收成「一粒米，百粒汗。」，都是得來不的易的。與唐朝李紳的〈憫農詩〉詩中：「鋤禾日當午，汗滴禾下鋤，誰知盤中飧，粒粒皆辛苦。」能相應和，說出農民的辛苦。

───────────────

〔註8〕生理：生意的閩南音非人之生理。

〔註9〕畑：閩南語音hng，與「園」同音。轉引自余全雄《台灣民俗諺語》頁300。

〔註10〕做穡：指從事農作的人。

〔註11〕認路：認份之意。

農民種田從育苗開始、播種、除草、巡田水、顧田埂、刮風下雨都要時時很注意，任何時刻都馬虎不得，「一粒米，百粒汗。」的形容是不誇張的。

　　傳統社會的男性，因有生理上的優勢，擔負家庭的經濟主力，早期都是農耕生活居多，可看出工作之辛苦，儘管辛苦與靠天吃飯的風險，農家的父兄仍訓示自己的子弟要安分的做個「做稽人」，努力的照顧田園，才可糊口而免於挨餓。

　　農是國家的根本。台灣土地狹小，山地面積大又四面環海，「靠山吃山，靠海吃海」，人民隨著居住的生活環境，有不同的工作機會，在諺語上也呈現出靠山靠海的農漁民，都是一樣辛苦的生活著：

　　　　　　　一日落海〔註12〕，三日　放屎。（陳主顯《台灣俗諺語典》卷六頁 20）

　　　　　　　做山有一半，做海攏無看。（陳主顯《台灣俗諺語典》卷六頁 6）

　　　　　　　放尿漩水面，有趁無通剩。（陳主顯《台灣俗諺語典》卷六頁 20）

「一日落海，三日膾放屎。」，呈現漁撈工作的辛苦，早期的漁業工作，船小，或海面作業、牽罟都是粗重的工作，傳統漁業忌諱女性上船，出海捕魚都是男性的工作，出海捕魚的重活一日操勞下來，所承受的勞累是會讓人腳軟的，更可悲的是漁業危險性高，收入不穩定，也是靠天吃飯，因而諺語說「放尿漩水面，有趁無通剩。」、「做山有一半，做海攏無看。」，充分說出捕魚郎的辛酸與艱苦。做山的呢？比海好一些，至少說「留得青山在，不怕沒柴燒」，還有一些機會與收成。從前的農、漁、林業都是辛苦的工作，男人養家的艱辛外，及在社會的地位的低位是低落的。

（三）「工」字不出頭

　　台灣傳統農業，其生產過程既艱辛且收益少，雖然有田有底不怕餓到肚皮，養活一個家庭並非只是吃飽也得穿暖，許多的農民利用閒暇之於從事其他的工作，如打零工。早期政府實施耕者有其田政策、公地放領，將大地主的土地徵收，只保留中等田三甲，園六甲，被徵收的土地以實物債卷及股票補償，其實質大幅縮水，大地主消失了，佃農再以實物如米穀、蕃薯償還放領土地的代金，造成農民收成不足以糊口失業大增，農村青年出走到外謀生，投入勞動市場。〔註13〕造成大批沒有專業才能的人力進入勞力市場，因此諺語云：

〔註12〕落海：討海，從事海事工作。
〔註13〕史明《台灣人民四百年》，台北，自由時報週刊社，1980 年，頁 969～994。

工字，無凸頭。〔註14〕（李赫《台灣諺語的智慧》（三）頁138）

工仔做，工仔食；工仔無做，就做乞食。〔註15〕（陳主顯《台灣

俗諺語典》卷六頁23）

傳統觀念「工」字，沒有出頭，意思是工人沒有出頭天的機會，工人是指做粗工的人。那些沒有技術的勞工，所操持的是最基層的粗活，既辛苦又危險收入又不豐，每天在職場的辛勞只換取生活的基本滿足，就如諺語云：「工仔做，工仔食；工仔無做，就做乞食。」，不做工就沒得吃，就只好淪為乞丐了，說出工字不出頭，象徵經濟地位低，社會地位更低的窘境。傳統男性從事於基層勞工是沒有社會地位的。窮人要靠工作來出頭天，就需有些功夫，也就要有些專精的手藝。諺語云：

一藝，防身己。（吳瀛濤《臺灣諺語》頁3）

工夫在手〔註16〕，不論早慢。（陳主顯《台灣俗諺語典》卷六頁25）

工夫在手，欲食就有。（賴宗寶《台灣經驗老祖先的話》頁286）

散人無本，功夫是錢。（陳主顯《台灣俗諺語典》卷六頁26）

「一藝，防身己。」身上有一技之長，就可以養活自己，滿足生活所需。傳統社會，科技不發達，許多的生活所需需靠存手工打造，像木工、雕刻、製鞋、裁縫等等，都靠手藝完成。傳統觀念父母喜歡孩子去學一技之長，不但可以養活自己，還可能出頭天，就如諺語云「工夫在手，不論早慢。」、「散人無本，功夫是錢。」，只要有一身的手藝，就不用擔心早出名或晚成名，是餓不死的，功夫是本錢，可以滾錢的利器。

從諺語中發現，從事基層勞動工作的男性其社經地位並不高，難以出頭天，但若擁有一技之長的男性可養活一家，功夫好受到社會器重與尊敬，提升社會地位是一個好的途徑。因此說「拜師學藝。」（陳主顯《台灣俗諺語典》卷六頁27），習得真功夫可望出頭天。

（四）在商言商的商人

在世俗社會中，中國人認為最大的事業就是升官、發財。升官在社會體

〔註14〕此句賴宗寶《台灣經驗老祖先的話》頁278作「工字無出頭。」

〔註15〕此句賴宗寶《台灣經驗老祖先的話》頁278，作「工仔做，工仔食；工仔哪無做，就愛做乞食。」

〔註16〕在手：是擁有的意思。

系上屬於政治的範疇；發財是社會體系的經濟行為。兩者是中國社會的兩種特質。在中國社會上明顯存在兩種現象：一是政治上的統治者與被統治者，在經濟上的地主與農民，在社會上的士紳與庶人，形成不同的階級關係。階級間有相互流動，使階級間的衝突緩和；另一種就是一心一意盼望升官、發財。〔註17〕五千多年前孔子即有言，《論語‧里仁》：「富與貴，是人之所欲也」，因此說發財是每個中國人的慾望。

　　在古代升官、發財藉著階級流動的身分轉換官吏、地主而取得權力，運用權力製造財富。在近代官吏、地主同樣也是財富取得的主導者，所不同的是社會給予人民的就業增多，大小的商業活動也活絡於民間生活，社會型態的改變，有越來越多發財的機會，經商致富是可以實現。

　　在台灣傳統社會雖以農業生活為主，日常生活裡商人是商品貨物的重要媒介，商人應用各種管道商品達到物暢其流的功效，使生活便利與享受。對社會的貢獻應當受到讚美與褒揚，但在諺語中社會對商人顯現有不同的觀感：

> 放五虎內，好燴過後代！（陳主顯《台灣俗諺語典》卷六頁 227）
>
> 博繳君子，買賣賊。（陳主顯《台灣俗諺語典》卷六頁 50）
>
> 繳豬，生理虎。（陳主顯《台灣俗諺語典》卷三頁 367）
>
> 十商，九奸。（陳主顯《台灣俗諺語典》卷三頁 220）
>
> 商人，無祖國。（陳主顯《台灣俗諺語典》卷三頁 220）

「放五虎內，好燴過後代！」，放五虎內就是放高利貸，以現代社會而言似地下錢莊，早期的民間金融貸款，是貸款收取高額的利息，這種行為在民間被視為是在吸人血，要人命的放款，沒有人性及人情味，因而被詛咒為即使賺了錢也無法庇蔭後代，不用「博繳君子，買賣賊。」博繳的「繳徒」都有輸贏的標準在，但買賣卻是任商人自行依秤仔自定價格，對於做買賣的生意人，在傳統社會裡被視為像賊一樣的行為，偷斤減兩賺取差額，生意人的名言，「殺頭生理有人做，了錢生理無人做。」（陳主顯《台灣俗諺語典》卷六頁 218）生意人都是精明而且是奸詐的人，「十商，九奸。」並被視為像老虎一樣的精明銳利。

〔註17〕文崇一《歷史社會學──從歷史中尋找模式》台北，三民書局，1995 年，頁197～199。

　　商人的形象被認定為自利且精打細算狡猾的形象，卻是不能長久的經營的，因而告誡做生意要實在才能長久，諺語云：

　　　　秤頭，是路頭。（陳主顯《台灣俗諺語典》卷六頁 42）

　　　　烏龜〔註18〕生理。（陳主顯《台灣俗諺語典》卷六頁 46）

　　　　真商〔註19〕無真本。（（王永興《台灣俗諺與大全》下輯頁 71）

「真商無真本。」，真正會做生意的人，並不需要有巨大財產做後頓，而是靠有效的利用資金，以小錢賺大錢。而利用小錢賺大錢靠的並不是偷斤減兩而來，重要的是秤頭要足才有前途，生意才能長久，就如諺語所云「秤頭，是路頭。」，更重要的是要能懂得凡事忍耐，顧客致上的心態虛心的經營生意，「烏龜生理」，才能經營長久。如遇到機會來臨就可以拋棄「生理人豬食狗睏。」的辛勞，能有一間「好店底，卡贏三甲穩仔田。」（呂自揚《台灣諺語之存在》頁 71），經營好商店贏得比三甲地的稻子，能有更好的發展。

　　經商的目的在於賺錢，養家活口是最先決的目的，求溫飽再求富貴，商人錙銖必較賺取利差，極盡賺錢的方法都要達成買賣的目的，但在諺語中呈現出商人也有君子的風範，諺語云：

　　　　買賣算分，相請無論。（賴宗寶《台灣經驗老祖先的話》頁 287）

　　　　姜太公釣魚，離水三寸。（陳主顯《台灣俗諺語典》卷六頁 48）

　　　　先小人，後君子。（陳主顯《台灣俗諺語典》卷六頁 55）

　　　　一手交錢，一手交貨。（陳主顯《台灣俗諺語典》卷六頁 58）

　　　　有賒有欠，百年老店。（陳主顯《台灣俗諺語典》卷六頁 59）

從諺語中顯現出買賣是一件慎重的事，馬虎不得，「買賣算分，相請無論。」，私底下雖是好朋友，朋友交陪你來我往，但在生意上則算得很清楚。所有的交易都是自己的意願，就如「姜太公釣魚，離水三寸。」願者上勾，買賣成交後都循著「先小人，後君子。」的買賣約定在執行，所以是「一手交錢，一手交貨。」銀貨兩迄，各自履行及享受其權利義務。傳統社會的生意多為小規模的民間買賣居多，重視人情味及信用「有賒有欠，百年老店。」，這樣的生意觀，才是長久之計，永續經營。

〔註18〕烏龜是指向烏龜一樣的個性，具有堅忍的個性。
〔註19〕真商：指會做生意的商人。

（五）其他

　　傳統的觀念，男人養家，女人理家，職場是男人的天下，男人在外與人一較高下，拼事業累積財富更比較名聲利益。古人重視氣節操守，社會風氣的轉變，在實際生活社會裡，卻有一股「笑貧，不笑娼。」（陳主顯《台灣俗諺語典》卷六頁 231）的趨勢在流動。社會的階層的流動，財富具有改變的力量，在諺語中也能明顯的感受到：

　　　　　　第一好，製枝仔冰，喊水會堅凍；第二好，做醫生，水道水賣
　　有錢；第三好客人莊當壯丁，威勢得人。（吳瀛濤《臺灣諺語》頁 159）

　　　　　　第一好，做醫生；第二好，賣枝仔冰。（陳主顯《台灣俗諺語典》卷
　　六頁 222）

「第一好，製枝仔冰，喊水會堅凍。」，喊水會堅凍，權力是迷人的，可以指揮一切，掌控世人，因此製枝仔冰被稱為第一好的職業。「第二好，做醫生，水道水賣有錢。」，水道水賣有錢，水就可以賣錢，可以賺進財富，因而是人人稱羨的好職業。在台灣能進入醫生的行列必須經過層層的考試，而且是時代一時的頂尖人物，最拿手的是讀書考試，相當於中狀元的出類拔萃者，考上醫學院將來進入醫生行列，給人的觀感不是可以救人的偉大情操，而是可以賺很多錢，甚至是可以娶富家女，嫁妝是大廈洋房，少十年的奮鬥，社會上有這樣的觀感主要是因為中國人重視升官及發財。中國人在官場不能得志，遂往發財方面發展，俗話說：「有錢使鬼能推磨。」（陳主顯《台灣俗諺語典》卷六頁 30），富裕是令人嚮往的，有錢後能結識權貴之人，增加自己做事的方便性，諺語云：「第一行郊，第二牛販。」（陳主顯《台灣俗諺語典》卷六頁 224），一個是掌控台灣民生生活的商業同業公會；一個是台灣早期農業社會憑藉的動力的牛販，兩者都是用輕鬆的方式賺取高額的報酬，是個令人嚮往的發財行業；最令人看不起的行業是，「第一衰，剃頭歕鼓吹。」（陳主顯《台灣俗諺語典》卷六頁 224），剃頭與歕鼓吹屬於科舉時代的「下九流」，文人受到重視，而不入流者受到鄙視輕賤。

　　中國古代科舉制度，影響台灣後代子孫的職業觀感，文人受到重視，輕忽農工，造成追求財富趨向於惡性競爭，社會風氣易敗壞。

二、女性對男性職業的觀感

　　傳統女性因需倚賴男性養家，男性負責在外打拼，女性扮演賢內助的角

色，以夫為貴，以夫為榮。女性留置家中照顧一家大小，雖家庭地位低落，但對於丈夫的一切仍有深切的影響，「憑夫吃，憑夫貴」，以夫為天共同奮鬥，並以夫的榮耀為榮耀。因而可從妻子的行為觀察出外界對丈夫的褒貶，丈夫的職業直接影響妻子的行為，藉由諺語約略了解台灣傳統社會對各種職業的觀感。

> 嫁著作稼翁，無閑梳頭鬃。（陳正之《智慧的語珠》頁 20）

> 嫁著作稼翁，頭毛結草總〔註 20〕。（陳主顯《台灣俗諺語典》卷五頁 476）

> 嫁著做田翁，汗酸臭羶重。（陳主顯《台灣俗諺語典》卷五頁 476）

> 嫁著做茶翁，十暝九暝空，第十暝閣親像死人。（陳主顯《台灣俗諺語典》卷五頁 482）

農事的繁忙從諺語中清楚可見，嫁給莊稼漢，農事忙不完，每天無暇梳整頭髮，頭髮就像稻草般。農忙時期粗重的工作由男人負責，女人準備點心及瑣碎的事情外，有時可能還需下田幫忙。妻子都忙到蓬頭垢面了，丈夫負責粗活就更不要說了，每天更加揮汗如雨，從前農事機械少全靠勞力，男人每天下田更是從早到晚的忙碌。嫁給靠山吃飯的茶農，為製作茶葉不眠不休的付出，深怕做不出好茶，全家的生活即產生困頓，身為一家之主的丈夫不能怠惰，妻子理所當然夜夜守空房。在鐘肇政的《魯冰花》裡茶農之子阿明鮮明畫出雙手抓不完的茶蟲，父親苦無錢買農藥除蟲，就連小孩都得課餘到茶園幫忙，何況是家裡的大人。嫁著做茶翁，辛苦說不完。

　　嫁給農家子弟，農忙時期天還沒亮就得出門，晚上做到伸手不見五指才能回家。但嫁給做工的丈夫，似乎好些。諺語云：「嫁著做工翁，日出日落則見著人。」（陳正之《智慧的語珠》頁 21），日出日落即能見到丈夫，男人的工作有正常的時間，不致於因工作妨害家庭生活。

　　傳統社會以農業生活為大部分，農產品也需銷售才能換取所需，各取所需達到供給與需求的目的，商人即扮演重要角色。白居易〈琵琶行〉裡寫道商人：「老大嫁做商人婦，商人重利傷別離。」，經商的人四處奔波是需要的，不安定常遷徙也是商人的生活寫照。諺語云：

> 嫁著生理翁，日日守空房。（陳正之《智慧的語珠》頁 20）

〔註 20〕結草總：沒時間整理頭髮，只能把頭髮像收割後的稻草打個結挽起。

嫁著賣菜翁，三頓呣是菜就是蔥。（陳主顯《台灣俗諺語典》卷五頁 480）

嫁著雜細仔翁，搖鈴鐺鼓，出門看查某。（陳主顯《台灣俗諺語典》卷五頁 477）

嫁著刣豬翁，無油煮菜也芳。（陳正之《智慧的語珠》頁 21）

賣火炭的伊某，黑鼻穿。（《台灣俚諺集覽》頁 403）

賣油的伊某，頭光髻光。（《台灣俚諺集覽》頁 403）

賣豬肉的伊某大尻川。（《台灣俚諺集覽》頁 403）

嫁著總庖翁，身軀油油燴輕鬆。（陳主顯《台灣俗諺語典》卷五頁 479）

嫁著討海翁，三更半暝弄灶坑。（陳主顯《台灣俗諺語典》卷五頁 478）

嫁著拍金翁，插到一頭金咚咚。（陳主顯《台灣俗諺語典》卷五頁 482）

嫁著做衫翁，看人穿到嫷噹噹。（陳主顯《台灣俗諺語典》卷五頁 480）

各種生意各有特色，賣菜的丈夫，菜、蔥吃不完；屠夫、豬肉商、賣油郎即廚師，每天油膩膩，可以將老婆養得屁股大大肥肥的，卻是輕鬆不起來；賣火炭的丈夫，妻子每天陪著鼻子弄得烏漆媽黑，丈夫的工作少不了一身髒；賣各種女紅雜貨粉妝品的雜細人，顧客群是女性居多，增加與女性接觸的機會，使得妻子還得擔心丈夫會多看了別人家的女人而流連忘返。這些商人的妻子格外顯得辛苦與不安，男人經商在外交際應酬多，街處的對象男男女女，也難免風花雪月的場合，商人的妻子難為是可以感受得到，男人經商所負的風險，也是在所難免，經營得當日進斗金一本萬利，經營不善血本無歸，也可能落得一無所有傾家蕩產。

在農工商之外職業的漁夫，出海打魚也得忙到三更半夜才能回家，苦的是妻子也得苦到半夜。唯有金飾店的打金師父的妻子，可以裝扮得金光閃閃，高貴亮麗，顯得富貴襯托出金仔店老闆的財力，是令人稱羨的職業。

從女性展現的風貌，窺究出社會對男性的職業觀感，對於農、工、商的感覺都是辛苦不得閒的，在物資缺乏的年代，生活都是艱辛的，大部分男性的職業都是血汗錢，維持家計不易，也使得妻子跟著吃苦，家庭家計也飽受艱辛。唯有嫁給讀書人，感覺是最悠閒的，諺語云：

嫁著讀冊翁，三日無食嘛輕鬆。（黃少廷《台灣諺語（一）》頁 339）

嫁著讀冊翁，床頭床尾香。（陳主顯《台灣俗諺語典》卷五頁 483）

自古傳統觀念以「士」為尊，讀書人受到尊崇在中國歷史上封建制度開始，封侯封疆封吏，讀書取士，文人才能有機會接近政治，也才能握有大權，不為官的文人風範與氣度也最令人感佩，文人的地位之高，在妻子的身上悠閒看出。諺語中也流露不少對「士」的重視：

　　　　世上萬般皆下品，思量惟有讀書高。（《台灣俚諺集覽》頁 417）

　　　　子孫雖愚，經書不可不讀。（台灣俚諺集覽》頁 419）

　　　　學乃身之寶，儒為席上珍。（《台灣俚諺集覽》頁 419）

　　　　遺子滿嬴金，何如教一經。（陳正之《智慧的語珠》頁 13）

　　　　黃金滿籯，不如教子一經。（《台灣俚諺集覽》392）

　　　　積金千萬兩，不如明解經書。（《台灣俚諺集覽》頁 418）

　　　　學乃身之寶，儒為席上珍。（《台灣俚諺集覽》頁 419）

　　　　字是隨身寶，財是國家珍。（徐福全《福全臺諺語典》頁 219）

傳統觀念以讀書，讀聖賢書做聖賢事為第一等人及第一等事，女子嫁人也以文人為首要考量，，洪瓊璧《出閨詞》也道出了女子寧願嫁給讀書人的心聲：「不嫁商人婦，願為名士妻，鋤花兼種竹，幽往板橋西。」〔註 21〕可見的讀書人的社會地位不管在古代或現代都是受到推崇的，「士」，士大夫的社會形象也備受矚目。

　　女性在傳統地位雖不高，但不代表女性沒有思想沒有主見的。從女性觀點尋找男性職業的社會觀感，能知道女性的需求與辛苦，同時也能了解男性在各行各業扮演的角色與辛勞。社會上對「士」的觀感最好期望最高，但不能否定各行各業的男性為社會脈動付出的辛勞。

第二節　從繼承家業看男性的家庭地位

　　自周朝宗法制度確立後，嫡庶之別將親屬分類，使父系宗法將爵位、祭祀、與財產繼承權力有所根據，宗法制度落實於父系的繼承範疇。漢人家族在父系的原則下，男子一出生即擁有父親所擁有的權力，繼承父親所繼承擁有的權利與義務。這權利與義務包含一出生即具有的「房」的地位與死後能受祀於家族的祠堂與公廳之上，以及族譜之記載上，同時擁有父親財產的繼

〔註 21〕引自莊永明，《台灣雅言巧語》，臺北，時報文化，2004 年，頁 133。

承與父親傳承的事業，這些是父系社會下男子出生既得的權力。

一、地位繼承

中國自古以來的親屬制度是由父子關係所支配，亦即所謂的父系原則。其行為特徵也都環繞在父子軸而衍生父子型的文化模式。父子軸所支配的中國社會是以「房」為中心的意識社會。〔註22〕台灣民間也以此理念在於無形中落實於日常生活的觀念裡。就如每一個父親需有一個「後生」來傳遞香火，此為台灣家庭地位之繼承。在封建制度有世襲的宗族地位繼承，在民主時代，台灣社會只有繼承姓氏的繼承。在傳統「不孝有三，無後為大」的觀念下，得知台灣傳統觀念深受以男性為傳承家族的生命。姓氏的繼承也以男性為主要，男子一出生為人子時，相對於父親稱一房，也就是說兒子相對於父親，兒子是父親的一房。因此諺語中的「無後為大」意涵為在父親下無「房」可祭祀。而「房」的中心概念衍生出的意涵依陳其南在《家族與社會》中指出有幾個原則：

（一）男性的原則：只有男子才稱房，女子不論如何皆不構成一房。

（二）世代的原則：只有兒子對父親才構成房的關係。孫子對祖父，或其他非相鄰世代者皆不得相對稱為房。

（三）兄弟分化的原則：每個兒子與能單獨構成一房，而與其兄弟劃方出來。

（四）從屬的原則：諸子所構成的「房」絕對從屬於以其父親為主的「家族」，所以：房永遠是家族的次級單位。

（五）擴展的原則：房在係譜上的擴展性是連續的，「房」可以指一個兒子，也可以包含屬於一個同祖先之男性後代及其妻等所構成的父系團體。

（六）分房的原則：每一個父系團體在每一世代均根據諸子均分的原則於係譜上不斷分裂成房。〔註23〕

由上述原則得知男性在家中的地位，係由房來定位，才可享有父親擁有的權利。女子是不能夠成房的，在家中無歸屬的位置，在民間未出嫁的女兒會被

〔註22〕陳其南《文化的軌跡‧婚姻家庭與社會》台北，允晨文化出版社，1986年，頁83。

〔註23〕陳其南《家族與社會》，台北，聯經出版社，1980年，頁131～132。

為稱為姑婆，年紀大了就被譏笑為老姑婆，終老後也不能被供奉在神明桌上的祖先牌位。諺語中也有顯現這樣的意涵：

姑婆〔註24〕不能上廳桌頭。（李婉君《台灣河洛話有關查某人諺語之研究》頁24）

厝內無祀姑婆。（徐福全《福全臺諺語典》頁143）

「姑婆不能上廳桌頭」，神明桌上不能供奉未出嫁的女生，雖然同姓，也為父親的子女，但不為祖先所接受，因不屬於家族中的一房。漢人的社會父親和兒子女兒們構成父輩的一房，女子只能被視為家族的一分子，卻不能將他視為一房，也在族譜的紀錄上，父系的兒子有名為記，女兒也只紀錄著生女幾名而已。父親的兒子們是父輩下的基礎房，兒子各自成家後可獨立一個家族，但仍屬父親的房嗣，祖先牌位只供奉「房」（男嗣）的配偶與兒子們，女子活著時是同一家族，死了卻不能視為同一家族，需出嫁後才能成為夫家與丈夫構成一房，供奉於夫家的祖先牌位上，未出嫁之前亡者，牌位只能草率置於「尿桶間」〔註25〕，只因「厝內無祀姑婆」，諺語也云：

別人家的神仔。（徐福全《福全臺諺語典》頁114）

查某子，外頭家神仔。（徐福全《福全臺諺語典》頁343）

查某囝別人的家神。（周榮杰《臺灣諺語銓編》頁90）

女子一出生不能被稱為一房，就只能在出家後在丈夫的房嗣下，成為夫家的人，死後才能受供奉。所以就如諺語所說「查某子，外頭家神仔。」，只能出嫁依附在丈夫的家庭地位上。若女子未出嫁就已過世，未滿十九歲而夭折稱「殤」，台灣民間稱「姑娘」、「姑娘」，「嫁殤」是將十九歲以下未出嫁而死的女子作為假出嫁，民間稱「嫁香煙仔」。〔註26〕已殤的女子，死後不能安置於祖宗牌位上，依民間信仰未出嫁即亡，若不能受人供奉，就會變成孤魂野鬼到處漂泊，也不能再投胎轉世。因此父母不捨女兒成孤魂野鬼會將牌位安至於菜廟〔註27〕由菜姑〔註28〕供奉。再視機會以「冥婚」的方式嫁人，才能受

〔註24〕姑婆：未出嫁的女子被稱為姑婆。

〔註25〕尿桶間：廁所。

〔註26〕阮昌銳《中國婚姻習俗之研究》台北，臺灣省立博物館，1989年，頁106。

〔註27〕菜廟：閩南地區稱公奉夭折的女孩的靈堂為菜廟。轉引自阮昌銳《中國婚姻習俗之研究》台北，臺灣省立博物館，1989年頁106。

〔註28〕菜姑：菜堂出嫁的婦女。阮昌銳《中國婚姻習俗之研究》台北，臺灣省立博物館，1989年，頁106。

供奉於冥婚夫家的祖宗牌位上，不必再當孤魂野鬼。〔註29〕「厝內無祀姑婆」，是父權社會的重男輕女所形成現象，女子無法取得家族的地位，只有男性才有家族地位。

　　漢人家族以「房」來定位繼嗣，以確定分享父親的權利，在地位繼承上與周朝的嫡長子有別，父系下並無嫡庶之分，兄弟間的名份只有依兄弟的排序有長房（大房）、二房、三房的稱呼，並無特別的地位。但強調以父系才為同一家族，如同父異母，妾所生之子被正式認可，即與正室所生之子同享有「房」的名份而無所差別，諺語云：

　　　　細姨生囝，大某的。（陳主顯《台灣俗諺語典》卷七頁334）

　　　　共爸共母是至親，共母各爸是他人。（陳主顯《台灣俗諺語典》卷五

　　頁87）

「共爸各母是該親，共母各爸是他人。」，同父異母視為同血緣為同一家子的人，同母各父就不是同一家的人，以父親血緣為親人的依據，才能視為同宗同族同兄弟。同樣的，細姨的孩子同是父親的骨肉，能算同兄弟但必須以正妻認定才能視為父系之一房。漢人的家族制度，分房原則即所謂的「係譜模式」1〔註30〕雖有別於其他父系社會，但仍有嫡庶的概念在，妾所生之子，要取得正式名份需經正妻的認定。

　　以男性為主的「房－家族」制度的世代原則，兄弟各自為一房，是在父系下同各為一房，如諺語所言「樹大分椏，囝大拆伙。」、「樹大分椏，人大分家。」各為一房後又可成立一個家族，以此房又延嗣出新的家族，一直不斷的擴展其家族，經歷幾代同一姓氏即為「同宗」，依此概念而有上輩的房稱「頂房」，下輩的房稱「下房」；鄰近的係譜又有「遠房」、「近房」之分。〔註31〕在同宗的親族上，各自延續後代後，各有不同的輩分。在同一世代裡的男性通常相同的輩分，在各世代所延嗣的子女會有不同的輩分，因此諺語云：

　　　　論輩無論歲。（余全雄《台灣民俗諺語》250）

「論輩無論歲」，在同宗親族裡，看輩分而不分年紀，年紀大也可能輩分小；

〔註29〕陳其南《家族與社會》，台北，聯經出版社，1980年，頁141～143。

〔註30〕係譜模式：依陳其南在《家族與社會》的定義為：某一特定民族，在一個所有人類社會都共通的生物學模式上，獨自認定出一套特有的概念和法則，而建立的社會文化體系。轉引自〔註30〕陳其南《家族與社會》，台北，聯經出版社，1980年，頁141。

〔註31〕陳其南《家族與社會》，台北，聯經出版社，1980年，頁135。

年紀小也有可能輩分高。在漢人的社會，在命名時會依宗族的輩分命名，除姓外名字的第一個字有輩份排序的規定，如宜蘭縣冬山鄉的游姓家族，公厝設在冬山鄉太和村，其家族輩分按「厚、進、永、安、興、祥、本、源、能、有、志」〔註32〕的排序，按第幾代取名時的輩份用。從名字即可看出輩份關係，輩份的法則和同一世代均等分法原則，分別構成中國人係譜座標的橫軸與縱軸。〔註33〕係譜座標使同親族之人更清楚自己房的地位。

二、財產繼承

漢人家族的繼承身分認定是以男子為房嗣，在家族裡一男子為一房，即擁有財產繼承者。中國人所稱的財產是以土地為主，土地對中國社會有密切的關係與感情。古代君王以疆域論治國能力；封侯封土地；地主擁有土地可以成為富翁，收地租即可富裕生活；人民更仰賴土地的耕作來維持生活。在漢人社會也以土地為財產，因此在房的繼承也以土地的繼承為主要。

漢人家族對於財產的繼承依家族法則來均分父親的財產。漢人對財產的定義在於「有土斯有財」的觀念上。置產，購買房地產，才能放心保存自己的財產，這樣的觀念一直存在台灣社會中。因此父親對財產的分配上，也以分土地為財產繼承。在諺語中也有這樣的記述：

　　　　查某囝得嫁妝。（陳主顯《台灣俗諺語典》卷五頁 349）

　　　　後生得田骨，查某仔得田皮。（陳主顯《台灣俗諺語典》卷七頁 331）

　　　　後生哭家伙，新婦哭面皮，查某囝哭骨髓。（陳主顯《台灣俗諺語典》卷七頁 295）

　　　　做囝婿看傢夥，做新婦看娘嬭。（陳主顯《台灣俗諺語典》卷五頁 310）

　　　　查埔分家伙，查某分手尾。（陳主顯《台灣俗諺語典》卷七頁 332）

　　　　父債囝還，父業囝得。（陳主顯《台灣俗諺語典》卷七頁 331）

「查埔囝得田園」、「後生得田骨」，田園及田骨是土地所有權的象徵，依台灣民間的財產繼承習慣，就如諺語所言，「查埔囝得田園」，也就是繼承土地的所有權；女兒因被視為別人家的家神，在家族制度中，並不具有房的權利，因而不能享有土地的繼承權，但因也為家族一份子，對財產的受益仍領有權

〔註32〕游祥立《游姓族譜》，宜蘭，游祥立，1981 年，頁 1。
〔註33〕陳其南《家族與社會》，台北，聯經出版社，1980 年，頁 140。

利，父親有權分配土地所貲生的利益，如稻穀、作物所得的金錢，家中購置的農具、家具等等，女兒出嫁時僅給予嫁妝，田皮，田地所生之物，而沒有田地，田地不動產是傳家，是父親的幾房兒子所共有，一出生即享有的權利，是每一個兄弟所共有的均享的利益，這是漢人家族土地轉移的分法法則，與現在立遺囑，遵照遺囑繼承不同。家族財產紛傳各房的模式，也象徵父傳子的意涵。此模式無論有無書面契約〔註34〕，家族的財產轉移依循此分房法則分之。〔註35〕

「後生哭家伙」，「家伙」，就是家產。兒子繼承父親的家產，不僅在出生即與兄弟享有父親的家產外，且不論結婚與否也都享有此項權利，在繼承上同享權利，在兄弟「分家」時得到，「分家」其實就是「分家產」。父親在生前就可以將家產均分給兒子，分完家產後，父親即無管理權，交由兒子管理，兒子又依分房法則傳承，「父傳囝，囝傳孫。」緜延不斷，也因此各自成立一家族。對於將家產分給兒子的父親，每一房皆負有奉養的責任，父母親百年之後，也由兄弟奉祀於各自的公廳列為祖先。對於父母的後事也全由兒子負責，無兒子可以送終者女兒也有責任負責治喪。如諺語云「有男歸男，無男歸女。」（陳主顯《台灣俗諺語典》卷七294），後生得田骨，兒子理當對父母善盡養生送死之事；查某仔得田皮，女兒也應報答父母養育之恩。

繼承家業是有家產可以繼承的富貴人家，沒有田產的家庭還可能留有負債，對於有家產可繼承者繼承父親的家產，沒有家產而有負債者，為人子也應負起償還之義務，所謂「父債子還」免徒留罵名於後世。

台灣社會財產的繼承依房的法則均分之，其房的認定以正妻所生之子，即嫡子為認定，庶妻所生之子，庶子地位取得需先正妻允許，即諺語所說「細姨生子大某的」，嫡子與庶子的地位有別外，對財產的繼承在台灣社會裡也有所不同。諺語云：

　　　嫡全，庶半，螟蛉〔註36〕又半。（陳主顯《台灣俗諺語典》卷七頁332）

〔註34〕書面契約，家族財產分配的契約文件需由有關各房代表同意簽署，此份契約文件在民間稱「分家契」或「鬮書」。轉引自陳其南《家族與社會》，台北，聯經出版社，1980年，頁157。
〔註35〕陳其南《家族與社會》，台北，聯經出版社，1980年，頁157～167。
〔註36〕螟蛉，指養子。養螟蛉子是台灣漢南洋華僑社會的習俗，在中國並無。中國士大夫偏重血統，可採娶妾生子，可由「庶子」延續血統，亦或採過房方式，轉引自陳主顯《台灣俗諺語典》卷七，頁332～333。

嫡全，庶半，螟蛉半中半。（陳主顯《台灣俗諺語典》卷七頁 332）

台灣於清朝時期對妻妾之子之財產繼承雖有規定：「嫡、庶子男，除有官蔭襲先儘嫡長子孫，其分析家產、田產、不問妻、妾、婢生，子以子數均之。」〔註37〕，台灣並未依此規定行之，而以「嫡全，庶半，螟蛉又半。」，嫡子的財產繼承權算一份；妾所生之子只能是嫡子的一半；養子庶子的一半，只有四分之一，大抵嫡六庶四的比例。妻妾之子的財產繼承比例大抵是六四原則，主要在於保障元配的權利，這也可說是嫡長子的另一種保護。台灣社會的財產繼承依家族分房法則行之，每一房都有同樣的權利，父親希望兒子越多，對家族的擴展具有較多的貢獻，在繼承上獨子可獨得，而兒子多家產越分越少，也引起兄弟間的爭奪，諺語云：「多丁，奪財。」（陳主顯《台灣俗諺語典》卷五頁 535），對和睦的兄弟而言不會構成戰火，但對會計較的兄弟來說，卻是感情疏離的導火線。為人父親者，多子對祖宗達成任務，其過程有「多子餓死父」的經濟壓力；有「多丁，奪財」的繼承困擾，雖依房法則均分財產，但分到的土地良莠著實也關係到家中的經濟，是造成多丁奪財的原因。諺語對於分家產更有這樣的描述：「分未平，打到二十九暝。」（林茂賢之台灣民俗文化研究），家產雖一房一份，要分到等值各房都認為公平也是件難事，兄弟爭產到了為爐的日子都不放過，父親應是做不願看到的。有鑑於此，現代社會對分家產尊重立遺囑、法律途徑解決應可減少彼此的糾紛，同時也保障父親的權益，對於不孝子弟也可防範。這不是顛覆傳統，而是時代潮流改變，傳統觀念也在修正中，民間社會處處還是以傳統照房分的方法行之，若有爭議才訴之法律。

兄弟之間對父親的財產繼承權，以分房法則行使，在民間習俗對於分家產也有一項特別的繼承默許的方式，長孫對祖父的家產繼承有一份與其父執輩分得一份，稱為「長孫額」、「長孫田」。〔註38〕諺語也云：

大孫頂尾囝，財產多一份。〔註39〕（村中耆老）

「大孫頂尾囝」，在阿公阿媽眼裡是值得慶賀的，象徵著自己能當上公媽，可以在自己百年〔註40〕之後列入公廳之上，也在百年後的儀禮，有人捧香爐，有兒有後嗣，有孫更有後嗣可繼承香火，所以說「公媽疼大孫。」（陳主顯《台

〔註37〕轉引自卓意文《清代台灣婦女的生活》，台北，自立晚報社文化出版部，1993年，頁 76。

〔註38〕陳其南《家族與社會》，台北，聯經出版社，1980 年，頁 152。

〔註39〕宜蘭縣冬山鄉香和村林阿英口述，2009.12.15 訪問。

〔註40〕百年，民間不說死去，而用百年來代稱老死。

灣俗諺語典》卷五 29），大孫就如同阿公阿媽的小兒子一樣受到疼愛。從「長孫田」看出台灣社會仍有嫡長子的觀念，大孫，在民間是大兒子的大兒子，無論是比其他房的兒子年紀小，大房的兒子仍是名份上的大孫，在繼承上享有一份財產。其所得的比例，各地區有所不同，筆者所居住的地區宜蘭縣是象徵性的給一份，但不是與父執輩一樣多。長孫所繼承祖父的家產，長孫田併入長孫從父親繼承的財產後，由其子之各房均分繼承。長孫在繼承上享有的地位與財產，足見中國根深蒂固的嫡長子世襲觀念依然存在。

第三節　閩南諺語中之男性社會特質

一、以男性本位的社會

　　封建制度建立了父權社會，農業社會擴張了父權社會的權力。宗法制度建立嫡長子的繼承方式，提升男性的權力，父系派生出了父權、男權、宗權漢君權。父權、男權、宗權是男性對女性的威權、長輩對晚輩的威權，有明顯的性別與輩份的不平等。〔註41〕一直以來，不論是經濟、政治、社會乃至於生活最密切的家庭，都是以男性掌權的局面，農業社會對男性的倚重，以中國造字來說明，「男」字為會意字，能夠任力於田事的男性為男。男性是農田上的主力，是經濟的來源與控制者，奠立男性在家中的地位，也提升男性的社會地位。

　　易經言「乾為天，坤為地。」；「乾道成男，坤道成女」，將男性喻為天，女性喻為地。男人高高在上像太陽一樣，充滿活力與朝氣；女人是大地孕育萬物，溫柔慈輝。在理論上男女彼此是地位相等，但在男權社會裡並無相符的實際生活，尤其是在婚姻生活裡月能顯現以男生為主的生活。從婚姻制度上看男女的婚姻關係，《白虎通・嫁娶》：「嫁者，家也，婦女外成，以出適人為家。娶者，取也。」，說明了婦人需出嫁後才能算是有家；男人娶妻只是拿走而已。諺語云：

　　　　受尪欺，毋通予某治。（胡萬川《苗栗縣閩南語諺語、謎語集》頁 59）

　　　　著互翁氣，嘸通互某治。（陳主顯《台灣俗諺語典》卷五頁 420）

夫妻婚嫁後成一家，從諺語「受尪欺，毋通予某治。」中，告誡世人，女性嫁人後，受到丈夫的欺負是平常之事，丈夫不能受到老婆的管治。以男性為中心的社會認為男性被女性管治是件不光彩的事，不能讓女人其到頭上，甚

〔註41〕蘇冰、魏林《中國婚姻史》，台北，文津出版社，1994 年頁 43。

至於女人要結婚必須有被丈夫欺侮受，當丈夫的出氣筒之心理準備。傳統社會認為被妻子管住不僅是沒面子更遭禍三代的嚴重後果。如諺語云：

> 聽母嘴無敗害，聽某嘴，絕三代。（陳主顯《台灣俗諺語典》卷五頁 432）
>
> 聽某嘴，乖〔註42〕骨肉。（陳主顯《台灣俗諺語典》卷五頁 45）
>
> 呣通聽某嘴，則免覽胸土大氣。（陳主顯《台灣俗諺語典》卷五頁 432）

「聽母嘴無敗害」；「聽某嘴，絕三代、乖骨肉」，「母」與「某」都是女人，為何如此差別？「虎毒不食子」，母親疼愛子女乃是天性使然，為人子女聽母親的教訓，接受母親的指示，不會受到陷害，在親子倫理上是行得通，說得過的道理。而聽妻子的話，就會造成骨肉親情疏離挑撥感情的事，其癥結在於以男性為主的社會爭搶兒子，「母嘴」與「某嘴」兩者間的角力爭逐權力取得，諺語云：「無翁受人疑，無茶受人欺。」（林曙光《打狗採風錄》頁 363），沒有丈夫受到別人猜疑的眼光；沒有兒子也遭受到歧視，有兒子有丈夫也要爭兒子搶丈夫，全因男性是父系社會權力的繼承者，掌握男性等於掌握半個權力，婆媳間的紛爭也因此產生。

男性的權力因出生而存在，不需強求也不用攀附即有基本的保障。男人天生的權力取得，及後天的助力使男人如虎添翼處處佔優勢。在生物上因體格發展使成為較壯碩，能擔任粗重工作，負起農事責任養家糊口，成為家中重要支拄；女性嬌弱體能較差，田裡粗活負擔大，而心思細膩，溫柔體貼成為家中的好幫手，在傳統農業社會是很好的分工，也因此男性成為社會的中心，女性只好附屬於男人之下生活，也使得傳統社會重男輕女的觀念更加深。諺語即云：

> 三十歲查埔是真童，三十歲查某是老人。（陳主顯《台灣俗諺語典》卷一頁 23）
>
> 男人三十一枝花，女人三十老人家。（陳主顯《台灣俗諺語典》卷一頁 23）
>
> 男人七寶〔註43〕之身，女人五漏〔註44〕之體。（陳主顯《台灣俗諺語典》卷一頁 162）
>
> 莊莊查埔，卡贏勇勇查某。（陳主顯《台灣俗諺語典》卷一頁 21）

〔註42〕乖，離間、挑撥之意。
〔註43〕七寶：心、珊瑚；肝，硨磲；氣，美玉；精，水銀；腦，靈沙；血，黃金；髓，水晶。轉引自陳主顯《台灣俗諺語典》卷一，頁 22。
〔註44〕五漏：二乳，大小便，產門。轉引自陳主顯《台灣俗諺語典》卷一，頁 22。

從諺語中顯現傳統觀念，總認為男性不論是在體能上，亦或身體上都比女性來得強。同樣的年齡查埔是「真童、鸚哥、一枝花」；查某卻是「老人、老婆、老人家」，有那麼大的差距嗎？應該不至於相差那麼多。女人經歷生產，身材容易走樣是可能的，但不至於退化成老太婆，而男人卻還是隻雄赳赳帥氣的鸚鵡呢。是男人天生的優越感所致，無疑的除優越感外，尚有存在台灣社會的男尊女卑的心態作祟吧。傳統社會因宗祧而重男輕女，也造成處處以男性為尊，女性需依附在男性的宗祧得以有歸宿。李白的「古意」詩中言：「君為女蘿草，妾作兔絲花。輕條不自引，為逐春風斜。」〔註45〕，自古女性自喻為兔絲花，需依附才能生存，依附後自己的根爛了，成了無根的寄生植物。女性因為傳統宗祧觀念也將男性視為自己的根依附而生，社會呈現以男性為主的狀態，女性被視為傳宗接代的工具，地位相當的卑微，如諺語云：「種爸威風，種母卸祖公。」（林曙光《打狗採風錄》頁191），生的孩子遺傳到爸爸，就顯得神氣十足；反之，遺傳到母親則是丟光祖宗的臉，如諺語云：「男人女體，捨您娘奶。」。（莊秋情《臺灣鄉土俗語》頁153）

　　台灣傳統社會長期以來，深受男尊女卑的觀念影響，一直以男性為中心的社會，標榜男性的強壯偉大。女性表現傑出被視為異類，遭受異樣的眼光，如諺語云：「雞角啼應該，雞母啼就抬。」（陳主顯《台灣俗諺語典》卷一頁31）；「光光月，唔值著暗暗日。」（陳主顯《台灣俗諺語典》卷一頁31），如此的傳統「男陽女陰」思想，男性就當自覺做到「驚某大丈夫，扑某豬狗牛。」（李赫《台灣諺語的智慧》（四）頁114）的智慧，不可在外受到挫折，回到家打老婆孩子出氣，成為家庭婚姻的暴力者，突顯自己的無能卻又不裝出一家之主的威風，借暴力使人屈服以肯定自己男性的價值，應真正做到夫妻和諧相敬如賓的「大丈夫」角色。

二、諺語中台灣社會觀點的男性特質

　　在台灣民間社會許多男性心目中，常有「查甫仔」、「男子漢大丈夫」的男性標準存在。這一個標準是男性評量自己與其他男性的言行舉止的比較。「男子漢」可以說是台灣社會對於成年男子的期待，強調男性必須負責任、有擔當、事業有成等，才稱得上男子漢。〔註46〕男子漢是台灣男子的成長指

〔註45〕http://mypaper.pchome.com.tw/julie500527/post/1282770725（2010.01.18）
〔註46〕黃淑玲、游美惠主編《性別向度與台灣社會》，黃淑玲〈男子性與男子氣概〉，台北，巨流圖書公司，2007年頁269。

標與目標。達成這一目標與指標的過程中，男性成長過程所經歷的一切，散發出的男性特質是達到男子漢的氣質表現。

對於男性較適合男性特質有：剛強、靠自己、冒險、獨立、有主見、競爭、膽大、豪放、穩健、自力更生、善謀、有雄心、幹練、主動、有領導才能。在觀念上屬於男性化的陽剛特質，有助於個人的自我成長與事業發展，以成就男子漢的達成。〔註 47〕台灣傳統社會，男性以繼承父權為使命，呈現出的是男性的陽剛氣質表現，以接受傳統社會的家庭責任，成為家庭的男主人，一肩挑起家庭重責，既是責任更是權力。

台灣男子漢，享有男性優勢而想有許多的尊崇與禮遇，也因男性優勢加諸在男性身上的桎梏，也是讓男性無法擺脫自我的枷鎖，如男性從小被教導為「男人有淚不輕彈」、「出人頭地」，也因為要邁向男子漢才是男性應有的本色，在這個過程男性要表現出英勇、權威、負責在感情上也是要內斂壓抑的，不置可否的只有變成男子漢，才是男人，扮演不成男子漢的就會被譏笑為「不好」種，而受到嘲笑。男子漢的特質表現在權力與情慾及責任上，男性的英雄形象是父權期待所造就出來的。

三、權力關係傾向

台灣農業社會時代的男子其權力主要來自家庭，父權體制下的男性支配著女性，男性是一家之主，重男輕女的觀念使得多數的男性產生強烈的男性尊嚴感，扮演著父親威嚴的「嚴父」形象。從小被訓練成不可以哭泣，目的在於養成堅忍、剛毅、有擔待，以長大成為一個男子漢〔註48〕，就如諺語云：

妻子面前莫說真，朋友面前莫說假。（陳主顯《台灣俗諺語典》卷六頁 321）

江湖一點訣，妻女不可說。（吳瀛濤《臺灣諺語》頁 91）

嘸通聽某嘴，則免攬胸吐大氣。（陳主顯《台灣俗諺語典》卷五頁 432）

聽某嘴，乖骨肉。（陳主顯《台灣俗諺語典》卷五頁 45）

痴人畏婦，賢女敬夫。（陳主顯《台灣俗諺語典》卷五頁 386）

〔註47〕李美枝《性別角色面面觀——男人與女人的權力暗盤》，台北，聯經出版社，1987，頁 30～31。

〔註48〕黃淑玲、游美惠主編《性別向度與台灣社會》，黃淑玲〈男子性與男子氣概〉，台北，巨流圖書公司，2007 年，頁 277。

著被夫欺，起可被妻治。（吳瀛濤《臺灣諺語》頁 160 頁）

英雄出少年。（陳主顯《台灣俗諺語典》卷一頁 81）

大丈夫，呣通一日無權。（陳主顯《台灣俗諺語典》卷九頁 62）

台灣長期以來深受父權影響，男性權力高漲，視女人為附屬品，一家之主外還會要求妻小百依百順，將女性對男性的順從視為理所當然，稍有不順心就招致一頓拳打腳踢，在妻子的面前能掩飾其短就盡其掩飾，如諺語云：「妻子面前莫說真，朋友面前莫說假。」，在妻子面前仍需帶著威嚴的面具，表現出男性的堅強威武的氣概，在家與家人相處，就像個悶葫蘆，不僅是「有淚不輕彈」更是「有話不輕談」〔註 49〕，寧願與朋友聚在一起喝酒聊心事，才能卸下壓抑，對妻子的忠貞永遠比不上對朋友的誠實，更不用說要聽妻子的話，只有傻子才會對妻子敬畏。

男性對於權力，也視為自己的資本，從小就被訴造成為英雄的象徵，就如諺語云：「英雄出少年。」，少年即能展現男性的英雄本色與雄心。在男性的掌權更具體說明「大丈夫，呣通一日無權。」，男性沒有「權」等於沒有雙手，沒有雙手創造不出權勢，沒有權勢創造不出富貴。台灣的社會文化賦予男性對自己的意義與價值，鼓勵從小主動積極，努力的出人頭地與光耀門楣。財富、聲望、權力、女人都是男性的象徵資本。

四、男性的情慾特質

中國老祖宗即明示「食」與「色」是人之自然本性。食乃天下第一大事，只要有一口氣在皆要靠食來維持生命。色即性也，也是人類最根本的慾望。性對人類而言雖非像食那麼迫切，但對人類之個人、家庭、社會等生活層面卻有甚於飢渴慾望的影響。男性被認為性的動機較強，主要來自男性的雄激素的分泌自睪丸及腎上腺體，女人的雄激素則只來自腎上腺體，男性血液中的雄激素約為女性的二十倍，但雄激素的多寡並非是性行為及性慾的差別原因。一般而言，性行為的頻數與方式主要是受觀念、態度與人際關係的影響，也就是說心理因素大於生理因素。〔註 50〕

傳統社會賦予男性權力，在經濟及婚姻上宰制女性特別明顯。因掌控經

〔註 49〕王浩威《台灣查甫人》，台北，聯合文學出版社，1999 年出版十刷，頁 17。
〔註 50〕李美枝《性別角色面面觀──男人與女人的權力暗盤》，台北，聯經出版社，1987 年，頁 215～216。

濟及婚姻的主導權，使男人成為性的侵略者，可以用經濟及武力迫使女性臣服於下，同時也是男性炫燿的工具。諺語云：

英雄難過美人關，美人難過金錢關。（陳主顯《台灣俗諺語典》卷九頁 33）

行暗路〔註51〕：一錢、二緣、三婧、四少年。（陳主顯《台灣俗諺語典》卷三頁 356）

為膣〔註52〕散，為膣死，為膣走千里。（陳主顯《台灣俗諺語典》卷五頁 457）

酒亂性，色迷人。（陳主顯《台灣俗諺語典》卷九頁 254）

酒是燒身丁硝焰，色是割肉鋼刀。（陳主顯《台灣俗諺語典》卷九頁 254）

酒不醉人人自醉，色不迷人人自迷。（陳主顯《台灣俗諺語典》卷九頁 256）

諺語中的英雄即男人，男人貪圖美色，總認為自己的英雄氣概理當配美人，也可展現男性的魅力與雄風，不惜金錢押注在女人身上，四處去尋花問柳，而那些暗娼看中的是錢，彼此利用各自滿足自己的虛榮心。「為膣散，為膣死，為膣走千里。」男人可以不惜拋家棄子，拼死拼活為了女人奔走千里也在所不惜。越難追到手的越有成就感，也就越能展現男性的能力。男人好色的本性，一則來自女人的美艷令男性有無法抗拒的魅力外；一則則是男性的自制力不足。所以諺語云：「色不迷人人自迷。」，都是男性的自我迷戀無法控制自己的情慾所致，儘管諺語云：「色是割肉鋼刀」，男性為展現男性雄風，顯露出男性的本色，常無法抗拒女色的魔力，對女性的迷戀是權力也是本性。

一般傳統男性性觀念存有「男強女弱」的關係，才能顯現男性的強壯，以及活躍的性生活也最能呈現男性的生龍活虎的男性特質。諺語云：

頂飽下無飽，一個猴死英子在猴猴吵。（邱坤良、施如芳、張秀玲、藍衟婧、郝譽翔等《宜蘭縣口傳文學下冊》頁 460）

賣龜買鱉食茲陰。（呂自揚《台灣諺語之存在》頁 113）

男性的性活躍，「頂飽下無飽，一個猴死英子在猴猴吵。」，呈現男性對性的

〔註51〕暗路，暗娼，指查某間。轉引自陳主顯《台灣俗諺語典》卷三，頁 356。
〔註52〕膣，閩南語音ㄐㄧ，女性的外生殖器官。

慾望與需求。在男權社會下的男性，兩性關係是最敏感也最感威脅的關係。性也象徵權力，掌權的男性處於主動掌控的角色，女性形象維持於被動最能迎合男性的權力慾望。男性在維護男性的優勢過程中，隱藏許多的恐懼與憂慮，處於優勢的男性並不承認潛意識的權力閹割恐懼症，反而創造出更積極的意義為男性權力的延伸。「賣龜買鱉食茲陰。」，有「採陰補陽」或「處女崇拜」的情結而神話似的開展，也讓因應男性性需求而生的雛妓問題得到的合理的藉口。〔註53〕諺語「冷茶、薄酒、老查婦。」（呂自揚《台灣諺語之存在》頁95），這三樣成了男人的致命針，使男人的氣魄無法展現。傳統男性有以性為權力象徵的情懷，因而部份男人想藉外遇偷腥展現男性的性能力。傳統農業社會的男性並非個個都有經濟能力能為所欲為，坐擁三妻四妾，或能輕鬆的偷腥，但必須省吃儉用，及承受惹病上身的恐懼。諺語云：

食飯配菜脯，儉錢互查某〔註54〕。（李赫《台灣諺語的智慧》（五）頁186）

無錢加查某講無話，無酒加神明博無杯。（陳主顯《台灣俗諺語典》卷三頁358）

驚了錢，閣要開查某。（陳主顯《台灣俗諺語典》卷三頁359）

死豬唔畏湯，嫖客唔畏瘡。（陳主顯《台灣俗諺語典》卷三頁362）

要開尻銷卡省本，透風落雨知天文。〔註55〕（陳主顯《台灣俗諺語典》卷三頁362）

爽快代先，病痛煞尾。（陳主顯《台灣俗諺語典》卷三頁363）

貪花，繪滿三十歲。（陳主顯《台灣俗諺語典》卷三頁364）

看戲看到扛戲籠，開查某開到做當番。（陳主顯《台灣俗諺語典》卷三頁363）

男人為了要追求性滿足，不惜省吃儉用，只為把錢留給「查某問」的女人；明知外面女人視錢如命，壓光所有錢財淪落到「查某間」看守抵債，也認為是值得的事。本位主義深厚的中國人，認為任何事物都是自己的好，文人相

〔註53〕王浩威，《台灣的查甫人》，台北，聯合文學出版社，1999年出版十刷，頁122～123。
〔註54〕此句於（陳主顯《台灣俗諺語典》卷三357中作「食飯配菜脯，儉錢互查某。」；呂自揚《台灣諺語之存在》頁132中又作「食飯配菜脯，儉錢付諸婦。」。
〔註55〕此句呂自揚《台灣諺語之存在》頁29作「望開交肖較省本，淊風落雨知天文。」。

嫉，文章是自己的好；祖先也是自己的好，自己的祖先蔭厝內，唯獨老婆是別人的漂亮，如諺語云：「家己的墓，別人的某。」（王永興《台灣俗諺語大全》下輯頁 60），男人對女性佔有慾是權力更是本性，男人的情慾可以多軌並行，其性慾與天生的雄性本色是相同的。男性將「性」視為權力，而男性掌握權力卻易迷失在「情慾」與「性慾」中，諺語云：

> 上床靠機會，下床靠智慧。（賴宗寶《台灣經驗老祖先的話》頁 288）

> 上床易，下床難。（賴宗寶《台灣經驗老祖先的話》頁 288）

男性的權力慾望包括對女性的支配與控制慾望，與女性有肌膚之親視為男性魅力與權力展現，運用權力達到支配掌握女性有成功的快感，卻也走進情慾的漩渦中，要能進出自如不迷惘，需有相當的智慧與魄力如諺語云：「上床易，下床難。」，尤其對外遇更是要「上床靠機會，下床靠智慧。」，要享受外遇的快感與情慾的滿足，又要全身而退，智慧的手腕是關鍵。

五、男性的責任與承擔

男性享有權力，相對的也要付出相當的代價，「男主外，女主內」，男人負責家計來源，承擔經濟壓力，對祖先要承先啟後延續宗嗣；對家要負起養家糊口的責任。這責任與承擔是磨練也是考驗，也是成為真正男子漢的歷練。男人對家的責任如諺語云：

> 男治外，女治內。（陳主顯《台灣俗諺語典》卷五頁 404）

> 男人趁，女人理。（《台灣俚諺集覽》頁 148）

> 查甫驚去選錯行，查某驚去選錯尪。（余全雄《台灣民俗諺語》頁 233）

> 查埔田，查某岸。（陳主顯《台灣俗諺語典》卷五頁 404）

> 查甫賺錢，查某理家。（徐福全《福全臺諺語典》頁 343）

誠如諺語所顯現男人要能「治外」，外頭的大小事要能掌理；要能「趁」，賺錢，要能賺錢回家，要能養家使一家溫飽；「查埔田」，男人要下田，田裡的一切要負責好，農業社會裡，田是家中的經濟命脈，照顧好田是男人應盡的義務與責任。「查甫驚去選錯行」，男人以事業為重，入錯行血本無歸，一家子的生活重擔及無著落，事業對男人是如榮耀也是責任。

男人除了養家的責任外，對於自己的外在行為也有一個高標準的責任在，如諺語云：

大丈夫〔註56〕，男子漢。（陳主顯《台灣俗諺語典》卷九頁 320）

大丈夫，能屈能伸。（陳主顯《台灣俗諺語典》卷九頁 469）

男兒無性，鈍鐵無鋼。（陳主顯《台灣俗諺語典》卷九頁 469）

一言既出，駟馬難追。（陳主顯《台灣俗諺語典》卷九頁 512）

大丈夫，一言說出，駟馬難追。（余全雄《台灣民俗諺語》頁 201）

好漢，囥拍〔註57〕。（陳主顯《台灣俗諺語典》卷九頁 320）

船破，嘛著扱釘〔註58〕。（陳主顯《台灣俗諺語典》卷九頁 320）

要當一個男子漢，一定要是個大丈夫，所謂的大丈夫要能做到如諺語所云：「一言既出，駟馬難追。」，說過的話要能做到不能只是口出狂言、信口開河的胡亂說一通而不負責任；同時要做到「大丈夫，能屈能伸。」，有志氣有擔當的人，不是見利忘義的能屈能伸，而是知道在成敗與得失之間，能夠懂得變通妥協，適時調整自己的姿態與方向，才能適合時代的需要。要做一個有個性的男人，沒有個性的男人就如一塊鈍鐵沒有鋼性是不足以造就的，就像「好漢，囥拍」，好漢是經得起千錘百鍊的；即便是最後結局是殘破不堪就如「船破，嘛著扱釘。」也要做到收拾爛攤子。這樣的男性才稱上是個有責任有擔當的人。男性對於自身的責任擔待要清楚知道自己的能力所在，諺語清楚說明男性的英勇不該是愚勇：「無彼個尻川，毋敢食彼個瀉藥。」（賴宗寶《台灣經驗老祖先的話》頁 273），「播稻仔愛倒退；英雄愛知進退。」（呂自揚《台灣民俗諺語賞心探源》211）。英雄應懂得進退才能成大事，拘泥於小事造成行事阻礙，不是英雄的氣魄表現，就如大丈夫的責任擔待，對外成大事對內能安家，逞英雄是外在表現，在家則要疼惜老婆，知進退分寸，如諺語云：「驚某大丈夫，拍某豬狗牛。」〔註59〕（陳主顯《台灣俗諺語典》卷五頁 384）；「好狗呣咬雞，好漢呣拍某。」（陳主顯《台灣俗諺語典》卷五 87），驚某不會被嘲笑是懦夫的行為而是大丈夫的形象。凡此種種社會對男性賦有高度責任與期待外，對於男性的包容度也大，如諺語云：「浪子回頭，金不換。」（陳主

〔註56〕大丈夫，是指勇敢擔當的男人。

〔註57〕囥拍：禁得起拷打；禁得起苦難的考驗。（陳主顯《台灣俗諺語典》卷九，頁 321）

〔註58〕扱釘：把鐵釘撿起來，比喻收拾殘局。（陳主顯《台灣俗諺語典》卷九，頁 321）

〔註59〕此句《台灣俚諺集覽》154、李赫《台灣諺語的智慧》（四）114，作「畏某大丈夫，打某豬狗牛。」。

顯《台灣俗諺語典》卷二頁 195），男性的種種缺失，一旦改過自新、痛改前
非都可以「浪子回頭」給予包容、原諒。

六、社會對男性的負面評價

　　男性受父權的傳承，享受權力及權力資源。權力資源是只個人所擁有得
以影響他人之所有物或狀態，如財富、專業的知識技能、智慧、地位、柔情、
美色、性吸引力等〔註 60〕。男性所掌控的權力資源是較具體項目，財富、專
業的知識技能、智慧、地位。男性運用這些具體資源獲得良好的社評價，在
社會上有立足之地，受到肯定與崇拜。社會對男性因此形成男性的刻板印象〔註
61〕，認為男性應具有理性、獨立、堅強、鋼硬等的人格特質。男性被認為具
有男性特質的男人才是真正的男人，無法達到男性特質的男人就是猻種，有
損男性尊嚴。諺語云：

> 有卵鳥〔註62〕，無卵核〔註63〕。（陳主顯《台灣俗諺語典》卷二頁 147）
>
> 有卵鳥，無卵葩〔註64〕。（王永興《台灣俗諺語大全》上輯頁 157）
>
> 額卵鳥來接鼻。（王永興《台灣俗諺語大全》下輯頁 217）
>
> 男鳥接在鼻。（呂自揚《台灣諺語之存在》頁 134）
>
> 卵鳥甲人比雞腿。（王永興《台灣俗諺語大全》上輯頁 179）
>
> 牛男〔註 65〕抵土，不是腳色〔註 66〕。（呂自揚《台灣諺語之存在》

頁 123）

> 好頭好面臭夯川。（呂自揚《台灣諺語之存在》頁 111）

中國社會思想以男性本位中心，男性是一切的中心，政治、經濟、社會、家

〔註60〕李美枝《性別角色面面觀——男人與女人的權力暗盤》，台北，聯經出版社，
　　　　1987 年，頁 6。
〔註61〕刻板印象（stereotype）：是只社會對某一特定群體或社會類別的人們共有之屬
　　　　性所抱持的信念，通常也是一組簡化、僵化，且過度類話的看法：職業刻板
　　　　印象、種族刻板印象、性別刻板印象等，它同時包含正面、負面、或中性的
　　　　看法。轉引自黃淑玲、游美惠主編《性別向度與台灣社會》，黃喻莉〈性別歧
　　　　視的多面性〉，台北，巨流圖書公司，2007 年，頁 5。
〔註62〕卵鳥：閩南用語，是男性的外生殖器官，陰莖部分。
〔註63〕卵核：閩南用語，是男性的內生殖器官，睪丸。
〔註64〕卵葩：閩南用語，是包覆睪丸與連接陰莖的部分。
〔註65〕男：男性器與卵鳥同意。
〔註66〕腳色：閩南語音 kha sia'u，角色，人才之意。

庭，皆以男性為主軸，男性掌握優勢與權力。男性除了掌握實權外，另有象徵男性雄風的性事，男性認為性事應是男性主導權，將性器官視為男性性能力的表徵，性事雄風是男性魅力與魄力的所在。當男性無法展現男性的勇猛顯得懦弱無能時，被認為是個徒有「卵鳥」沒有「卵核」、「卵葩」的男人，只具有男人的外表不具有男人應有的能力，不能稱為真正的男人；男性被認為是穩健有主見的，對於沒有主見愚蠢之人，淨做些令人扼腕之事即用「額卵鳥來接鼻」，讓人覺得不得體又損及顏面；對於不是人才空有象徵男性巨大的性器官，也無法擔任適宜的工作，在民間諺語用「牛男抵土，不是腳色。」，來諷刺沒有能力的男人擔任不適宜的工作，其不適任就像是有牛鞭般的性器官也不能成就大事業。在父權社會下，男性相徵權力、能力，「牛男抵土，不是腳色。」，就像是學土木建築管經濟的不適任，嘲笑靠裙帶關係而能居要職者，語句雖鄉土味重，卻具有時代性，頗能說出人民心中的不滿，用象徵男性雄風諷刺男性自己的威風，虛有其表者就像「好頭好面臭夸川」。

　　諺語存在民間人民生活中，描繪生活圖像，生活中的酸甜苦辣能刻劃地顯明呈現，小市民心中的想法，如諺語云：

　　　　卵鳥搵密乎人舌。（王永興《台灣俗諺語大全》上輯頁180）

　　　　男鳥頭搵蜜與人舐。（呂自揚《台灣諺語之存在》頁87）

　　　　用卵葩皮去磨剃頭刀。（王永興《台灣俗諺語大全》上輯頁131）

　　　　用別人的卵鳥去做火撬〔註67〕。（王永興《台灣俗諺語大全》上輯

　　頁131）

　　　　輸人嘸輸陣，輸陣卵鳥面。（陳主顯《台灣俗諺語典》卷七頁453）

從諺語窺探世人，直接且冷峻，「卵鳥搵密乎人舌。」，玩弄人家，刻意羞辱嘲笑對方，將男性最隱私的赤裸裸的呈現，中國人感情保守內蘊，對身體隱私視為貞潔的象徵，男性將隱私公開與賣弄，無異是對他做了最大的羞辱。「用卵葩皮去磨剃頭刀。」，從諺語看出用卵葩皮去磨剃頭刀是件極為危險之事，用男性的命根子告誡從事者必須注意之事，最具有警惕的作用。命根子對男性的重要性與男性生命是不相上下，古代男性入宮時要去勢，被閹割成為公公後，對男性造成難以彌補的心理創傷，在往生後必須要回命根子合葬才算完整，可見得男性的命根子對男性的重要，而非得用露骨的形容才能提醒警

〔註67〕火撬：攪動火堆的工具，目的在使火旺起來。

惕世人，顯然對男性別有諷刺。

中國人有自掃門前雪的自我觀念，諺語云：「公家廳無人掃，公家姑無人叫食中晝。」（邱坤良、施如芳、張秀玲、藍蕭婧、郝譽翔等《宜蘭縣口傳文學下冊》頁165）與自己不相關之事別人常抱持靜觀其變的心理，或是「站高山，看馬相踢。」的心態，看他人自相殘殺，對別人是冷漠的，也會將快樂建築在別人的痛苦上，就像「用別人的卵鳥去做火撬。」的人，社會對於利用別人的痛苦滿足自己的慾望，做了惡劣的批判與描述，顯現出對社會有極度的不滿發出怒吼。

中國人的感情是內斂的，男性對感情的表現更是冷漠，用冷漠沉默來表現威嚴，男人對女人表現出渴望癡情的樣子，就會被嘲笑「癡哥」、「豬哥」〔註68〕，諺語云：

> 卵鳥面，青哥〔註69〕神。（王永興《台灣俗諺語大全》上輯頁179）

> 好鐵毋打菜刀，好查某毋嫁痴哥。（陳主顯《台灣俗諺語典》卷五頁87）

父權社會的男性，對感情內斂，對女人的情感要表出若即若離，才合乎威權下的男子漢，特別是未結婚前對女性表現出渴望糾纏，社會將他是為男性的異類，像是「豬哥」般的妓豬，有著恐怖的感覺，被稱「卵鳥面，青哥〔註70〕神。」，一般女性對此種帶有色瞇瞇的男性都敬而遠之，因而諺語云：「好查某毋嫁痴哥」，以現在的說法將此種男性歸類為「性變態」，是不受女性青睞的。除了「青哥神」不受青睞外，「笑男〔註71〕面，無人緣。」（許蓓苓《台灣諺語反映的婚姻文化》69），「孝男」哭喪的臉得不到好人緣的。

傳統社會對於男性都以堂堂正正的男子漢作為男子應有的形象，對於不男不女的性別是不能接受的，打扮成男不男女不女，言行舉止怪異，被長輩責備「毋成查埔，毋成查某。」（陳主顯《台灣俗諺語典》卷二410），現代社會有「同志」一詞，傳統社會沒有同志外，對於男不男的男生，表現出娘娘腔的樣子，社會及給予負面的評語，「查某體，愛人訾〔註72〕」（林茂賢民俗文化網站），傳統社會是不能包容男性沒有男性的樣子，更不能接受「男人女

〔註68〕「癡哥」、「豬哥」：在民間養一隻公豬到處去做受精的工作，好色者被戲稱為「癡哥」、「豬哥」。

〔註69〕青哥：對女人特別感到興趣而有色瞇瞇的感覺。

〔註70〕青哥：對女人特別感到興趣而有色瞇瞇的感覺。

〔註71〕笑男：孝男，失親的男子，在喪禮中的角色。

〔註72〕訾：咒罵。

體」的表現。男權社會，處處以男性為尊，男性一但不是理想中的樣子，社會給予的是無情的打擊。男性必須什麼都要做得好，有推託時被認為是身為男性所帶給的困擾，而非自己無能，就如諺語：「袂曉泅，嫌卵葩大球。」（王永興《台灣俗諺語大全》下輯頁 45）。

　　男性因父權而倍受社會企重，處處以男性為尊榮，因而社會期望較高，形成以男性為主的社會觀。因而男性所承擔的責任重，社會對男性的期望高，雖有偏離男性氣概遭受社會嚴厲批判，但社會對男性的包容卻遠較於女性，從女性「一失足成千古恨」，到男性「浪子回頭金不換」的差異，社會給男性的寬容是巨大的包容空間，其中最重要因素是社會以男性為主的父權制度所形成的社會形態。

　　時代改變，父權社會的社會形態因社會結構改變，從早期的農業社會需大量人力的投入生產，人口結構重視男丁以增加人力，又因傳統社會以男性為傳承，男性是傳統社會的重要支柱，形成男女不平等的社會。社會以男性為本位，舉凡經濟、政治及教育皆以男性為主。到了近代，工業發展帶動產業經濟，增加就業機會，改善家庭經濟也提升教育觀念，昔日女子無才便是德，因教育因經濟而提升女性的社會地位，女性在社會逐漸展現才華，社會觀念不再是「光光月，呣值著暗暗日。」，從女性不再屈從婚姻來看，社會觀念依然存在「無後為大」的思想，因而男性結婚對象，從台灣女性轉而向外尋求，其外籍配偶對象不少是東南亞的女性來看〔註 73〕，男性須有所警覺，傳統觀念以男性為主的時代，已慢慢轉變為男女平等的社會，男性不能再仗著父權的保護傘，擁有社會的優勢力量掌控社會掌控家庭，男女平權時代來臨，停頓在固有的男性觀念，不能隨時代改變而改變觀念與能力，將被社會所淘汰。

〔註73〕據內政部公布（2010.01.15）資料顯示：中國（含港澳）配偶佔外籍配偶的絕大多數，共一萬三千二百九十四人，較前年增加四・三％，佔外配的比率則高達六十・六六％；其次為越南三千六百五十一人、日本九百零五人、美國八百零五人。日、美籍配偶大多以新郎為主，不同於中、越、印尼籍配偶以新娘為主。（自由時報 2010.01.16）

第七章　結　論

　　「語言就是文化」；而「語言是有聲的思想，思想是無聲的語言。」，所以說語言是文化符號，人類的溝通靠語言來傳達思想及建立與傳承文化。人類文化的累積，源自於人類生活經驗的感受與創造，形成語言的焠煉而有語言的結晶，諺語即是語言的昇華與文化的縮影之展現。欲了解台灣文化需深入台灣語言所蘊藏的文化訊息，透過語言的意義系統才能深入了解文化的內容。周榮杰在《臺灣諺語詮編》中提到：「凡是文化發展到某一階段的人類社會，人人在日常生活中，都時常使用諺語。」〔註1〕因而諺語可說是最貼近人民生活，是先民生活的寫照與智慧的精華，顯現民族的生活價值與道德觀。

　　台灣特殊的地理環境與先人的開發歷史，在時間與空間的交織下，台灣文化雖是中國文化的一環，卻具有海洋文化的特殊性，從移墾社會所形成的風俗與民情，不斷地發展出具有台灣本土特色的新文化。藉由諺語探究人民生活的方式與思想，了解先民移墾的社會百態，尋找台灣傳統社會的輪廓與社會生活的樣貌呈現在諺語中，留給後世子孫的警世勵言作為道德價值規範建立的指引，使諺語具有社會性價值，誠如周榮杰在《臺灣諺語詮編》中，肯定諺語的社會價值貢獻提到：

> 　　諺語之所以能促進人類相互間的了解及心靈上的交流，是由於以其極短的語句，就能接觸到社會生活的核心及它的情趣。它放出濃郁的鄉土味，令人勾起童稚時的思念，使人領略動人聽聞的語趣，體會到人生的酸、甜、苦、辣，理會到人生的道理。〔註2〕

〔註1〕周榮杰，《臺灣諺語詮編》，高雄：大舞台書苑出版社，1978.8初版，頁2。
〔註2〕周榮杰，《臺灣諺語詮編》，高雄：大舞台書苑出版社，1978.8初版，頁2。

　　諺語是生活的小傳統，也是民俗文化的表徵，從諺語具有社會性價值的觀點中，經由台灣閩南諺語探究台灣社會各層面生活的樣貌，以及使語言更具有文學傳播的功能。諺語是口頭文學的內涵，口耳相傳提升精神與藝術相結合，台灣數百年來所累積的台灣文化，經由諺語的呈現更貼近台灣先民的思想與生活，心靈意識的淨化與提升，呈現多元富饒的文化內涵。

　　本論文名為《臺灣閩南諺語中之男性研究》，是以台灣閩南諺語作為研究素材，透過諺語對男性的研究，在歷史長河裡，對男性的角色形象做一探討，以窺探台灣開墾之時男性生活的意象，杷梳歷史對男性的註解，鮮明台灣傳統社會男性的生活。台灣閩南諺語中所呈現的男性有下列幾種意涵：

一、宗法社會的繼承

　　台灣先民移墾自大陸閩、粵地區，生活習慣、文化背景承襲中國文化，倫理道德觀念也深受影響。周朝行宗法制度，在貴族間實施，一般平民雖不受約束，宗法制度的觀念卻普植人心，成為傳統家族制度的一般特質。社會學家孫本文《現代中國社會問題》中論及家族制度的演變，將宗法時代的特點做了詳細的敘述如下：

　　　　（一）父系承襲，男女不平等。

　　　　（二）嫡長繼承，兄弟不平等。

　　　　（三）父權統治，家長總握制家之權。

　　　　（四）外婚制，同姓不婚。

　　　　（五）重視宗法關係，五世之內，無異一家。

　　　　（六）尊重孝弟，崇拜祖先。〔註3〕

於此觀之，宗法制度雖已廢除，但思想卻深植民心，中國的傳統觀念歷經朝代更替，各種族的融合亦不受影響，宗法思想仍世代相傳。從游獵到農耕生活；從母系社會到男權時代的轉移，宗法制度建立後，將男性地位提升至巔峰狀態，歷經二千多年而不衰，宗法思想在民間潛移默化的施行著。如「不孝有三，無後為大。」的觀念，生命重延續，長久以來一直以男性為宗族姓氏的繼承人，傳宗接代是台灣傳統的婚姻觀念，婚姻的目的是要廣家族與衍子孫，父系承襲傳宗祧，造成重男輕女的觀念，形成男女不平等的社會。

〔註3〕轉引自朱岑樓《我國社會的變遷與發展》〈中國家庭組織的演變〉台北，東大圖書公司，1986年二月再版，頁264～265。

在繼承上，中國傳統以男性為繼承主軸，台灣傳統觀念亦然。在姓氏及地位繼承上，以男性為傳承，男女生同為家族的一份子，卻有高低之分。「姑婆不能上廳桌頭」、「厝內無祀姑婆」，男性生前死後都配有姓有氏，女性只附屬於男性無姓有氏，台灣早期女子出嫁後冠夫姓，死後才稱先妣某媽某氏，其中某媽是兒子的姓，某氏才是自己的姓。在財產繼承上，分家產是男子的權利，按「房」平分，每一兒子皆享有同等權利，在大孫（長孫）能得一份，「大孫頂尾囝，財產多一份。」，雖不是與父輩平分，卻能分得家族之「繼承財產」（inherited property），而女兒只分得嫁妝，「後生得田骨，查某仔得田皮。」，田皮是「獲得財產」（acquired property），是透過家庭成員共同勞力所獲得的，其所得按家庭團體生活的成員平分。未分家之前，父親掌有對家產的管理權，「後生哭家伙」，漢人習俗家產可在父親生前分給兒子，生前未分死後遺留「家伙」，容易造成分財產產生兄弟的紛爭。諺語云，「好額昧過三代。」，指出台灣漢人家族無永遠保存不變的家產，每經一代而分割成的家戶單位，財產也被瓜分，家產自然便少了。台灣漢人社會希望家族壯大，求多子多孫，「多子多孫多福氣」、「一子發千丁」，但不能共同擁有財產，而有「多丁，奪財。」的不滿足，是一矛盾的心理。

漢人社會因「父母生子世傳世。」、「樹大分椏，囝大拆伙。」，分家、分房、分戶、分爨、分食、分灶的過程中，家庭的成立使家族擴散，家族壯大使宗族擴散，「蕃藷毋驚落土爛，只求枝葉代代傳。」，依照中國傳統觀念，同一高祖的血緣群體成為家族，也叫「五服之親」或「五屬之親」；高祖以上某代祖之下的血緣群體則稱為宗族。〔註4〕台灣漢人也本著擴大家族，壯大宗族的觀念，在血濃於水的親族關係，有股「一點親」，即使一點點的親屬關係，都有一份特殊的情感在，不管是「宗族」、「世族」、「家族」都有一份向心力與使命感。

二、威權的象徵

「有唐山公，無唐山媽。」，足以說明臺灣的先民來自唐山與唐山的血緣關係密切。閩、粵人來台者自稱來自唐人，其說法來源已無可考，但可說明閩、奧男性先民渡海來台開墾的事實。民初思想家章炳麟在連雅堂《台灣通史》章序：

〔註4〕林瑤琪《臺灣源流》97 年冬季刊，郭志超〈閩臺關係文化生態保護的兩個思考〉，台中，台灣省姓氏研究學會，2008 年 12 月，頁 84～85。

臺灣在明時，無過海中一浮島，日本、荷蘭更相奪攘，亦但羈
縻不絕而已，未足云建置也。自鄭氏受封，開府其地，子遺士女，
輻湊於赤崁，銳師精甲環列而守，為恢復中原根本，然後屹然成巨
鎮焉。鄭氏繫於明，明繫於中國，則臺灣者實中國所建置。其後屬
清、屬日本，視之若等夷。臺灣無德於清，而漢族不可忘也。〔註5〕

從上述亦說明台灣是漢民族，台灣的開發融合了血緣、地緣與文化，台灣的
思想承襲中華民族，中華文化思想在台灣傳播著，「家族主義」是中華文化的
特色之一。宗法社會具體而微就是家族主義的實施，宗族、家族有一行為法
則運行，藉此以維繫道德的運作，威權統治即是其法則。中國人的「家族主
義」其核心價值是「孝道」〔註6〕，落實於家庭中的孝道則顯現父子關係開始，
「父子有親」、「夫婦有別」、「長幼有序」，五倫中有三倫是在家庭中實踐的。
吳自甦在《社會思想與倫理大義》中曾言：

中國社會的本質是宗法組織，其民族的觀念則為「天下一家」，

二者都不外於血統關係，維持這血統關係的不是法律，而是倫理；

尤以孝道為我中國農業社會與宗法組織——家族的關鍵。〔註7〕

儒家思想重倫理，「家庭觀」有著重的地位，孝道的實行落實於家庭也離不開
家庭。傳統社會的家庭倫理首重於父子關係，「父子有親」是五倫之首，意涵
著父系社會在家族主義是重要的體系，台灣承襲亦以父系傳承，「不孝有三，
無後為大。」，即能清楚明白的說明，台灣男性傳承的使命。「傳宗，接代。」
這一觀念，在生命的意義上在於重延續，不論是「不孝有三，無後為大。」
或「傳宗，接代。」都是以男性為繼承的主軸，一方面盡父親的孝道，另一
方面也繼承宗祧盡家族之孝。父與子的關係處在於繼承與傳承，「父母生子世
傳世」，世代的交替在父親的領導下展現出生生不息的生命循環；「老父扛轎
囝坐轎」，父親的角色與責任在繼承與開啟；為人子承襲父親，學習父親，奉
養父母，「父傳囝，囝傳孫，三代公家一口鼎。」，對於「公媽香爐」象徵祖
祀的繼承，在「父業子掌，父債子還。」，繼承家業與宗祠祧，「父為子綱」，
在中國人的心中深深烙印著，家庭以「父子軸」為中心，重視上下差序的權

〔註5〕連雅堂《台灣通史》民國七年（1918）章序 http://www.dk101.com/Discuz/view
thread.php?tid=94574

〔註6〕楊國樞編《中國人的價值觀——社會科學觀點》、黃光國〈自我實現與華人社
會中的價值變遷〉，台北，桂冠圖書公司，1993，頁148。

〔註7〕吳自甦，《社會思想與倫理大義》，台中市，國彰出版社，1987，頁93。

力關係，也以此權力關係以維繫傳統倫理道德建立的社會。

在家族主義中，家族被承認為一種絕對價值，如清朝蔣伊《蔣氏家訓》所云：「子弟舉動，宜稟命家長，有敗類不率教者，父兄戒諭之；諭之而不從，則公集家廟責之；責之而由不改，甘為不孝，則告廟擯之。」〔註8〕，家長對於家庭成員施以嚴格管教措施，是父親的權力也是義務，亦表現出父親的威權形象，在諺語中：「嚴父出孝子」即是如此的表現，父親對於子女的愛是以嚴厲教導使之成人，而且是以教之以「孝」為本的教綱，「父子有親」中「父慈子孝」是所謂的「六順」〔註9〕之要項，「父慈子孝」本是雙向的倫理行為，但在孝悌方面，傳統農業社會，有強烈的家族主義觀之下，為維繫家庭和諧、促進家族團結及延續家族使命，呈現有明顯的服從趨向，鄭志明於〈敦煌寫本王梵志詩所反映的社會庶民倫理〉中所言：

> 父慈子孝是儒家彰顯人類至情的內在美德，然而民間在實踐的
> 過程中，因受到外在環境多元性與特殊性的支配下，著重在化解父
> 母與子女間的衝突，為了維護既有的社會秩序，較少言「父慈」而
> 集中在「子孝」，且要求一切行為在孝的大前提下絕對地服從權威，
> 來調整自己以避免發生二代間的衝突。〔註10〕

晚輩必須對長輩依順服從，「囝仔有耳沒嘴。」、「嚴父出孝子」等，從小輩教育孩子只能安靜的聽從，就如《弟子規》中的「父母教，需靜聽。」，不能有與父母「一句來，一句去。」要做到「在家敬父母」、「好子事父母」，進而將孝道推至國家團體拓展至「臣事君猶子事父。」的家庭外的權威，形成不僅家訓要「以孝傳家」，治國也以「以孝治國」的理念，中國倫理「孝道」可以持家，在家能做到不忤逆父母；在政途上就能事主盡忠，成為治國的主力。親子之間維持於上下從屬的關係類化於君臣關係之上，皆以父系威權維繫社會中秩序。

父系的威權展現不侷限於親子間的關係，所謂「天地君親師」皆能看出儒家社會的倫理道德觀。從父子關係推崇至君臣關係，藉以維繫道德社會秩序。及至「師生關係」仍以「父子關係」建立如同父系的威權，「一日為師，

〔註8〕清・蔣伊《蔣氏家訓》，《叢書集成初編》第977冊，上海，商務出版社，頁1。

〔註9〕《左傳・石碏諫寵州吁》中所云：「君義，臣行，父慈，子孝，兄愛，弟敬，所謂六順也。」

〔註10〕鄭志明：〈敦煌寫本王梵志詩所反映的社會庶民倫理〉，收入鄭志明：《文學民俗與民俗文學》，嘉義縣，南華管理學院，1999.06，頁162。

終身為父。」的父權依循同時並行於男性的父權秩序中，亦或更勝於父子關係，所謂「父子情輕，師尊情重。」，足以說明儒家重視的上下從屬關係，台灣傳統社會的道德觀也以此關係運行。

在婚姻上，「夫為妻綱」，古代女性受「三從四德」、「在家從父，出嫁從夫」的框架下，女性依附於男性，所謂「隨夫貴，隨夫賤。」，女性的婚姻美滿與否取決於男性，受制於男性。在諺語中所呈現皆以女性角度描繪因婚姻之不適切所遭受的待遇，使女性承受婚姻之苦，如所謂「嫁著歹尪親像葬落墓。」，女性對男性的寄望在於婚姻，嫁到歹尪等於絕望，道出女性活在男性婚姻的威權之下。

男性的威權從「大丈夫，不能一日無權。」〔註11〕始，個人不能脫離威權、建立威望，及至於父子關係的「在家敬父母」，父親的權力擴展至於親師、君臣間皆在建立男性的威權形象。男性威權的行使，傳統孝道是基本的方法，要求孩子要傳宗接代，延續香火開始，到「己身出所由出」對於從父母身之出，對子女行絕對服從以行使孝道，擴展至上至宗廟下至黎民，教導能移孝做忠的表現。

三、男性凌駕於女性之上

《禮記・禮運》云：「男有分，女有歸。」，是謂大同世界的至高境界，亦明示男子需有適當職分，女子需有其歸宿，所謂歸宿是女子出嫁有其夫家。如諺語云：「查某子，外頭家神仔。」，女性註定是夫家之人才能算的上是人，沒有出嫁的姑婆，只是個遊魂，所謂「姑婆不能上廳桌頭」，為「生而無依，死而無所。」的女性寄託於「冥婚」以取得另一「世系」的位置。父系社會重視血緣，男性在姓氏的繼承上有明顯的趨向優於女性，在親人的認定上也以父系之血緣為主要，「同父各母是該親，同母各父是他人。」，同父各母是同姓兄弟，同母各父是異姓兄弟，姓氏是宗祧的符號，象徵血緣也象徵親人，亦即所謂的「血親」。由此觀之，男性才享有在宗祧繼承，女性附屬於男性之下。

在婚姻關係上，傳統社會重視男係的血親關係，婚姻的目的著重於傳承後世，「娶妻生子」，生子，重男嗣「後生」，傳後是男性的結婚的目的。就如奧爾加・朗所云：

〔註11〕陳主顯《台灣俗諺語典》卷六 474 頁。

在古老的中國社會中，人們沒有被教導著期待在婚姻中得到愛和快樂，婚姻不是個人的滿足，而是為了家庭的延續。〔註12〕

家庭的延續象徵著宗族的傳承，婚姻的目的不在於個人的心理滿足，而是為了家庭的延續，所謂「後生頂老父，查某仔頂大家。」，重視男嗣，婚姻的目的在於為家、為祖先之傳承，而給男性娶妾一個合理的理由，所謂「無後為大」壓迫女性屈從「七出之條」，接受男性娶妾的事實。諺語的目的在於教化、警世作用，對於女性也鼓勵不與人共他人共一婿，所謂「要嫁擔蔥賣菜，不嫁雙人一婿。」，警示娶妾的後果，「家欲齊置兩犁，家欲破置兩妻。」，提醒世人對娶妾後果的考量。

在財產繼承上，傳統社會對男性視為家族傳後之人，家族之男丁有權均分父親財產，家無男丁以過繼方式或過房方式，成為家族繼承者，均可取得父系的財產權，重視嫡長子，對嫡長子的疼愛，在「大孫頂尾囝，財產多一份。」中，並不直接對父系下的嫡長子有偏袒之處，而施惠於嫡子的嫡子，即大孫之名下行之；妻妾子女之財產繼承也有所差異，在所謂「嫡全、庶半，螟蛉又半。」下，對於嫡系子女也有多一分權力的保障。對於女子的財產限制有嚴格限制，包括成了父系下的媳婦，亦不得為財產繼承。在「查埔分家伙，查某分手尾。」的觀念下，兒子女兒所繼承的財產即不相同，男性可理所當然繼承家族的財產，土地、田園等；女性分得只在於財產的孳息，除非是父母給的陪嫁物，即所謂「查某仔得嫁妝」，台灣傳統習俗亦是如此。對於家族財產繼承以男性為主，女性的取得在於孳息，有明顯的男高於女的形式。但對於父母親的後事，此時男女生的責任又是男女無別的狀態，「有男歸男，無男歸女。」，養生送死是為人子女應盡之孝道，而在庶民生活裡，男性所享有父權的優勢，真正行孝者卻是女兒，無怪乎諺語云：「後生哭家伙，新婦哭面皮，查某囝哭骨隨。」，男性權力享受凌駕女性之上，責任行使卻是並駕齊驅，值得男性深思。

傳統社會重視親屬關係，人與人的關係因「兩姓，合婚」，而衍生出多種的親屬關係。這種藉由姻親產生的人際網脈，在中國傳統社會構成人際交往的網絡，產生多種微妙的「關係」，中國社會也藉此關係提升了政治、社會、經濟的地位。

〔註12〕轉引自《台灣風物》第十七卷第四期，黃美幸〈中國婚姻制度的演變〉，1967，頁71。

在姑表姨表的關係裡,「姑表骨肉親」,姑表關係視為骨肉之親,台灣傳統習俗在婚姻上是禁止通婚的;「姨表示他人」,則不特別制止,從「姑表骨肉親」及「姨表示他人」顯示出中國的親屬倫理遠近親疏「父系」具有相當的作用力,呈現於各關係中。唯有較為特殊者為母舅關係,女性在家中地位低,但在親屬關係上,母舅的地位是崇高的,如所謂的「天頂天公,地下母舅公。」,尊崇母舅,維繫甥舅倫理關係,提升母親的地位也保障母親的權利,是母親人際網脈的依靠。

四、男性為中心的社會

中國社會以「男主外,女主內」為分工模式,維繫男女的工作執掌模方式。傳統社會的生活型態以農業為主,男性是農業活動主力,因而掌控了經濟主要來源,經濟活動影響的層面廣,舉凡家庭、社會都受其影響。在經濟方面,男人不僅主外,且負責經濟來源,所謂「查甫賺錢,查某理家。」,明顯顯現男人是家中經濟支柱,而男人也將維持家中經濟命脈視為最主要的任務,所謂「第一田畑,第二某子。」,台灣早期社會男人以農業為事業,田事的重要性比得過家中的妻小,意涵著男人的事業對男人而言才是最重要的,男人有事業,在社會上得到他人的景仰,也顯現其能力。「成家立業」或「立業成家」,對男人而言應著重於「立業成家」;相對於「成家立業」則是父母的關切所致,以男性繼承為主軸的社會,台灣傳統社會,成家立業的目的在於傳承香火壯大家族,男人是家中支柱,一旦有所意外變故,造成家庭失序,因而形成所謂「死查某死一人,死查甫死一房。」,因一人的變故造成整個家族連帶影響。

在生物的觀點下,物種有雄性與雌性之分,刻板印象將雄性定義為雄壯、具攻擊性、侵略性強,雌性定義為溫和、育子、具母性。男性在父權社會處處以優秀自居,從身體的體能上所謂「男人七寶之身,女人五漏之體。」,男人自誇渾身是寶,女人則體弱不堪。對身體能力諺語指出「上　就不磊」,四十歲已是男性的高原期,男人時時認為「四十歲還是一尾活龍」,「水蛙愈老愈出聲,哥仔愈老愈有力」,男性自我的信心充足,對女性各項能力卻是貶抑,所謂「荏荏查埔,卡贏勇勇查某。」,任何平庸的男人都能勝過勇勇的女人。以男人體能為中心觀,推及至男人的工作能力、見識,成就男人在社會上與人一較高下。傳統社會一則彰顯男性的氣概,一則貶低女性的能力,讓男性

對外有更大的空間能夠發揮，彰顯男性的才能，也讓女性更安心退居相夫教子的場域。

　　在教養的觀念上，養兒育女的教養觀認為「查埔也著疼，查某也著成。」，男女生都需好好教育，但對於子女教育有不同的方向，男性從小被灌輸「萬般皆下品，惟有讀書高。」的觀念，追求仕途升官發財；女性則傾向於「第一煮三頓，第二炊粿，第三縛粽，第四做豆醬。」，「捧人飯碗」滿足日常生活所需之事。男性追求「大丈夫，不可一日無權。」；女性則是「女子無才便是德。」，教育期待兩者迥然不同。男女表現不如預期，即被戲稱「豬不肥，肥到狗。」，傳統社會以男性的榮譽代表家族榮耀，鼓勵男性追求功名利祿以光耀門楣。在養育的目的上，除了傳遞香火盡孝道外，存有功利的心態，所謂的「積穀防飢，養兒防老。」，養兒在於等到年老能夠得到奉養，抱持著「五十歲食爸，五十年食囝。」的心態，代代相傳的投資養育觀，誠如馬森在《文化‧社會‧生活》中曾言：

> 在西方國家中認為父母養育子女是一種責任，是一種義務，做父母的人並不期望於子女的報答，因為子女還有自己的子女去養育；在我國父母養育子女則常常抱著投資的觀念，所謂「養兒防老，積穀防飢」是也。〔註13〕

中國人的養育觀抱持著先投資後享受的想法，非與西方國家的教養觀有所不同，當養育出現絕望時，才會有所謂的「飼子是義務，不孝是應該。」飼子的目的主要在完成傳宗接代的任務，因而得不到子女的孝順也無所怪罪，而是以「宿命觀」安慰自己。就如同「有子有子命，無子天注定。」，無法傳宗接代認為是自己的命運，一切都是天定，對不能如願之事皆以順天接受之。中國早期就有天命思想，王充於《論衡‧命義》云：「凡人遇偶及遭累害，皆由命也；有死生壽夭之命，亦有貴賤貧富之命。」，有天命的思想抱持著「命裡有時終須有，命裡無時莫強求。」，這種不強求的意念，轉化自我道德意識的提升。鄭志明在《文學民俗與民俗文學》曾言：

> 儒家的天人思想的最大特色，是在宗教信仰上注入人文的終極關懷，亦即將天的權威意志轉化為規律理則的宇宙意識，進而肯定人之所以為人的價值，體認出萬物皆備於我的道德實踐意義。……人文精神是在現實生活肯定人生的價值，在儒家是以主體性的道德

〔註13〕馬森：《文化‧社會‧生活》，台北市，圓神出版社，民75年1月，頁54。

自覺活動，取代宗教的權威意志。〔註14〕

這種主體性的道德自覺活動是一種規勸世人要行善，如諺語所云：「好心有好報」、「積善有善報，積惡有惡報。」及「歹人，沒出好囝孫。」，不單只沒出好囝孫，甚至於是「絕子絕孫」，鼓勵世人多行善，報應在自己的後代子孫上。

男性在社會上士農工商各行業裡，自古以來皆以「士」為最高尚，得到最多的尊敬，如諺語所云：「十年窗下無人問，一舉成名天下知。」，求取功名轉換自身的身分地位，為官是中國人的願望，符合中國人的「權」與「錢」的掌控，如諺語云：「官人見錢」，是升官發財的好機會。無法在官場擁有權勢則寄望於從商，期望有朝一日能夠富可敵國，因而諺語云：「第一好，製枝仔冰，喊水會堅凍；第二好，做醫生，水道水賣有錢。」或「第一好，做醫生；第二好，賣枝仔冰。」，製冰與醫生並列於世人對行業認定第一第二的好工作，台灣傳統社會的職業觀念脫序於中國固有觀念「士、農、工、商」之社會地位。中國自漢朝以來，重農輕商，建立對讀書人及農人的敬重，台灣海島地區耕地有限，倚賴對外能源供應，商業跳脫中國傳統的觀念，所謂「台灣食嘴水，唐山靠風水。」〔註15〕，台灣人是靠人際關係即能言善道，經商賺錢，應需求而生的商業觀，改變以農為本的傳統觀念。

社會對男性的倚賴與重視，如諺語所云：「種爸威風，種母卸祖公。」，呈現父系社會在血緣傳承上的重視，也點明社會仍以男性為主，認為女性「查某加豪，放尿未澹壁。」，男性「懶懶的馬也有一步踢」。」大男人主義觀念充斥社會，「受尪欺，毋通予某治。」，男人無法忍受受妻子的虐待，既損男性尊嚴又沒面子，社會風俗明示無論在家庭及社會上不能聽妻子的話，否則成了愚昧癡呆的人所謂「痴人畏婦，賢女敬夫。」，警示男性要有男性的氣概，也鼓勵女性要敬夫成為賢內助。傳統社會將男性視為家庭社會的重要支柱者，能以寬容的態度去對待之，所謂「浪子回頭，金不換。」，社會寄予男性期望，對於男性所為種種皆能包容。

男性無論是在家庭或社會上都扮演著舉足輕重的重要角色，從一出生即受父權社會的保護，傳統社會雖瀰漫「男尊女卑」的思想，男性在婚姻上因繼承之關係享有較多的保障與權力，但在婚姻的經營上，營造一個健全的家，

〔註14〕鄭志明：〈臺灣諺語的宗教思想〉，收入鄭志明：《文學民俗與民俗文學》，嘉義縣，南華管理學院，1999月，頁454。
〔註15〕余全雄《台灣民俗諺語》頁160。

則需夫妻雙方共同努力合作、同甘共苦才能建立幸福美滿的家庭，在親子教養上，能有一致的目標與方法，以身作則作為孩子的好榜樣，父母雙方缺一不可。

　　時代在變動中，女性意識逐漸抬頭，女性思想受到重視，男女趨向於平權的時代來臨。本論文非要宣揚男權思想，彰顯男性的能力，恢復社會傳統，純粹就台灣閩南諺語中探討男性在傳統社會中的生活樣貌，對移墾的台灣社會，從諺語中尋找一段屬於台灣社會的歷史。

參考書目

本參考書目分為專書、期刊論文、學位論文、工具書等四類及台灣諺語網站網址，各類之編排順序皆依首字筆畫，由少而多排列。

【專書】

（一）古籍

1. 《二十五史・三國志》，台北：開明書局鑄版，1969。
2. 《二十五史・史記》，台北：開明書局鑄版，1969。
3. 《二十五史・後漢書》，台北：開明書局鑄版，1969。
4. 《二十五史・晉書》，台北：開明書局鑄版，1969。
5. 《二十五史・漢書》，台北：開明書局鑄版，1969。
6. 《十三經注疏・左傳》，台北：藝文印書館，1997。
7. 《十三經注疏・孟子》，台北：藝文印書館，1997。
8. 《十三經注疏・尚書》，台北：藝文印書館，1997。
9. 《十三經注疏・易經》，台北：藝文印書館，1997。
10. 《十三經注疏・詩經》，台北：藝文印書館，1997。
11. 《十三經注疏・論語》，台北：藝文印書館，1997。
12. 《十三經注疏・禮記》，台北：藝文印書館，1997。
13. 《大戴禮記》（四部叢刊初編縮本），經部，v.4，台北：台灣商務印書館，1975。
14. 《荀子》，北京：中華書局，1985。
15. 《黃帝內經》（四部叢刊初編縮本），子部，v.21，台北：台灣商務印書館，1975。

16. （漢）班固，《白虎通德論》（四部叢刊初編縮本），子部，v.25，台北：台灣商務印書館，1975。

17. （漢）許慎撰、（清）段玉裁注，《說文解字注》，台北：天工書局，1996。

18. （梁）劉勰，《文心雕龍》（四部叢刊初編縮本），集部，v.109，台北：台灣商務印書館，1975。

19. （北齊）顏之推，《顏氏家訓》（四部叢刊初編縮本），子部，v.25，台北：台灣商務印書館，1975。

20. （宋）司馬光，《家範》，台北：廣文書局有限公司，1995。

21. （宋）周敦頤，《周濂溪集》，卷六，台北：台灣商務印書館，1966

22. （明）溫璜，《溫氏母訓》《學海類編第七函》，台北：藝文印書館，1967。

23. 清聖祖敕編，《全唐詩》，明倫出版社，1971。

24. （清）章學誠，《文史通義》，台北：華世出版社，1980。

25. （清）杜文瀾編，《古謠諺（上）》，台北：世界書局，1972。

26. （清）陸圻，《新婦譜》（四庫全書存目叢書），子部，V95，台南：莊嚴文化事業有限公司，1995.9。

27. （清）藍鼎元，《女學》（四庫全書存目叢書），子部，V28，台南：莊嚴文化事業有限公司，1995。

（二）諺語相關專書

1. 片岡巖，《日台俚諺詳解》，台南：新高堂書局，1913。

2. 王丹編著，《謎語・歇後語》，台北：創意年代文化，2005。

3. 王文興，《台灣俗諺語大全》（上下輯），台北：玉樹圖書公司，2004。

4. 台灣總督府，《台灣俚諺集覽》，日本大正三年五月。

5. 史提華（Davial Strwart）、米庫納（Algis Mickuna）合著，范庭育註：《現象學入門》台北：康德人工智能科技，1988。

6. 平澤平七，《日台俚諺詳解》，台北：台灣總督府，1914。

7. 白冰冰口述、曹銘宗整理，《白冰冰講好話》，台北：聯經出版事業公司，1995。

8. 朱介凡，《中國諺語論》，台北：新興書局，1964。

9. 朱介凡，《中華諺語志》（一），台北：台灣商務印書館股份出版有限公司，1989。

10. 朱介凡，《中華諺語志》（二），台北：台灣商務印書館股份出版有限公司，1989。

11. 朱介凡，《中華諺語志》（三），台北：台灣商務印書館股份出版有限公司，1989。

12. 朱介凡,《中華諺語志》(四),台北:台灣商務印書館股份出版有限公司, 1989。

13. 朱介凡,《中華諺語志》(五),台北:台灣商務印書館股份出版有限公司, 1989。

14. 朱介凡,《中華諺語志》(六),台北:台灣商務印書館股份出版有限公司, 1989。

15. 朱介凡,《中華諺語志》(七),台北:台灣商務印書館股份出版有限公司, 1989。

16. 朱介凡,《中華諺語志》(八),台北:台灣商務印書館股份出版有限公司, 1989。

17. 朱介凡,《中華諺語志》(九),台北:台灣商務印書館股份出版有限公司, 1989。

18. 朱介凡,《中華諺語志》(十),台北:台灣商務印書館股份出版有限公司, 1989。

19. 朱介凡,《中華諺語志》(十一),台北:台灣商務印書館股份出版有限公司 1989。

20. 朱介凡,《為佛說諺》,台北:新文豐出版有限公司,2007。

21. 何典恭,《由諺語學臺語:望文生義的臺文》,台北:圖文,1999。

22. 余全雄,《台灣民俗諺語》,台南:西北出版社,2002。

23. 吳炎坤,《台灣諺語魔法書》,台南市:華淋出版社,2005。

24. 吳瀛濤,《台灣民俗》,台北:眾文圖書公司,1975。

25. 呂自揚主編,《台灣民俗諺語析賞探源》,高雄:河畔出版社,1994。

26. 李赫,《台灣諺語的趣味》(一),台北:稻田出版有限公司,1992。

27. 李赫,《台灣諺語的智慧》(一),台北:稻田出版有限公司,1995。

28. 李赫,《台灣諺語的智慧》(二),台北:稻田出版有限公司,1995。

29. 李赫,《台灣諺語的智慧》(三),台北:稻田出版有限公司,1995。

30. 李赫,《台灣諺語的智慧》(四),台北:稻田出版有限公司,1995。

31. 李赫,《台灣諺語的智慧》(五),台北:稻田出版有限公司,1995。

32. 李赫,《台灣諺語的智慧》(六),台北:稻田出版有限公司,1995。

33. 李赫,《台灣諺語的智慧》(七),台北:稻田出版有限公司,1995。

34. 李赫,《台灣諺語的智慧》(八),台北:稻田出版有限公司,1995。

35. 李繼賢,《鹿港諺語釋說》,台中,學友印刷事業公司,1985。

36. 杜文靖,《古台諺現世說—台灣懷舊小語》,台北:台原出版社,1993。

37. 邱坤良等《宜蘭縣口傳文學》(上下冊),宜蘭:宜蘭縣政府,2002。

38. 周長楫、魏南安、林鵬祥合編,《台灣閩南諺語》,台北:自立晚報,1992。

39. 周榮杰,《臺灣諺語詮編》,高雄:大舞台書苑出版社,1978。

40. 林貴龍,《台灣俗語對句》,台南市:開朗雜誌,2007。

41. 林曙光,《打狗採風錄》,高雄:春暉出版社,1993。

42. 施福珍主編,《彰化縣民間文學集15》,彰化:彰化縣文化局,2000。

43. 施福珍主編,《彰化縣民間文學集16》,彰化:彰化縣文化局,2000。

44. 胡萬川總編輯,《沙鹿鎮諺語、謎語集》,台中:台中縣立文化中心,1993。

45. 胡萬川總編輯,《彰化縣民間文學集——諺語、謎語篇一》,彰化:彰化縣立文化中心,1995。

46. 胡萬川總編輯,《苗栗縣閩南語諺語謎語集一》,苗栗:苗栗縣政府文化局,2000。

47. 胡萬川、康原、陳益總編輯,《民間文學集17》,彰化:彰化縣政府文化局,2002。

48. 胡萬川、康原、陳益總編輯,《民間文學集19》,彰化:彰化縣政府文化局,2003。

49. 胡萬川、康原、陳益總編輯,《民間文學集20》,彰化:彰化縣政府文化局,2003。

50. 胡萬川總編輯,《南投縣福佬諺語謎語集一》,南投:南投縣政府文化局,2003。

51. 胡萬川總編輯,《桃園市閩南語諺語謎語一》,桃園:桃園縣政府文化局,2003。

52. 胡萬川、康原、陳益總編輯,《民間文學集21》,彰化:彰化縣政府文化局,2004。

53. 胡萬川、康原、陳益總編輯,《民間文學集22》,彰化:彰化縣政府文化局,2004。

54. 胡萬川,《臺南縣閩南與諺語集》(四),台北縣新營市:台南縣政府文化局,2004。

55. 胡萬川總編輯,《桃園市閩南語故事》(三),桃園:桃園縣政府文化局,2007。

56. 胡萬川總編輯,《龜山鄉閩南語故事》(二),桃園:桃園縣政府文化局,2007。

57. 高芷林,《澎湖諺語》,台中市:晨星出版有限公司,2004。

58. 曹銘宗,《什錦台灣話》,台北:聯經出版事業公司,1996。

59. 曹劉金花原著,許丹心編《金花望露》漢湘文化事業股份有限公司,2005。

60. 莊永明,《台灣諺語淺釋(一)——台灣金言玉語》,台北:時報文化出

版企業股份有限公司，2002。

61. 莊永明，《台灣諺語淺釋（二）——台灣警世良言》，台北：時報文化出版企業股份有限公司，2004。

62. 莊永明，《台灣雅言巧語》，台北：時報文化，2004。

63. 莊永明，《台灣諺語淺釋（三）——台灣好言吉句》，台北：時報文化出版企業股份有限公司，2003。

64. 莊永明，《台灣諺語淺釋（四）——台灣俗語真言》，台北：時報文化出版企業股份有限公司，1995。

65. 莊永明，《台灣諺語淺釋（五）——台灣雅言巧語》，台北：時報文化出版企業股份有限公司，2004。

66. 莊永明，《台灣諺語淺釋（六）——台灣土話心語》，台北：時報文化出版企業股份有限公司，1991。

67. 莊永明，《台灣諺語淺釋（七）——台灣醒世智言》，台北：時報文化出版企業股份有限公司，1991。

68. 莊永明，《台灣諺語淺釋（八）——台灣妙言覺語》，台北：時報文化出版企業股份有限公司，1991。

69. 莊永明，《台灣諺語淺釋（九）——台灣勸世嘉言》，台北：時報文化出版企業股份有限公司，2001。

70. 莊永明，《台灣諺語淺釋（十）——台灣口語白話》，台北：時報文化出版企業股份有限公司，2002。

71. 莊永明，《台灣雅言巧語》，臺北：時報文化，2004。

72. 莊秋倩，《臺灣鄉土俗語》，台南：台南縣政府，1998。

73. 許成章編，《台灣諺語之存在》，高雄：河畔出版社，1997。

74. 陳正之，《智慧的語珠——台灣的傳統諺語》，台中：台灣省政府新聞處，1998。

75. 陳宗顯，《台灣諺語七百句》，台北：陳宗顯，1998。

76. 陳益源，《台灣民間文學採錄》，台北：里仁書局，1999。

77. 陳瑞隆，《台灣府城安平諺語智慧》，台南：裕文堂書局，2006。

78. 曹銘宗，《什錦台灣話》，台北：聯經出版社，1996。

79. 黃少廷編，《台灣諺語》（一），台北：五南圖書出版股份有限公司，2004。

80. 黃少廷編，《台灣諺語》（二），台北：五南圖書出版股份有限公司，2004。

81. 黃少廷編，《台灣諺語》（三），台北：五南圖書出版股份有限公司，2004。

82. 黃棋亮，《飼老鼠咬布袋——趣味台灣俗語》，台北：藍哥文化出版社，2001。

83. 楊天厚、林麗寬,《金門俗諺採擷》,金門縣政府,1996。

84. 溫惠雄編著,《台灣人智慧俗語》,台北:宏欣文化事業有限公司,2002。

85. 熊谷良正,《日台俚諺——日日之修養》,台北市:日臺俚諺日日之修養社,1936。

86. 管梅芬主編,《俗語與諺語欣賞》,台南:文國書局,2005。

87. 潘榮禮,《台灣現制級俚諺語》,台北市:前衛出版社,2005。

88. 鄭文海編,《常用台灣俗語話上》,台北:益群書店股份有限公司,2000。

89. 鄭文海編,《常用台灣俗語話下》,台北:益群書店股份有限公司,2000。

90. 賴宗寶,《臺灣經驗老祖先的話》,彰化:財團法人彰化縣賴許柔文教基金會,2001 再版。

91. 戴鵬年,《把握今天——春季篇》,台北:中視電視公司,1984。

92. 戴鵬年,《把握今天——夏季篇》,台北:中視電視公司,1984。

93. 戴鵬年,《把握今天——秋季篇》,台北:中視電視公司,1984。

94. 戴鵬年,《把握今天——冬季篇》,台北:中視電視公司,1984。

95. 戴寶村、王峙萍,《從台灣諺語看台灣歷史》,台北:玉山出版事業股份有限公司,2004。

96. 魏益民編,《台灣俗語集與發音語法》,台北:南天書局有限公司,1998。

(三) 相關書籍

1. 丁庭宇、馬康莊主編,《台灣社會變遷的經驗——一個新興的工業社會》,台北:巨流圖書公司,1986。

2. 大同法師《孝經白話句解》台北,華聯出版社,1979。

3. 上海民俗學會編,《中國民間文化》第七集,上海:學林出版社,1992。

4. 文崇一《中國人的價值觀》,台北:東大圖書公司,1989。

5. 文崇一《歷史社會學——從歷史中尋找模式》台北,三民書局,1995。

6. 王利器《元明清三代禁毀小說戲曲史料》上海,上海古籍出版社,1981。

7. 王貴民《中國禮俗史》,台北:文津出版社,1993。

8. 王浩威,《台灣查甫人》,台北:聯經出版社,1998。

9. 王雅各主編,《男性研究》,台北:五南圖書出版公司,2003。

10. 王夢鷗《禮記今著今譯》下冊,台北,臺灣商務印書館,1984。

11. 王灝,《台灣人的生命之禮——婚嫁的故事》,台北:臺原出版社,1992。

12. 尼可拉斯・羅德史特姆(NiklasRadstrom)等著,朱恩伶、黃政淵、刁小華、蘇芊玲、王瑞香合譯《瑞典查甫人:八個瑞典男人談平等、男性氣質與親情》台北:女書文化出版,2002。

13. 巴特勒（JudithButler）著，林郁庭譯，《性別惑亂——女性主義與分份顛覆》台北：桂冠圖書股份公司，2008。

14. 朱岑樓《我國社會的變遷與發展》，台北：東大圖書公司，1986。

15. 西蒙・波娃（SimoneDeBeauvoir）著，歐陽子、南珊、桑竹影合譯，《第二性——女人》，台北：晨鐘出版社，1981。

16. 李亦園・楊國樞・文崇一等編著，《現代化與中國論集》，台北：桂冠圖書公司，1985。

17. 李亦園，《文化與修養》，台北：幼獅文化事業，1986。

18. 李亦園，《文化的軌跡——婚姻家庭與社會（下冊）》，台北：允晨出版社，1986。

19. 李亦園，《文化的圖像（上）——文化發展的人類學探討》，台北：允晨出版社，1992。

20. 李美珠著，秦慧珠主編，《性別角色面面觀——男人與女人的權利暗盤》，台北：聯經出版社，1987。

21. 李炳南《李炳南老居士全集——第十二集》，〈禮記選讀〉，台中，青蓮出版社，2006。

22. 呂秀蓮《新女性主義》，台北：聯合文學出版社，2008。

23. 余德慧等著《中國人的新孝觀——黏結與親情》台北：張老師文化，1987。

24. 余德慧主編《中國人的世間遊戲——人情與世故》，台北：張老師文化，1994。

25. 沈時蓉等編著，《華夏女子庭訓》，台北：萬卷樓出版社，2003。

26. 沈清松編，《文化的生活與生活的文化》，台北：立緒出版社，1999。

27. 阮昌銳，《中國婚姻習俗之研究》，台北：台灣省立博物館出版部，1989。

28. 肯尼斯・克拉特鮑（KennethClatterbaugh）著，劉建台、林宗德合譯《男性氣概的當代觀點》台北：女書文化出版，2003。

29. 吳自甦，《社會思想與倫理大義》，台中市，國彰出版社，1987。

30. 吳娟瑜，《吳娟瑜的男性知見學》，台北：里仁出版社，2000。

31. 吳嘉麗等合編《現代社會與婦女權益》台北：國立空中大學，1998。

32. 亞倫・強森（Allan G. Johnson）著，成令方、王秀雲、游美惠、邱大昕、吳嘉苓合譯，《性別打結——拆除父權違建》，台北：群學出版公司，2008。

33. 宋國誠，《認識社會》，台北：台灣書店，1999。

34. 卓意雯，《清代台灣婦女的生活》，台北：自立晚報社出版，1993。

35. 周何編撰《儒家的理想國——禮記》，台北，時報文化出版社，1982。

36. 周盤林，《中西諺語比較研究》，台北：文史哲出版社，1975。

37. 林金田編，《台灣童謠選編專輯》，台灣省文獻委員會，1997。

38. 林芳玫等合著，顧燕翎主編《女性主義理論與流派》台北：女書文化出版，1996。

39. 林美容，《人類學與台灣》，台北：稻香出版社，1992。

40. 林美容，《臺灣人的社會與信仰》，台北：自立晚報，1993。

41. 林蕙瑛，《男人心》，台北：自立晚報，培根文化公司，1993。

42. 林麗雲等著《中國人的新孝觀──親恩與回報》台北：張老師文化，1991出版。

43. 邱冠福，《台灣童謠》，台南：台南縣文化中心，1977。

44. 施之勉《漢書集釋（一）》，台北，三民書局，2003。

45. 侯王渝，《中西文化在子女教育上的異同》，台北：中央文物供應社，1982。

46. 洪英聖編著，洪敏麟主講，《找台灣的根》，台灣省文獻委員會，1990。

47. 姚漢秋，《台灣婚俗古今談》，台北：臺原出版社，1991。

48. 馬文・艾倫（MarminAllen），喬・羅賓森（JoRobineson）合著，孫柯譯《與男性為伍：如何了解身旁男人的內心世界》，台北：遠流出版公司，1994。

49. 馬森，《文化・社會・生活》，台北市：圓神出版社，1986。

50. 徐志銳，《周易陰陽八卦說解》，台北：里仁書局，1994。

51. 晏涵文，《性、兩性關係與性教育》，台北：心理出版社，2004。

52. 高政一註譯《四書讀本・孟子》〈滕文公章句上〉，台南，大孚書局，1987。

53. 高拱乾，《台灣府志・風土志》，台北：國防研究院，台灣叢書第一輯第一冊，1968。

54. 高國藩，《中國民間文學》，台北：台灣學生書局，1995。

55. 張在義、劉乾先譯註《韓非子》，台北，錦繡出版公司，1992。

56. 張春生、林純業合著，劉心武主編《中國的寡婦》，台北：幼獅文化出版社，1995。

57. 張福清，《女誡──女性的枷鎖》，北京：中央民族大學，1996。

58. 連雅堂，《台灣通史》卷二十三〈風俗志〉，台北：黎明文化，1985。

59. 《台灣語典・雅言》，南投：台灣省文獻會，1992。

60. 許嘉猷著，文崇一、葉啟政主編《社會階層化與社會流動》，台北：三民書局，1992。

61. 畢恆達，《空間就是性別》，台北：心靈工坊文化事業公司，2004。

62. 陳其南，《臺灣的傳統中國社會》，台北：允晨文化出版社，1987。

63. 陳其南，《家族與社會》，台北：聯經出版社，1990。

64. 陳其南《文化的軌跡·下冊·婚姻、家族與社會》，台北，允晨文化出版，1993。

65. 陳其南、周英雄主編，《文化中國：理念與實踐》，台北：允晨文化出版社，1994。

66. 陳東原，《中國婦女生活史》，台北：商務印書館，1937。

67. 陳皎眉、江漢聲、陳惠馨和著《兩性關係》，台北：國立空中大學，1996。

68. 陳紹馨，《臺灣的人口變遷與社會變遷》，台北：聯經出版社，1979。

69. 陳瑞隆，《台灣生育、冠禮、壽慶禮俗》，台南市：世峰出版有限公司，1998。

70. 莊英章等編著，《文化人類學上下冊》，台北：國立空中大學，1992。

71. 莊雅州《經學入門》〈孝經選讀〉，台北，臺灣書店，1997。

72. 傑可·尼可斯撰，孫慶餘,王溢嘉譯，《新男性》，台北：拓荒者出版社，1975。

73. 游祥立《游姓族譜》，宜蘭，游祥立，1981。

74. 黃永年譯註《韓愈詩文》，台北，錦繡出版公司，1992。

75. 黃有志，《社會變遷與傳統禮俗》，台北，幼獅文化事業公司，1992。

76. 黃淑玲、游美惠主編，《性別向度與台灣社會》，台北：巨流圖書公司，2007。

77. 黃萍瑛，《臺灣的民間信仰「孤娘」的奉祀──一個社會史的考察》，台北：國立編譯館，2008

78. 傅隸樸《詩經毛傳譯解》下冊，台北，臺灣商務印書館，1985。

79. 詹火生等編著《社會學》，台北：國立空中大學。

80. 楊國樞編，《中國人的心理與行為》，台北：桂冠圖書公司，1991。

81. 楊國樞、黃光國主編，《中國人的價值觀──社會科學觀點》，台北：桂冠圖書公司，1993。

82. 楊懋春，《中國家庭與倫理》，台北：中華文化復興運動推行委員會，1981。

83. 廖風德，《台灣史探索》，台北：臺灣學生書局，1996。

84. 趙玉林，《俗語智慧》，台北縣汐止市：培育文化，2005。

85. 趙莒玲，《台灣開發故事》，台北：中央日報社，1996。

86. 鄭志明，《文學民俗與民俗文學》，嘉義縣：南華管理學院，1999。

87. 劉詠聰，《德·才·色·權：》，台北：麥田出版社，1998。

88. 潘慧玲編，《性別議題導論》，台北：高等教育文化事業公司，2003。

89. 盧美貴，《幼兒教育概論》，台北：五南圖書，1988。

90. 諾曼·古德曼（NormanGoodman）著，陽琪、陽琬合譯《婚姻與家庭》，

台北：桂冠圖書公司，1995。

91. Susan A. Basow 著，劉秀娟、林明寬譯，《兩性關係：性別刻板化與角色》，台北：揚智文化出版社，1996。

92. 謝臥龍，《性別：解讀與誇越》，台北：五南圖書，2002。

93. 鍾福山主編《禮儀民俗論述專輯（第五輯──婚禮禮儀篇）》，台北，內政部，1995。

94. 鍾肇政，《魯冰花》，台北，遠景出版社，1989。

95. 謝贏華，《男人，難！：新男性研討會》，台北：宇宙光出版社，1994。

96. 瞿同祖，《中國法律與中國社會》，香港，龍門書店，1967。

97. 戴朝福，《中華文化的省思》，台北：台灣學生書店，1996。

98. 顧瑜君等著，《中國人的新孝觀──人情與世故》台北：張老師文化，1990。

99. 藍采風，《婚姻與家庭》，台北：幼獅文化，1996。

100. 蘇冰、魏林，《中國婚姻史》，台北：文津出版社，1994。

【期刊論文】

1. 王大良〈關於家譜修撰漢血統源流的若干問題〉，《臺灣源流》，第 30 期，2005 春季刊。

2. 李孔銳，〈游氏民俗文化兩岸情〉，《臺灣源流》，第 31 期，2005 夏季刊。

3. 何素花，〈台灣諺語對婦女的規範〉，《台灣風物》，第 51 卷，2001。

4. 宋錦秀，〈傳統妊娠文化中的婦女〉，《兩性平等教育季刊》，第十八期，2002。

5. 阮昌銳，〈從諺語看中國社會的親子關係〉，《海外學人》，第一六七期，1986。

6. 阮昌銳，〈從諺語看台灣的婚姻觀念〉，《史聯雜誌》，第 1 卷第一期，1980。

7. 周榮杰，〈台灣諺語之社會觀的探討〉，《台南文化》，第二九期，1990。

8. 周榮杰，〈細說台灣諺語〉，《國立編譯館館刊》，第 16 卷第一期，1987。

9. 林翠芬，〈由「儀禮·士昏禮」與「禮記·昏義」試論傳統婦女角色之地位〉，《國立虎尾技術學院學報》，2001。

10. 林瑤琪，〈從唐山人土著談台灣人的吃檳榔與拜阿立祖〉，《臺灣源流》，第 32 期，2005 秋季刊。

11. 林瑤琪，〈雙系姓氏制度不可行〉，《臺灣源流》，第 33 期，2005 冬季刊。

12. 林瑤琪，〈從開漳聖王探索「固始」原鄉〉，《臺灣源流》，第 45 期，2008 冬季刊。

13. 姚漢秋，〈台灣諺語採擷錄（下）〉，《台灣文獻》，第 31 卷第三期，1980。

14. 姚漢秋,〈台灣諺語採擷錄（上）〉,《台灣文獻》, 第 31 卷第一期, 1980。

15. 姚漢秋,〈台灣諺語採擷錄（中）〉,《台灣文獻》, 第 31 卷第二期, 1980。

16. 查某人,〈臺灣俚語——查某囡仔, 油麻菜籽命〉,《王城氣度》, 2006。

17. 洪惟仁,〈祖先智慧的寶石——哲諺〉,《國文天地》, 2005。

18. 翁玲玲,〈產婦不潔與神明〉,《兩性平等教育季刊》, 第十八期, 2002。

19. 張裕豐,「外甥打母舅, 世間無人有」《自由時報‧台灣精諺》, 2000.04.27。

20. 張豐隆,〈從中國傳統婚姻禮法看女性地位的演變〉,《建中學報》, 2001。

21. 曹甲乙,〈台北有關子女的俚語〉,《台北文物》, 第 7 卷第三期, 1960。

22. 曹甲乙,〈台北有關男女的俚語〉,《台北文物》, 第 8 卷第四期, 1960。

23. 曹甲乙,〈人生俚諺一百二十則〉,《台灣風雲》, 第 15 卷第三期, 1965。

24. 曹甲乙,〈台灣舊時的婚姻習俗〉,《台灣文獻》, 第九、十期合刊。

25. 曹甲乙,〈有關婚姻、夫妻兒女的俚諺〉,《台灣風物》, 第 18 卷第二期, 1968。

26. 莊金德,〈清代台灣的婚姻禮俗〉,《台灣文獻》, 第 14 卷第三期, 1963。

27. 許蓓苓,〈台灣諺語中特殊的婚姻型態〉,《歷史月刊》, 第一四一期, 1999。

28. 郭志超,〈閩臺關係文化生態保護的兩個思考〉,《臺灣源流》, 第 45 期 2008 年冬季刊。

29. 陳主顯,〈台灣俗語的特色和解釋〉,《神學與教會》, 第 17 卷第一期, 1986。

30. 陳其南,〈奮鬥的台灣女性令人敬佩〉,《金花望露》, 2005 年。

31. 陶陽,〈諺語界說〉,《民間文學論壇》, 1998 年 2 期, 1998。

32. 游福生,〈從諺語看人生百態〉,《師友》, 2003。

33. 黃美幸,〈中國婚姻制度的演變〉,《台灣風物》第十七卷第四期, 1967。

34. 廖漢臣,〈台灣諺語的形式與內容〉,《台灣文獻》, 第 6 卷第三期, 1955。

35. 趙台萍,〈阿母的話——台灣諺語的智慧〉,《台灣月刊》, 1999。

36. 蔡惠娟,〈性別平權教育的實踐——小學教師的性別角色觀及其班級實務〉,《兩性平等季刊》, 第五期, 1998。

37. 賴友梅〈影響國中教師性別角色刻板化態度與兩性教育平等教育意識相關因素之研究〉,《兩性平等季刊》, 第五期, 1998。

38. 簡齊儒〈臺灣蛇文化及其源流（上）〉,《臺灣源流》第 23 期, 2002 秋季刊。

【學位論文】

1. 王崇憲,《台灣閩南諺語的鬼神文化研究》, 中山大學中國語文研究所, 2004。

2. 余佳修,《台灣閩南諺語中的詈語文化》淡江大學漢語文化暨文獻資源研究所,2007。

3. 呂鎔任,《台灣閩南諺語所反映的運命觀》,花蓮教育大學民間文學研究所,2007。

4. 李月枝,《台灣地區客閩十二生肖動物諺語比較研究》,花蓮師範學院語文教學研究所,2005。

5. 李婉君,《台灣河洛話有關查某人諺語之研究》,彰化師範大學國文教學研究所,2003。

6. 吳炎坤,《台南市俗語研究》,臺南大學臺灣文化研究所,2007。

7. 紀東陽:《台灣諺語之傳播思想初探》,輔仁大學大眾傳播研究所,1992。

8. 高芷琳:《澎湖諺語研究》,彰化師範大學國文學系,2000。

9. 許淑慧,《台灣閩南諺語的生死觀》,屏東教育大學中國語文研究所,2007。

10. 許蓓苓,《台灣諺語反映的婚姻文化》,東吳大學中國文學研究所,2000。

11. 陳昌閔,《台灣閩南諺語之社會教化功能研究》,南華大學文學研究所,2001。

12. 黃庭芬,《台灣閩客諺語的比較研究——從飲食諺語談閩客族群的文化思維及其在國小鄉土語言教學的應用》,高雄師範大學台灣語言及教學研究所,2005。

13. 葉依儂,《臺灣閩南諺語中的女性形象研究》,屏東教育大學中國語文學系,2007。

14. 熊仙如,《《古謠諺》中諺語的研究》,政治大學中國文學研究所,1988.6。

15. 蕭麗玉,《氣象諺語研究》,中國文化大學中國文學研究所,2005。

16. 韓孝婷,《台灣閩南諺語反映的親子文化》,中山大學中國語文研究所,2004。

17. 簡正崇,《台灣閩南諺語研究》,逢甲大學中國文學研究所,1995。

18. 鄭怡卿,《台灣閩客諺語中的女性研究》中央大學中國文學研究所,1998。

【工具書】

1. 漢·許慎撰《說文解字注》(清·段玉裁注,民國·魯實先正補),台北,黎民文化事業公司,1991。

2. 吳守禮編,《綜合台灣、閩南語基本字典初稿》,文史哲出版社,1987。

3. 吳瀛濤編,《台灣諺語》,臺北:臺灣英文出版社,2001。

4. 洪惟仁編,《台灣哲諺典》,台北:台語文摘出版社,1994。

5. 洪惟仁著,《台灣禮俗語典》,台北:自立晚報社,1993。

6. 洪乾祐，《閩南語考釋》，台北：文史哲出版社，1992。

7. 徐福全，《福全台諺語典》，台北：徐福全，1998。

8. 莊秋情主編，《臺灣鄉土俗語》，台南：台南縣政府，1998。

9. 許成章編著，《台灣漢語辭典》共四冊，自立晚報社文化出版部，1992。

10. 許極燉編著，《常用漢字台語詞典》，自立晚報社文化出版部，1992。

11. 陳主顯，《台灣俗諺語典》卷一・人生哲理，台北：前衛出版社，1997。

12. 陳主顯，《台灣俗諺語典》卷二・七情六慾，台北：前衛出版社，1997。

13. 陳主顯，《台灣俗諺語典》卷三・言語行動，台北：前衛出版社，1998。

14. 陳主顯，《台灣俗諺語典》卷四・生活工作，台北：前衛出版社，1999。

15. 陳主顯，《台灣俗諺語典》卷五・婚姻生活，台北：前衛出版社，20001。

16. 陳主顯，《台灣俗諺語典》卷六・社會百態，台北：前衛出版社，2001。

17. 陳主顯，《台灣俗諺語典》卷七・鄉土慣俗信仰，台北：前衛出版社，2003。

18. 陳主顯，《台灣俗諺語典》卷八・天氣田園健康，台北：前衛出版社，2005。

19. 陳主顯，《台灣俗諺語典》卷・應世智慧，台北：前衛出版社，2008。

20. 陳修主編，《台灣話大辭典》，遠流出版社，1992。

21. 陳憲國、邱文錫，《實用台灣諺語典》，台北：樟樹出版社，1999。

22. 楊青矗編著，《台灣俗語辭典》，高雄：敦理出版社，1997。

23. 藍文良、藍文佶合編，《臺灣諺語》，台北：登福出版社，2000。

【臺灣諺語網站網址】

1. 台灣民俗文化研究室 http://web.pu.edu.tw/~folktw/（官方網站）；http://web.pu.edu.tw/~folktw/mhlin.htm (2010.01.18)

2. 台灣文學研究工作室 http://ws.twl.ncku.edu.tw/ (2010.01.16)

3. 台灣咁仔店網站 http://www.taiwan123.com.tw/ (2010.01.16)

4. 台灣俗語——古早話 http://demo1.nkhc.edu.tw/~t0015/old1word.htm (2010.01.16)

5. 台灣俗語——古早話 http://www.dang.idv.tw/old1word.htm (2010.01.16)

6. 台灣俗語鹹酸甜 http://iug.csie.dahan.edu.tw/TG/chu/kiamsngtiN/kiamsngtiN.asp (2010.01.16)

7. 台灣俚語——大樹驛站 http://members.tripod.com/lance_rswu/ (2010.01.16)

8. 台灣寫真集 http://www.taconet.com.tw/wtchurch/index.htm (2010.01.16)

9. 台灣樂府 MP3 Taiwan http://blog.nownews.com/my_lord/textview.php?file=59702 (2010.01.12)

10. 生活台語百寶箱 http://ms1.cajh.chc.edu.tw/~content/cd008/html/index.

htm (2010.01.16)

11. 花師台語文社 http://203.64.42.21/iug/hstgbs/hstgbs.htm (2010.01.16)

12. 台北市鄉土教育中心 http://59.120.8.196/enable2007/ (2010.01.16)

13. 臺灣史教學網站 http://www.fg.tp.edu.tw/~nancy/Taiwan/index.htm (2010.01.16)

14. 蕭平治佮田中國小網站 http://ws.twl.ncku.edu.tw/hak-chia/s/siau-peng-ti/siau-peng-ti.htm (2010.01.16)

15. 鯤島本土文化園地 http://www.dang.idv.tw/ (2010.01.16)

諺語索引

一畫

二畫

三畫

四畫

五畫

六畫

七畫

八畫

九畫

十一畫

十二畫

十三畫

十六畫